人权知识读本丛书

朱穆之题

“十二五”国家重点图书出版规划项目
国家出版基金资助项目
中国人权发展基金会资助项目

人权知识
妇女权利读本

主 编 班文战 夏吟兰

Human Rights

人权知识读本丛书

湖南大學出版社

内容简介

系统说明了妇女人权的概念、种类、意义及其在我国和国际社会上得到确认和发展的历史过程，阐述了各项妇女人权的概念、意义、内容以及国家和其他社会成员尊重和保障妇女人权的义务和责任，总结了各项妇女人权在我国得到确认和实现的状况，包括取得的进展和存在的不足。重点介绍了我国和联合国的妇女人权保障机制。本书适合广大女性读者以及关注妇女权利的所有人员阅读，有助于读者充分了解妇女人权的内容、意义和保障途径，认识自身负有的义务和责任，促进对妇女人权的尊重和实现。

图书在版编目(CIP)数据

人权知识妇女权利读本/班文战，夏吟兰主编．—长沙：湖南大学出版社，2011.9
(人权知识读本丛书)
ISBN 978-7-5667-0079-7
Ⅰ.①人…　Ⅱ.①班…②夏…　Ⅲ.①妇女—人权—普及读物
Ⅳ.①D440-49
中国版本图书馆 CIP 数据核字(2011)第 200982 号

人权知识妇女权利读本
Renquan Zhishi Funü Quanli Duben

主　　编：班文战　夏吟兰
丛书策划：邹　彬
责任编辑：向绪初　　**责任校对**：全　健
出版发行：湖南大学出版社　　**责任印制**：陈　燕
社　　址：湖南・长沙・岳麓山　　**邮　　编**：410082
电　　话：0731-88822559(发行部)，88822264(编辑室)，88821006(出版部)
传　　真：0731-88649312(发行部)，88822264(总编室)
电子邮箱：pressxiangxc@hnu.edu.cn
网　　址：http://www.hnupress.com
印　　装：长沙瑞和印务有限公司
开本：710×1000　16 开　**印张**：14.25　**字数**：256 千
版次：2012 年 5 月第 1 版　**印次**：2012 年 5 月第 1 次印刷
书号：ISBN 978-7-5667-0079-7/D・128
定价：30.00 元

普及人权知识　发展人权事业

——《人权知识读本丛书》总序言

国务院新闻办公室主任　王　晨

《人权知识读本丛书》经各方共同努力，尤其是从事人权研究和宣传教育工作专家学者的扎实工作，终于与读者见面了。这是我国人权知识宣传教育中很有意义的一项工作，对于当代中国普及人权知识，提高公民人权意识，彰显人权全面进步，推进人权事业科学发展都将产生积极而重要的影响。

这套丛书内涵深刻、全面系统、格调清新、简明易懂。丛书既有人权基本理论、基本知识的阐述，也有中国人权保障实践的介绍；既阐释国际人权公约对各项人权的具体规定，也反映中国有关人权法律法规的属性特点；既便于读者了解中国人权保障的实际状况，也有助于揭露国外敌对势力对我人权状况的歪曲攻击，是一套融思想性、理论性和实践性于一体的好书，必将在我国人权研究宣传教育乃至整个人权发展史上发挥积极作用，留下深刻印记。

作为我国人权研究宣传教育工作的实际工作者，我有幸成为这套丛书的第一读者。我认为，出版这套丛书，具有深刻的历史背景、独特的人文价值和重要的现实意义，是中国人权事业发展进步的一个重要标志，正可谓适逢其时，应运而生。

这套丛书反映了马克思主义人权观。充分实现人权、享有人权是人类社会的崇高目标。人权思想始终植根于人类反抗压迫、争取自由的价值追求中。在西方，古往今来都将人权视为与生俱来、不可剥夺的神圣权利。在中国，从有文献记载的历史开始，就有人权思想的熠熠光辉。然而，真正能够揭示人权本质特征的是马克思主义人权观。它强调人权具有历史性和阶级性，认为人权是历史、社会和商品经济的产物，不是天赋的，也不是“抽象的”、“超阶级的”、“无国界的”。在阶级社会中，人权主要是由反映统治阶级意志的法律和法规来保障的，是为统治阶级的政治经济文化服务的。它强调人权内容、形式和范围的发展变化。人权基本上属于上层建筑的范畴，它的存在和发展不能脱离也不能超越社会物质条件和科学文化水平。它强调权利与义务的统一。马克思曾指出：“没有无义务的权利，也没有无权利的义务。”人们在行使权利的时候，不能忘记对人类对社会对他人应尽的责任和义务。它强调理论与实践的统一。指出无产阶级在资本主义条件下，只有通过工人运动的革命实践才能获得生存权、劳动权、财产权以及民主、自由和平等权。它强调只有通过社会主义，生产力的高度发展，进而逐步和彻底消灭阶级，普遍的人权才能真正实现，而彻底实现人权则是无产阶级奋斗的终极目标。作为一套普及性的思想理论读物，《人权知识读本丛书》以马克思主义人权观为指导，科学地反映了人权问题的本质内涵，立足人类社会发展规律的高度，分析中国的人权状况，提出了符合中国实际的观点和方法，体现了本书指导思想的正确性、理想信念的坚定性和立场观点的科学性。

这套丛书着眼于中国的历史和国情。中国是一个有着几千年封建统治历史的国家。在中国历史上，虽然不乏贤明的君王主张“民为贵，社稷次之，君为轻”，虽然有许多杰出的思想家提出“民之所欲，天必从之”、“大道之行也，天下为公”的重要思想，但残酷的现实是，在极端野蛮的封建专制统治下，生活在社会最底层的劳动人民，长期过着经济上遭受层层剥削、政治上遭受重重压迫的悲惨生活，毫无人权可言。为争取国家独立、民族解放和实现民主、自由和人权，中国人民进行了艰苦卓绝、不屈不挠的顽强抗争。中国共产党自诞生之日起就担当起带领中国人民争取和实现人权的历史重任。中国共产党诞生的九十年，就是为中国人权事业英勇奋斗的九十年。在中国共产党的领导下，中国人民推翻了压在自己头上的“三座大山”，真正开始当家作主，彻底结束了没有人权的悲惨和苦难历史，开辟了争取人权、发展人权的崭新时代。

改革开放以来，党领导人民继往开来，坚持以人为本，将人民的生存权、发展权置于首位；以改革为动力，以发展为关键，以稳定为前提，以法制为保障，促进公民政治、经济、社会、文化权利与国家利益、集体权利的全面协调发展，找到了一条符合中国国情、促进和发展人权的正确道路，推动了中国人权事业的历史性发展。党和政府将尊重和保障人权庄严载入宪法、党章和国家经济社会发展规划纲要，确立为治国理政的重要原则，制定和实施了第一个、现正在研究制定第二个《国家人权行动计划》，建立了一整套促进和保障人权的基本法律制度，促使人权不断法律化、制度化。最近，“尊重和保障人权”又写入了我国的刑事诉讼法，中国特色社会主义人权事业呈现更为良好的发展态势。

中国人权事业取得了举世瞩目的伟大成就，但由于我国是一个拥有13亿多人口的发展中国家，受自然、历史、文化和经济社会发展水平的影响和制约，人权发展还存在一些问题和困难，人权状况还不能尽如人意。比如，我国的政治、经济体制尚不够完善；民主法制还不够健全；各级政府和领导依法行政、尊重人权的意识有待增强；经济社会发展不平衡，城乡之间、区域之间、贫富之间差距拉大的势头尚未得到遏制；社会公平正义有待进一步实现。人权知识普及不广、人权保障意识不强、人权建设能力和水平不高等现实，都直接影响到人民群众的切身利益和权利。从这个意义上讲，《人权知识读本丛书》正视现实，直面困难，积极参与人权知识教育和培训，推动人权知识普及活动，必将为解决这些问题，增强全社会关注、尊重和保障人权意识发挥建设性的作用。

这套丛书符合建设社会主义政治文明和法治国家的理念。政治文明建设是社会主义现代化建设的重要组成部分。在构建社会主义和谐社会的历史进程中，政治文明建设虽然有着特定的主体指向和丰富的价值蕴涵，但其核心的价值取向是尊重和保障人权。一般来讲，政治文明的基本内涵包括民主、法治和人权三个方面，但其核心内涵仍是人权。民主和法治的根本目的，都是为了尊重和保障人权。就法治而言，法治就是众人之治，它既与人治相区别，又与专制相对立，从某种意义上说，法治就是人权的法律化；就民主而言，民主就是由人民做主，其含义就是人民的权力或人民的统治。在我国，保障人民享有高度的政治、经济、文化和各种社会权利，是社会主义民主的本质要求。

在汹涌澎湃的历史潮流中，尊重和保障人权已成为发展政治文明不可阻挡的基本趋向。虽然由于受到历史文化传统、经济发展水平、自然条件等各种因素的影响，世界上不同国家和民族，其政治发展水平和程度不可能一样，政治文明的具体形式也各有特色，但其内在要求和发展趋向基本一致，这就是实现、保障和发展人权。追求民主，反对专制，是人类社会发展的必然趋势，也是现代政治的本质特征，更是当代社会法律体系和法律制度的基石。在实现政治文明、建设社会主义法治国家的伟大进程中，只有切实尊重和保障人权，实现个性自由、个人才能的充分发挥和人的健康有序全面的发展，使人人都能够有尊严地工作和生活，才能最大限度地激发人们的积极性、创造性和主人公的责任感，从而为构建政治清明、经济发展、文化繁荣、环境优美的社会主义和谐社会奠定坚实的政治和人文基础。《人权知识读本丛书》较好地体现了这样的思想和理念，可以说为我们深入理解建设社会主义政治文明和法治国家与发展人权的关系，提供了一把给人以思想和智慧的“钥匙”。

这套丛书契合了推动社会主义文化大发展大繁荣的时机。党的十七届六中全会强调，要推动社会主义文化大发展大繁荣，进一步兴起社会主义文化建设新高潮。毫无疑问，在全社会普及人权知识，是社会主义文化建设的重要内容之一。推动社会主义文化大发展大繁荣，核心和本质是建设以人为本、科学发展的新文化。这种新文化，最重要的就是要反映、服务和促进十三亿中国人民为追求美好生活而进行的推动历史、造福人类的创造性劳动。这种新文化，是对社会主义人权思想和各种基本权益理念的诠释和反映，也是根植于祖国悠久历史文化中人本主义思想的伟大创造。回顾祖国辉煌的文化，我们可以领略到人权思想的光辉；倾听到对人权的呼唤；感受到关于人权的追求和抗争；体味到对人权和人性的挖掘拷问。可以说，中国人权事业的发展源自民族文化的血脉，而当代人权事业的发展又辉映和彰显了灿烂的传统文化。当代中国，要建立社会主义人权，努力追求人人平等，逐步实现共同富裕，切实保障每个公民的合法权益，就必须大力发展和弘扬社会主义新文化。相信《人权知识读本丛书》在推动社会主义文化大发展大繁荣的过程中，也能够发挥其文化产品应有的作用。

这套丛书展示了中国特色社会主义人权理论体系成果。在尊重和保障人权的实践中，我们逐步形成了一套具有中国气派、中国风格、中国特色的人权理论。自上世纪九十年代以来，在国务院新闻办公室的积极推动和社会各方的大力协助下，建立了一支遍布全国各地，由各高等院校、党校、研究机构和有关专家组成的多学科的专业研究力量，翻译出版了大量国外人权研究著作，编写了系统完整的人权研究资料，发表了数百部人权研究著作和数千篇有关人权的学术论文。在人权与主权的关系、人权的普遍性和各国具体实践的关系、人权的权利体系构成、生存权和发展权、人权内涵的变化、稳定和法治的关系等方面进行了较为深入的研究，逐步形成了与西方人权观有着明显区别的观点和主张，建立了中国特色社会主义的人权理论框架，丰富了人权的内涵，增强了我国在国际人权领域的话语权。坚持以人为本，同时又注重与中国社会发展阶段相适应的中国特色人权理论，是中国特色社会主义理论体系的重要组成部分，也是科学发展观和构建社会主义和谐社会重大战略思想的重要组成部分。从《人权知识读本丛书》可以看出，体现人权理论与实践的中国特色，从一个侧面展示中国特色社会主义人权理论研究的成果，是本书的重要特征，也是编著、出版者的重要目的。

这套丛书的编辑出版，凝聚、体现了社会各方的智慧和力量。中国人权研究会从丛书主题和体例的确定、作者的组织到书稿的编写审校，谋划科学，协调有方；中国人权发展基金会为丛书的出版献计献策，倾力资助；湖南大学出版社精心设计版面，认真编辑稿件；各位作者深入研究、细致撰文；社会各有关方面适时配合，为丛书问世付出了艰苦努力。我们完全可以相信，在以胡锦涛同志为总书记的党中央坚强领导下，在广大人民群众和社会各方积极参与和行动下，中国特色社会主义人权事业一定会蓬勃发展，展现更加辉煌的美好前程。

Human Rights

目 次

CONTENTS

第一章

妇女人权概述

【导读】妇女人权是每一位妇女基于其固有的人的资格和身份所应当享有的不可分割、不可剥夺和不可侵犯的权利，是普遍性人权不可分割的组成部分，对于妇女地位的提高、家庭的幸福、社会的繁荣、和平的实现、人类的生存和发展都具有至关重要的作用。几千年来，世界各国妇女的地位和权利状况经历了十分曲折的发展过程。新中国成立之后，特别是改革开放以来，中国妇女的地位发生了翻天覆地的变化，其权利状况得到了普遍改善。受多种历史和现实因素的影响和制约，在中国与世界其他国家和地区，促进妇女的全面发展、实现男女平等依然任重道远。

第一节
妇女人权的概念、种类和意义

一、妇女人权的概念

(一) 什么是妇女

“妇女”（woman/women）一词有广狭两种含义，广义上泛指所有年龄阶段的女性，狭义上则仅指成年阶段的女性。

实践中，“妇女”一词经常与“儿童”或“女童”等词并用。例如，我国国务院设有妇女儿童工作委员会，作为负责妇女儿童工作的协调议事机构；再如，1993年联合国第二次世界人权大会通过的《维也纳宣言和行动纲领》明确宣示，“妇女和女童”的人权是普遍性人权当中不可剥夺和不可分割的一个组成部分。在这些场合下，“妇女”一词特指成年女性或女性成年人，而不包括女童、少女、幼女、女孩、女婴等女性未成年人或未成年女性。有时候，“妇女”一词也会同时与“老人”和“儿童”等词并用。例如，现行《中华人民共和国宪法》（简称《宪法》）第49条第4款规定：“禁止虐待老人、妇女和儿童。”在这种场合下，“妇女”一词仅指女性中年人和青年人，而不包括女性未成年人和女性老年人。

有些时候，相关国内和国际法律文件也会在广义上使用“妇女”一词。例如，《中华人民共和国妇女权益保障法》（简称《妇女权益保障法》）除了规定“妇女”的权益保障问题外，还对“女性青少年”、“女性儿童少年”、“女性未成年人”甚至“女婴”的有关权益保障问题也作了规定。再如，非洲联盟大会于2003年7月11日通过的《非洲人权和民族权宪章关于非洲妇女权利的议定书》第1条明确规定：“妇女”意指女子，包括少女在内。国际劳工组织2000年通过的《保护生育公约》（第183号公约）也明确规定：“妇女”一词不加区别地适用于任何女性。

作为一个自然演进的生命过程，人在出生以后，大都会经历婴（幼）儿、童年（少年）、青年、中年和老年等年龄阶段。从权利的享有和实现的角度来看，相对于男性而言，各个年龄阶段的女性在家庭和社会生活领域一般都处于比较弱势的地位，其权利都需要得到特别的保护和保障。为此，我国制定了专门保障妇女（含女性未成年人）权益的法律，其他许多相关法律法规中也含有对妇女权益的特别保护措施，而国际社会也存在专门促进和保障妇女权利的法律文件。此外，不同年龄阶段的女性在其权利的享有和实现方面具有内在而紧密的关联，较低年龄阶段女性的权利的享有和实现程度对其在较高年龄阶段时的权利的实现状况，通常会产生重大乃至决定性的影响。例如，未能接受良好教育的女性未成年人在成年以后往往难以获得良好的工作机会和条件，而未能获得良好工作机会和条件的中青年女性在老年时期的生活又很难达到较高的水准。

尽管如此，不同年龄阶段的女性在生理状况、家庭角色、社会地位以及工作和生活能力等方面通常存在比较明显的区别，其享有的权利种类因而并不完全相同，甚至其享有的同样一种权利的具体内容也可能有所差异。例如，女性未成年人享有受父母照料的权利，但并不像女性成年人那样享有结婚的权利，也不享有政治领域内的选举权和被选举权。再如，女性未成年人的健康权特别要求保障其在出生后能够免于夭亡，而女性成年人的健康权则特别要求防止其在孕期内受到有害工作条件的不利影响。

鉴于不同年龄阶段的女性在权利的享有和保障方面存在若干差异，为了突出说明女性成年人对权利内容和权利保障措施的特别要求及其权利得到确认和实现的实际状况，本书在一般情况下将在狭义上使用“妇女”一词。因此，除另有说明外，本书中的“妇女”一词仅指女性成年人，按照我国相关法律和联合国《儿童权利公约》的规定，即指 18 岁以上的女性。与此同时，鉴于不同年龄阶段的女性在权利享有和实现方面具有内在而紧密的关联，本书在必要时对女性未成年人的相关权利问题也会有所涉及，但不会作系统、全面和深入的说明。

(二) 什么是人权

人权（human rights）是每个人作为人所应当享有的权利。从当代公认的人权理论和国际社会的人权实践来看，“人权”这一概念和措辞具有以下三个方面的基本含义：其一，人权是“每个人”的权利，是所有人、任何人或人人的权利；其二，人权是每个人“作为人”的权利，是每个人仅仅基于人的共同属性、固有尊严和基本需求所享有的权利，是每个人以平等的地位、资格和身份所享有的权利，是与每个人不可分割的权利，也是不能遭到任意限制、剥夺和侵犯的权利；其三，人权是每个人“应当享有的权利”，是国内和国际社会的全体成员应当尊重的权利，更是国家和政府间国际组织应当积极保护、促进和实现的权利。

从人权的基本含义可以看出，与国内法中经常使用的“宪法权利”、“法律权利”、“合法权利（或权益）”、“公民（基本）权利”、“民事权利”等概念和措辞相比，“人权”这一概念和措辞具有以下四个明显特征：其一，人权的基础或本源在于人人固有的人的资格、身份、尊严和价值，它不以国家法律的确认为存在前提，也不受国家法律的任意限制和剥夺；其二，人权的权利主体是每个人、任何人或所有人，不限于某一国家的国民或公民，也不包括法人；其三，人权的义务主体首先是国家及其政府，其次才是个人、法人和其他社会成员，国家及其政府负有尊重和保障人权的首要义务和责任；其四，除政治权利等特殊情形外，所有个人均在平等的基础上享有各项人权，不因自身可能具有的各种特定的身份而有区别。

人权与国内法规定的各种权利尽管存在上述明显区别，但同时也具有十分密切的联系：一方面，人权的切实享有和实现往往需要国内法的确认和保障，且经常通过各国宪法和法律所规定的权利而得到体现；另一方面，人权为国内法的正当性提供了基础、标准和目标，且日益成为各国宪法和法律进步的根据、动力和指南。随着国际人权法的形成和发展，尊重和保障人权已普遍成为世界各国的一项国际法律义务。在国家广泛承担并履行这一国际法律义务的过程中，世界各国的法律不断突破一般权利的局限，日益呈现出符合人权要求的发展趋势。

（三）什么是妇女人权

妇女人权（women’s human rights or human rights of women）是妇女作为人所应当享有的权利，进而言之，是每一位妇女基于其固有的人的资格和身份所应当享有的不可分割、不可剥夺和不可侵犯的权利。

妇女人权有两个明显特征。其一，妇女人权的权利属性是人权。从前述人权的基本含义和特征可见，“妇女人权”与一般意义上的“妇女权利”或“妇女（合法）权益”等概念和措辞既有联系，又有区别：从形式上看，二者在权利的主体、种类、内容和实现措施等方面有一定的重合之处；从本质上看，后者往往强调妇女的女性身份、妇女权利的法定性质、国家在妇女权利的确认和保障方面的自由裁量权，前者强调的则是妇女的人的身份、妇女权利的应有性质、国家在妇女权利的确认和保障方面应当承担的法律义务和道义责任。其二，妇女人权的权利主体是妇女。这决定了妇女人权的内容既以每个人皆应享有的各项人权为基础，又具有若干体现妇女特殊需求的特色。

二、妇女人权的种类

妇女人权是普遍性人权不可剥夺和不可分割的一个组成部分，同时也是具有鲜明特色的一个组成部分。因此，妇女人权在范围和种类上自然应当包括每个人都应享有的各项人权，同时在若干权利的具体内容上也要满足妇女的特殊需求，这在与妇女人权有关的国际法和国内法中都有明显的体现。

（一）国际人权法确认的妇女人权的种类

国际人权法确认的人权范围广泛，种类众多。按照各主要普遍性和区域性国际人权文件的规定，人人都应享有以下权利：（1）不受歧视；（2）不被任意剥夺生命；（3）不受酷刑和残忍、不人道或有辱人格的待遇或处罚；（4）免为奴隶，不受奴役和不被强迫或强制劳动；（5）享有人身自由与安全，包括不受任意逮捕或拘禁；（6）在被剥夺自由的情况下享受人道待遇；（7）不因无力履行契约义务而被监禁；（8）在国内自由迁徙和择居；（9）在受到刑事指控和参与法律诉讼时享受公正审判；（10）受罪刑法定和不溯既往原则的保护；（11）被承认具有法律上的人格；（12）私生活、家庭、住宅和通信不受任意或非法干预；（13）荣誉和名誉不受非法攻击；（14）自由享有和表达思想、良心、宗教或信仰；（15）自由持有主张和寻求、接受、传递信息和意见；（16）和平集会；（17）自由结社，包括组织和参加工会；（18）在儿童时期享受家庭、社会和国家的保护，获得姓名和取得国籍；（19）在达到结婚年龄时结婚和组成家庭；（20）在本国参与公共事务、选举、被选举和担任公职；（21）在法律面前平等并受法律平等保护；（22）寻求并获得有效救济；（23）自由选择和接受工作；（24）享受公平和良好的工作条件；（25）享受社会保障，包括社会保险；（26）享受适足生活水准，包括免受饥饿；（27）享受可能获得的最高标准的身心健康；（28）接受教育和开展教育；（29）参加文化生活，享受科学进步和科学应用的利益，其科学、文学和艺术成果受到保护；（30）自由从事科学研究和创造性活动，等等。

根据平等和不歧视这一国际人权法的基本原则，每一位妇女均与男子平等享有国际人权法确认的上述各种权利。在此基础上，有关国际文件基于妇女的特殊需要，从男女平等、禁止和消除基于性别的歧视、生殖健康、生育保护、针对妇女的暴力、性骚扰和其他许多方面，对妇女人权作了更加具体和细致的规定，极大地充实和丰富了妇女人权的内容。

（二）中国国内法确认的妇女人权的种类

根据中国现行宪法的规定，中国妇女在政治的、经济的、文化的、社会的和家庭的生活等各方面与男子平等享有以下权利：（1）法律面前平等；（2）选举和被选举；（3）言论自由；（4）出版自由；（5）集会自由；（6）结社自由；（7）游行自由；（8）示威自由；（9）宗教信仰自由；（10）人身自由不受侵犯；（11）人格尊严不受侵犯；（12）住宅不受侵犯；（13）通信自由和通信秘密受法律保护；（14）对国家机关和国家工作人员提出批评、建议、申诉、控告和检举；（15）就国家机关及其工作人员侵犯公民权利而受到的损失取得赔偿；（16）劳动和休息；（17）在年老、疾病或者丧失劳动能力时获得国家和社会的物质帮助；（18）受教育；（19）自由进行科学研究、文学艺术创作和其他文化活动；（20）同工同酬；（21）婚姻自由；（22）免受虐待；（23）在被告时有权获得辩护；（24）私有财产不受侵犯；（25）继承权。此外，宪法还明确规定母亲受国家的保护。

在宪法规定的基础上，1992年通过并于2005年修正的《妇女权益保障法》从以下六个方面规定了妇女与男子平等享有的权利和妇女的特殊权益：（1）政治权利，包括管理国家事务、经济事业、文化事业和社会事务的权利，向各级国家机关提出妇女权益保障方面的意见和建议的权利，以及与男子平等的选举和被选举权利；（2）文化教育权益，包括在入学、升学、毕业分配、授予学位、派出留学以及从事科学、技术、文学、艺术和其他文化活动方面与男子平等的权利；（3）劳动和社会保障权益，包括在录用、晋职、晋级、评定专业技术职务、退休、劳动报酬、福利待遇等方面与男子平等的权利，享有社会保险、社会救助、社会福利和卫生保健等权益，在工作和劳动时的安全和健康受到保护的权利，以及在经期、孕期、产期、哺乳期受特殊保护的权利；（4）财产权益，包括在农村土地承包经营、集体经济组织收益分配、土地征收或者征用补偿费的使用、宅基地使用、财产继承等方面与男子平等的权利，以及在婚姻和家庭共有财产关系中的权益；（5）人身权利，包括人身自由权、生命健康权、免受性骚扰的权利以及名誉权、荣誉权、隐私权、肖像权等人格权；（6）婚姻家庭权益，包括婚姻自主权、免受家庭暴力权、夫妻共同财产权、私人财产权、对未成年子女的监护权、符合国家有关规定情况下的生育自由权和生殖保健权。除此之外，中国大量其他的法律、法规和规章也在不同程度上直接规定了妇女权利或权益的保障问题。

中国国内法对妇女权利或权益保障的规定十分丰富。这些规定尽管在形式上都没有直接使用“人权”的措辞，但其目的、精神和许多内容都具备了人权的基本特征，体现了中国在人权领域承担的国际法律义务及作出的政策性承诺的要求。随着中国宪法明确规定国家尊重和保障人权的义务和职责，中国国内法规定的妇女权利或权益已逐渐被视为妇女人权的具体体现。

三、妇女人权的意义

妇女与男子平等享受人权和基本自由是《联合国宪章》载明的一项信念和宗旨，是国际人权法和当代国内法的一项基本原则。对妇女自身以及其他权利主体和整个社会而言，妇女人权都具有十分重要的意义。

（一）妇女人权对于妇女自身的意义

妇女人权是普遍性人权当中不可分割和不可剥夺的重要组成部分，对每一位妇女都具有至关重要的影响，其积极作用主要体现为以下四个方面：

第一，妇女人权有助于妇女地位的提高。历史上，各国妇女在家庭和社会公共领域都曾长期处于从属地位和无权状态。从 19 世纪初到 20 世纪上半叶，各国妇女虽然陆续争取到一些法律权利，但仍然难以普遍地获得与男子平等的法律地位。直到国际社会明确宣示人人平等享有各项人权和基本自由，妇女固有的尊严、独立的法律人格及其与男子平等的法律地位才在世界范围内得到认可。妇女人权概念的正式提出，更加凸显了妇女作为与男子平等的人权权利主体的法律地位。

第二，妇女人权有助于妇女权利的享有。在妇女权利的确认和发展过程中，受宗教、文化、观念、习俗、政策、制度中的性别歧视因素的制约，各国法律规定的妇女权利在权利主体、范围和种类等方面都曾存在很大局限。妇女人权强调权利性质的应有性、权利本源的固有性、权利主体的普遍性、权利范围的广泛性、权利标准的共同性和某些权利内容的特殊性，要求各国在本国法律、政策、计划和方案中充分确认所有妇女应当享有的各项公民、政治、经济、社会和文化权利，尤其是那些尚未得到本国法律确认的权利以及那些不被本国宗教、文化、观念、习俗认可的权利，从而有助于每一位妇女平等享有各项权利。

第三，妇女人权有助于妇女权利的实现。与妇女权利得到我国国内法确认的情形相同，世界其他各国国内法规定的妇女权利的实现同样受到各种性别歧视因素的阻碍。妇女人权强调国家的首要义务以及国际和国内社会全体成员的共同责任，要求所有国家充分尊重妇女权利，积极采取一切必要而适当的措施，禁止和消除对妇女的一切形式的歧视，防止和惩治侵犯妇女权利的行为，促进并保证男女平等原则和妇女各项权利的实现，同时要求政府间国际组织、国际机构、非政府组织、社会团体和个人在尊重、促进和保障妇女权利的实现方面发挥积极作用，从而有利于妇女权利的普遍而充分的实现。

第四，妇女人权有助于妇女的全面发展。妇女人权作为妇女应当享有的不可分割、不可剥夺的权利，是妇女在家庭和社会生活中实现自我完善和全面发展的重要保障。只有妇女的人权得到充分的承认、尊重、保障和实现，妇女才能真正取得与男子平等的地位，获得身心健康和全面发展的机会和能力，其人格、尊严、生命、安全、自由、健康和福祉才能得到有效的保证和维护。

（二）妇女人权对于其他权利主体和整个社会的意义

从世界范围来看，女性人口接近全球人口总数的一半。[①] 在近 3/4 的国家，女性人口的数量要多于或等于男性人口的数量。[②] 随着年龄阶段的提高，女性人口与男性人口的比例也会逐渐增大。[③] 成年女性作为家庭和社会中不可或缺的重要成员，与男子共同肩负着繁衍后代、养育子女、维持生计和服务社会的使命，对于家庭的幸福、社会的繁荣、和平的实现、人类的生存和发展都具有至关重要的作用。然而，由于男尊女卑的观念、习俗、规范和制度的影响，妇女在家庭和社会生活中的重大作用和贡献长期未能得到充分的理解和承认，致使妇女不能取得与男子平等的地位，不能与男子平等享有和行使权利，其人格尊严、人身安全、身心健康、自由和生命经常受到严重侵犯。家庭解体、经济衰退、资源短缺、结构调整、环境污染、疾病流行、种族歧视、恐怖主义、政治动乱、武装冲突和其他种种人为的和自然的因素使得妇女的负担加重，处境恶化。妇女地位的低下和对妇女权利的侵犯转而阻碍妇女充分参与社会生活及在其中发挥积极作用，并进而损及家庭、社会和人类的福祉。有鉴于此，1993 年第二次世界人权大会通过的《维也纳宣言和行动纲领》明确宣示：使妇女能在国家、区域和国际各级充分、平等地参与政治、公民、经济和文化生活，消除基于性别的一切形式歧视，是国际社会的首要目标。1995 年第四次世界妇女大会通过的《行动纲领》（又译为《行动纲要》）进一步明确指出：提高妇女地位和实现男女平等是人权问题，是社会正义的条件，是建设可持续的、公正的和发达的社会的唯一途径，是各国人民实现政治、社会、经济、文化和环境安全的先决条件。只有把妇女人权与社会发展紧密结合在一起，才能实现二者的彼此支持和相互促进。

---

① 联合国秘书处经济与社会事务部提供的数据显示，2010 年世界人口总数约为 69.09 亿，其中女性人口约为 34.27 亿，占总人口的 49.6%。

② 中国是男性人口多于女性人口的少数国家之一。据中国国家统计局 2011 年 4 月 28 日公布的第六次全国人口普查的初步统计结果，中国内地 31 个省、自治区、直辖市和现役军人的人口总数约为 13.40 亿，其中女性人口约为 6.53 亿，占总人口的 48.73%。

③ 联合国出版物《世界人口前景：2008 年订正本》（*World Population Prospects: The 2008 Revision*）提供的数据显示，在 50 岁以上的各个年龄阶段，全球女性人口的数量均多于全球男性人口的数量。

第二节
妇女人权的确认和发展

在人类发展的历史长河里，妇女的地位从母系氏族时期的女性中心到父系社会、奴隶社会、封建社会和资本主义社会初期的男尊女卑，再到现代社会的男女平等，经历了十分曲折的演变过程。其间，生产方式、家庭形式、政治制度、经济状况、法律规范、文化传统、观念习俗、科学技术等因素都曾产生过重大影响。在从男尊女卑到男女平等，从妇女无权到妇女人权的转变过程中，国内和国际社会层出不穷的妇女运动更是直接发挥了积极的促进作用。

一、妇女人权在外国的确认和发展

古代和近代的法律文献和历史记载表明，从古代的印度、罗马和希腊，到中世纪的欧洲各国，再到 19 世纪以前的世界各地，除个别情形外①，妇女在婚姻、财产、继承、子女监护等家庭生活领域基本上处于从属于男性（父亲、兄长、丈夫或其他男性亲属）的地位，在教育、就业、参政等公共生活领域中基本处于无权状态。在长达数千年的时间里，各国妇女均不具有独立的法律人格。

从 18 世纪末开始，法、英、美等国的女权主义者率先发出了争取妇女权利的呼吁。1791 年 9 月，法国剧作家和政治活动家奥林佩·德·古杰女士（Olympe de Gouges）仿照《人权和公民权宣言》②，发表了《妇女和女公民的权利宣言》（*Declaration of the Rights of Woman and the Female Citizen*），宣称“妇女生而自由，并始终与男子平等享有权利”。1792 年，英国的女权主义者玛丽·沃斯通克拉夫特女士（Mary Wollstonecraft）写了《女权辩护：关于政治和道德问题的批评》（*A Vindication of the Rights of Woman: With Strictures on Political and Moral Subjects*）一书，主张妇女应该接受与其社会地位相应的教育，并应与男子享有一样的基本权利。1848 年，美国争取妇女选举权的先驱伊丽莎白·卡迪·斯坦顿女士（Elizabeth Cady Stanton）在纽约塞内卡·福尔斯

① 据称，穆罕默德早在公元 7 世纪初期便采取了提高阿拉伯妇女地位的改革措施，其在公元 622 年起草的《麦地那宪章》在结婚、离婚和继承等方面赋予妇女更大权利，禁止杀害女婴，承认妇女充分的人格。

② 该宣言的英文名称是 *Declaration of the Rights of Man and of the Citizen*，直译为《男人和公民的权利宣言》。

（又译塞内卡瀑布）（Seneca Falls）发起了第一次妇女权利大会，并以《独立宣言》的口吻为大会起草了《情感宣言》（*Declaration of Sentiments*），宣称"所有男人与女人生而平等"乃是"不言而喻的真理"。在女权主义者的推动下，旨在提高妇女地位、实现男女平等、争取妇女权利的女权运动在英美等国先后出现，进而扩及其他欧美国家和一些亚非国家，出现了女权运动的第一次浪潮。

18 世纪末到 20 世纪初的女权运动的主要目的是争取妇女在财产、继承、婚姻、监护、教育、就业、报酬、选举、参政等方面与男子平等享有权利。受其影响，到 19 世纪末，瑞典、挪威、丹麦、英国、美国的未婚和已婚妇女以及芬兰、意大利、德国、墨西哥等国的未婚妇女都被赋予了法定的成人资格，挪威、瑞典、英国、美国、加拿大等国的已婚妇女获得了独立的财产所有权、与丈夫平等的继承权或平等的经济地位，瑞典、瑞士、芬兰、俄国、美国、日本、意大利、丹麦、英国、智利、巴西、加拿大、法国、比利时、澳大利亚、罗马尼亚、挪威、海地等国的妇女先后被允许接受教育，新西兰的妇女在全国范围内获得了选举权。第二次世界大战开始之前，澳大利亚、芬兰、挪威、丹麦、冰岛、英国、加拿大、苏联、荷兰、奥地利、捷克斯洛伐克、波兰、瑞典、德国、卢森堡、比利时、西班牙、土耳其、波多黎各等国的妇女也先后获得了选举权。

第二次世界大战结束以后，科学技术和生产方式不断更新，全球化进程持续深入，许多国家的政治经济体制相继变革，人类的生存环境日趋恶化。受其影响，世界各国妇女在家庭和社会生活中的贡献逐步增多，但在许多国家和地区，妇女的总体地位和权利状况长期未有根本改善。有鉴于此，许多国家的女权主义者在一度沉寂之后，重新开始了旨在提高妇女地位、争取妇女权利的女权运动，并于 20 世纪 60 年代和 80 年代先后兴起了第二次和第三次浪潮。在这两次浪潮中，女权主义者在继续争取男女平等享有各项权利的基础上，进一步主张消除基于生理性别和社会性别的歧视，要求保障妇女的生育自主和生殖健康，反对针对妇女的暴力（包括家庭暴力）行为和性骚扰行为。这一时期的女权运动与战后不断发展的人权理论和实践紧密结合，在世界范围内取得了显著成效。在有关各方的共同努力下，越来越多的国家和政府日益重视妇女地位和权利问题。许多国家已将实现妇女人权作为优先事项，积极采取各种措施，在政策、法律、制度、方案、资源等方面为提高妇女地位、消除性别歧视和实现妇女权利提供保障和支持，使得妇女在婚姻、家庭、财产、工作、教育、减贫、保健、参政、参与公共生活等方面的状况有了不同程度的改善。尽管如此，许多国家和地区目前仍然存在歧视妇女的立法、政策、观念、习俗和严重侵犯妇女权利的行为，在切实提高妇女地位、彻底实现男女平等、全面落实妇女权利方面还面临着诸多障碍和挑战。

二、妇女人权在国际社会的确认和发展

（一）第二次世界大战之前国际社会对妇女人权的确认和保护

19 世纪中叶，美、英、法、德、俄、瑞（典）等国的女权运动者曾经组成国际性的团体。19 世纪末到 20 世纪初，一些国际性的妇女非政府组织得以建立并开展活动。值得一提的是，1889 年 7 月在巴黎成立的由各国社会主义政党组成的第二国际十分重视妇女问题，先后通过了《关于劳工立法的建议》（1889 年）、《关于男女权利平等的决议》（1891 年）、《关于保护女工的决议》（1893 年）、《关于保护女工的补充提案》（1893 年）和《关于妇女选举权的决议》（1907 年）等一系列关于妇女问题的决议，主张实行男女同工同酬，禁止在有害妇女身体健康的一切生产部门使用女工，禁止女工上夜班，缩短女工的劳动时间，坚决限制对妇女的剥削，争取妇女的选举权。1907 年，第一届国际社会主义妇女大会通过《关于妇女选举权的决议案》，要求无产阶级妇女与各国社会党团结起来，为争取普选权而斗争。1910 年，第二届国际社会主义妇女大会通过《关于争取妇女选举权基本原则的决议案》，指出各国社会主义妇女每年要有一个节日[①]，以帮助妇女获得选举权。从 1911 年开始，世界各国妇女纷纷以多种形式纪念这一节日，不断发起争取选举权和其他权利的运动和斗争。

从 20 世纪初到第二次世界大战开始之前，一些国家和个别政府间国际组织也在保护妇女权利方面作出了一定的努力。在世界范围内，国际联盟和国际劳工组织主持通过了若干保护妇女权利的国际公约。其中，前者主持通过的此类公约包括 1921 年《禁止贩卖妇孺国际公约》（又译《取缔贩卖妇女儿童国际公约》）和 1933 年《禁止贩卖成年妇女国际公约》及其议定书；后者主持通过的此类公约包括 1919 年《妇女产前产后就业公约》（第 3 号公约，又译《保护生育公约》或《孕产妇保护公约》）、1919 年《（妇女）夜间工作公约》（第 4 号公约，1934 年修订）和 1935 年《（妇女）井下作业公约》（第 45 号公约，全称《妇女在各类矿山井下作业公约》）。在区域范围内，1923 年在智利首都圣地亚哥召开的第五次美洲国家会议专门讨论了妇女权利问题，美洲国家组织还于 1928 年成立了负责促进妇女公民和政治权利的美洲妇女委员会（Inter-American Commission on

---

① 按照国际妇女运动领袖克拉拉·蔡特金的建议，这一节日为每年的 3 月 8 日，名为“国际劳动妇女节”。

Women)，该委员会负责起草了 1933 年的《美洲妇女国籍公约》。这一时期，国际社会对妇女权利的保护方式比较单一，保护对象和场合也都十分有限，尚处于萌芽阶段。

(二) 第二次世界大战之后国际社会对妇女人权的确认和保护

1. 战后国际社会确认和保护妇女人权的国际法律基础

第二次世界大战后，妇女人权在国际社会获得了进一步的确认和发展。为避免人类再度遭受两次世界大战这样的荼毒，促进人权的普遍遵守和实现，1945 年 6 月 26 日通过的《联合国宪章》重申对基本人权、人的尊严与价值和男女平等权利的信念，把不分种族、性别、语言或宗教，增进并激励对于全体人类的人权和基本自由的尊重（和遵守）确立为联合国的一项宗旨（第 1 条和第 55 条），把采取共同和个别行动与联合国合作以达成这一宗旨规定为会员国的一项义务（第 56 条），把促成全体人类人权和基本自由的实现以及促进其尊重和遵守分别规定为联合国大会和经社理事会的一项职能（第 13 条第 1 款和第 62 条第 2 款）。这些规定使得男女平等成为人权的一项核心价值以及联合国各个机关和全体会员国的重要行为准则，为妇女地位的提高以及妇女人权的确立和发展奠定了坚实的国际法律基础。

2. 关于妇女人权的国际法律标准的初步确立

联合国正式成立以后，立即着手开展促进人权的工作，并迅速取得了显著成效。1946 年，经社理事会分别设立了人权委员会和妇女地位委员会，作为其履行相关人权职能的辅助机构。1948 年 12 月 10 日，由人权委员会起草的《世界人权宣言》在联合国大会获得通过。该宣言在系统宣示人人享有的各项权利和自由的基础上，明确规定：人人在尊严和权利上一律平等（第 1 条）；人人平等享有权利（第 2 条），人人在法律面前平等并不受歧视地享有法律的平等保护（第 7 条）；人人有权平等地享有公正审判（第 10 条），建立、维持和解除婚姻关系（第 16 条第 1 款），参加本国公务和选举（第 21 条第 2—3 款），同工同酬（第 23 条第 2 款）和接受高等教育（第 26 条第 1 款）等权利；专门规定了成年妇女的缔婚和组织家庭权和婚姻自由权（第 16 条第 1—2 款）、寡妇的保障权（第 25 条第 1 款）、母亲的特别照顾和协助权（第 25 条第 2 款），以及母亲与父亲一起优先选择子女应受教育种类的权利（第 26 条第 3 款）。作为第一个专门且全面规定人权问题的普遍性国际文件，该宣言为所有人民和所有国家在人权（包括妇女人权）方面确立了努力实现的共同标准。

《联合国宪章》的生效和《世界人权宣言》的通过使得战后国际社会对妇女

人权的确认和保护进入了第一个发展阶段。到 20 世纪 60 年代末，在《联合国宪章》和《世界人权宣言》的基础上，联合国主持起草和通过了许多与妇女人权有关的国际文件。这些文件依其法律性质可以分为两类：一类是有法律约束力的国际公约，另一类是没有法律约束力的宣言或决议。从对妇女权利规定的形式上看，有关国际文件又呈现出两种情况：第一种情况是在规定人人应当享有的权利基础上，采用一般性的平等条款和禁止歧视条款，或者专门的男女平等条款或妇女权利条款，对妇女权利进行强调或作出明确规定。1956 年《废止奴隶制、奴隶贩卖及类似奴隶制之制度与习俗补充公约》、1960 年《取缔教育歧视公约》、1966 年《经济、社会和文化权利国际公约》（简称《经社文权利公约》）、1966 年《公民权利和政治权利国际公约》（简称《公民和政治权利公约》）和 1968 年《德黑兰宣言》即属此类情况。第二种情况是在强调男女平等、禁止歧视和保护妇女权益的基础上，集中或专门规定妇女享有的某些权利。1949 年《禁止贩卖人口及取缔意图赢利使人卖淫的公约》、1952 年《妇女政治权利公约》（又译为《妇女参政权公约》）、1957 年《已婚妇女国籍公约》、1962 年《关于婚姻的同意、结婚最低年龄及婚姻登记问题的公约》和 1967 年《消除对妇女一切形式歧视宣言》（简称《消除对妇女歧视宣言》）即属此类情况。

值得一提的是，联合国于这一时期通过的《防止及惩治灭绝种族罪公约》（1946 年）、《关于难民地位的公约》（1951 年）、《关于无国籍人地位的公约》（1954 年）、《关于难民地位的议定书》（1966 年）和《消除一切形式种族歧视国际公约》（简称《消除种族歧视公约》）（1969 年）尽管没有明确提及妇女权利，但妇女的相关权利显然也在这些公约保护的范围之内。此外，作为联合国专门机构之一的国际劳工组织先后通过的 1948 年《（妇女）夜间工作公约（修订）》（第 89 号公约）、1951 年《同酬公约》[第 100 号公约，又译《男女（工人）同工同酬公约》]、1952 年《保护生育公约（修订）》[第 103 号公约，又译《孕产妇保护公约》（修订）]、1958 年《消除就业和职业歧视公约》[简称《（就业及职业）歧视公约》（第 111 号公约）]、1962 年《社会政策（基本宗旨和准则）公约》（第 117 号公约）和 1964 年《就业政策公约》（第 122 号公约）均明确规定了与妇女就业和工作条件有关的权利；联合国另一专门机构联合国教科文组织也于 1962 年通过了明确规定禁止教育领域内的性别歧视的《取缔教育歧视公约》（又译《禁止教育歧视公约》）；1949 年日内瓦会议上通过的《改善战地武装部队伤者病者境遇之日内瓦公约》、《改善海上武装部队伤者病者及遇船难者境遇之日内瓦公约》、《关于战俘待遇之日内瓦公约》和《关于战时保护平民之日内瓦公约》

（合称日内瓦四公约）均含有在战时保护妇女权利的条款。在区域层面，欧洲理事会通过的 1950 年《保护人权和基本自由的欧洲公约》（简称《欧洲人权公约》）和 1961 年《欧洲社会宪章》，美洲国家组织通过的 1948 年《美洲人的权利和义务宣言》（简称《美洲人权宣言》）、1948 年《关于赋予妇女民事权利的美洲公约》、1948 年《关于赋予妇女政治权利的美洲公约》和 1969 年《美洲人权公约》，都对禁止基于性别的歧视和保护妇女权利问题作了不同程度的规定。

在上述国际文件当中，《经社文权利公约》、《公民和政治权利公约》和《消除对妇女歧视宣言》对妇女权利的确认和发展具有最为重要的意义。其中，前两项公约不仅分别载明了包括妇女在内的每一个人应当享有的各项经济、社会、文化权利和各项公民、政治权利①，明确规定了禁止歧视原则、男女平等原则和妇女的若干具体权利，而且为缔约国设定了尊重、保护和实现这些原则和权利的法律义务，以及监督缔约国履行义务的国际机制；后一个宣言则首次在普遍性国际文件中把对妇女的歧视宣布为"侵犯人格尊严的罪行"，并要求各国政府、各非政府组织及个人各尽所能，促进男女平等原则在所有国家内得到实施。上述国际文件初步确定了国际社会在妇女地位和妇女权利方面应当遵循的基本原则以及国家的相应义务和责任，为妇女人权在国际社会的进一步发展打下了良好的基础。

3. 国际社会对妇女地位和权利的特别关注

20 世纪 70—80 年代是战后妇女人权在国际社会得到确认和发展的第二个阶段。1972 年 12 月 18 日，联合国大会宣布 1975 年为国际妇女年（International Year of the Woman），决心促进男女平等，强调妇女在发展中的职责和重要作用，承认妇女对世界和平的重要贡献，要求联合国全体会员国和相关组织根据《消除对妇女歧视宣言》采取措施，确保充分实现并增进妇女权利。按照这一决议的要求，联合国于 1975 年 6 月 19 日至 7 月 2 日在墨西哥首都墨西哥城召开了第一次世界妇女大会（"国际妇女年世界会议"），通过了《关于妇女的平等地位和她们对发展与和平的贡献的墨西哥宣言》（简称《墨西哥宣言》）和《实现国际妇女年目标世界行动计划》（简称《世界行动计划》）。1975 年 12 月 15 日，联合国大会进一步宣布 1976 年至 1985 年为"联合国妇女十年"（United Nations Decade for Women），要求国际和国内社会的所有成员在国家、区域和国际各级采取持续有效的行动，执行第一次世界妇女大会通过的《世界行动计划》和有关

① 参见：《经社文权利公约》第 2 条第 3 款、第 3 条、第 7 条第 1 款第 1 项、第 10 条第 1—2 款、第 13 条第 2—3 款和《公民和政治权利公约》第 2 条第 1 款、第 3 条、第 4 条第 1 款、第 6 条第 5 款、第 14 条第 1 款、第 18 条第 4 款、第 23 条第 2—4 款、第 25—26 条。

决议。

在“联合国妇女十年”期间，联合国先是在1976年创建了“联合国妇女十年自愿基金”，以执行国际妇女年方案，特别是为发展中国家的妇女发展项目提供发展基金，随后又分别召开了两次世界妇女大会。其中，1980年7月14—31日在丹麦首都哥本哈根举行的第二次世界妇女大会（“联合国妇女十年世界会议”，又名“联合国妇女十年中期会议”）通过了《联合国妇女十年后半期行动纲领》，具体规定了各国促进妇女充分参与经济与社会发展以及改善妇女的就业、保健和教育状况的目标和战略，制定了国际和区域一级的行动步骤；1985年7月13—26日在肯尼亚首都内罗毕举行的第三次世界妇女大会（“审查和评价联合国妇女十年成就世界会议”）通过了《提高妇女地位内罗毕前瞻性战略》（简称《内罗毕战略》），将社会性别差异视为平等的障碍，并对针对妇女的暴力行为表示了关注。

在这一阶段，关于妇女人权的国际法律标准的制定工作也取得了显著进展。除了1974年通过的《在非常状态和武装冲突中保护妇女和儿童宣言》之外，联合国大会先后通过了《禁止酷刑和其他残忍、不人道或有辱人格的待遇或处罚公约》（简称《禁止酷刑公约》）（1984年）、《儿童权利公约》（1989年）、《旨在废除死刑的公民权利和政治权利国际公约第二项任择议定书》（1989年）和《保护所有移徙工人及其家庭成员权利国际公约》（简称《移徙工人权利公约》，1990年），对包括妇女在内的有关个人的权利问题作了规定。此外，国际劳工组织通过了1977年《护理人员公约》（第149号公约）、1981年《关于有家庭负担的男女工人的平等机会和平等待遇的公约》（第156号公约，简称《有家庭负担的工人的公约》，又译《有家庭责任工人公约》）、1982年《终止雇佣公约》（第158号公约）、1988年《关于促进就业和失业保护的公约》（第168号公约）等含有妇女工作权保障条款的公约；1977年的日内瓦会议通过了《1949年8月12日日内瓦四公约关于保护国际性武装冲突受难者的附加议定书》（第1议定书）和《1949年8月12日日内瓦四公约关于保护非国际性武装冲突受难者的附加议定书》（第2议定书），从而把对妇女权利的保护范围从战争期间扩展到国际性和非国际性的武装冲突期间。在区域层面，非洲统一组织1981年通过的《非洲人权和民族权宪章》（简称《非洲人权宪章》）同样含有禁止性别歧视和保护妇女权利的条款。

特别值得一提的是，联合国大会于1979年通过了《消除对妇女一切形式歧视公约》（简称《消除对妇女歧视公约》）。该公约明确规定了对妇女歧视的定义，要求缔约国采取一切适当办法，在政治、经济、社会、文化、教育、就业、保健、婚姻、家庭等所有领域，禁止和消除对妇女任何形式的歧视，保证妇女与男子平等享有各项权利，而且还规定设立负责审查执行公约进展情况的国际机构——消除对妇女歧视委员会。该公约作为联合国的核心人权公约之一，被称为“国际妇女权利法案”（International Bill of Rights for Women），在提高妇女地位、减少性别歧视、促进男女平等和保障妇女人权方面发挥了不可替代的重要作用。

4. 妇女人权概念的确认和妇女地位的提高

1993 年，战后国际社会确认和保护妇女人权的第三个发展阶段开始了。在全球妇女人权运动（Global Campaign for Women's Human Rights）的促成之下，1993 年 6 月 14—25 日在奥地利首都维也纳召开的第二次世界人权大会把妇女人权问题列入会议日程。大会通过的《维也纳宣言和行动纲领》明确宣示妇女人权是普遍性人权不可剥夺和不可分割的一个组成部分，促请各国政府、机构、政府间组织和非政府组织加强努力，保护和促进妇女的人权，要求各国政府和联合国把妇女充分和平等地享受各项人权作为优先事项，要求联合国把妇女的平等地位和妇女人权纳入其整个系统活动的主流，还要求联合国的有关机构和机制定期、系统地处理这些问题，并特别强调要努力消除公共和私人生活中对妇女施加的暴力、一切形式的性骚扰、性剥削和贩卖妇女的行为、执法中的性别偏见、在妇女权利与某些传统或习俗及文化偏见和宗教极端主义的有害影响之间所可能产生的任何冲突，以及对妇女一切形式隐蔽的和公开的歧视。

《维也纳宣言和行动纲领》的要求迅速得到了国际社会的积极响应。1993 年 12 月 20 日，联合国大会通过《消除对妇女的暴力行为宣言》，明确规定了“对妇女的暴力行为”的基本含义、表现形式和对妇女权利的不利影响，要求各国以及联合国系统各机关和专门机构采取措施，努力消除对妇女的暴力行为。在此后的十几年里，一系列与妇女人权有关的国际公约先后获得通过并生效，其中包括（但不限于）1998 年《国际刑事法院规约》、1999 年《消除对妇女一切形式歧视公约任择议定书》、2000 年《联合国打击跨国有组织犯罪公约关于预防、禁止和惩治贩运人口特别是妇女和儿童行为的补充议定书》、2002 年《禁止酷刑和其他残忍、不人道或有辱人格的待遇或处罚公约任择议定书》（简称《禁止酷刑公约议定书》）、2006 年《残疾人权利公约》、2006 年《保护所有人免遭强迫失踪国际公约》（简称《免遭强迫失踪公约》）和 2008 年《经济、社会和文化权利国际公约任择议定书》（简称《经社文权利公约议定书》）。这一时期内，国际劳工组织分别于1996年和2000年通过了《家庭工作公约》（第177号公约）和《保护生育公约》（第183号公约），阿拉伯联盟先后于1994年和2004年通过了《阿拉伯人权宪章》，美洲国家于1994年通过了《美洲国家间预防、惩治和消除对妇女的暴力公约》，欧洲联盟成员国于2000年通过了《欧洲联盟基本权利宪章》，非洲联盟国家元首和政府首脑大会第二届常会于2003年通过了《非洲人权和民族权宪章关于非洲妇女权利的议定书》，与妇女人权有关的国际法律标准的制定工作取得了重大进展。

第二次世界人权大会召开之后，妇女的地位、作用和人权问题纷纷成为联合国主持召开的许多国际会议的重要议题，会议通过的文件对这些议题都有不同程度的规定。例如，1994年在埃及首都开罗召开的国际人口与发展大会通过的《国际人口与发展大会行动纲领》明确宣示了妇女的生殖保健、性健康和生育权；1995年在丹麦首都哥本哈根召开的社会发展问题世界首脑会议通过的《哥本哈根社会发展问题宣言》承诺实现男女平等、提高妇女地位、增强妇女权能（empowerment of women or women's empowerment）① 和保护妇女人权；2000年在美国纽约召开的联合国千年首脑会议通过的《联合国千年宣言》把保障男女享有平等的权利和机会列为21世纪国际关系中必不可少的基本价值之一，并把降低产妇死亡率、促进两性平等、增强妇女权能、打击一切形式的对妇女的暴力行为、执行《消除对妇女歧视公约》列为促进各项基本价值实现的关键目标。

《维也纳宣言和行动纲领》关于妇女人权的宣示在第四次世界妇女大会通过的最后文件中得到了集中而深刻的体现。1995年9月4—15日在中国首都北京召开的第四次世界妇女大会通过的《北京宣言》强调增强妇女权能和在平等基础上充分参与所有社会领域是平等、发展与和平的基础，重申妇女的权利是人权，决心确保妇女充分享有一切人权和基本自由，并且采取有效行动防止其受到侵犯。大会通过的《行动纲领》旨在通过促进和保护所有妇女享有一切人权和基本自由来增强妇女权能，进而实现平等、发展与和平。该《行动纲领》重申了《维也纳

---

① 在相关国际文件的中文本中，empowerment of women 或 women's empowerment 这类术语多被表述为“赋予妇女权力”（如《哥本哈根社会发展问题宣言》）、“赋予妇女权力（或权利）”（如《行动纲领》）、“赋予妇女权力和能力”（如《北京宣言》）或“赋予妇女权能”（如《联合国千年宣言》），有时被简称为“妇女赋权”。从有关国际文件的上下文来看，empowerment of women 或 women's empowerment 这类术语的含义十分广泛，除“赋予”或“给予”妇女其并不拥有的某种权力或权利外，更加强调培养或增强妇女在家庭、工作场所以及更广泛的国内和国际社会充分和平等地参与政治、经济、文化和社会决策的技术、知识、能力和责任。有鉴于此，本书除直接引用相关国际文件中文本的措辞外，一般均把这类术语意译为“增强妇女权能”。

宣言和行动纲领》关于妇女人权的原则，把妇女人权与妇女的贫困、教育与培训、保健、对妇女的暴力、武装冲突、经济、权力分享与决策、提高妇女地位的机制、媒体、环境和女童权利一起列为重大关切领域，并就每一领域提出战略目标以及各行动者为实现这些目标所应采取的具体行动，还规定了确保有效执行《行动纲领》所需要的国家、区域和国际各级体制安排和财政安排。《行动纲领》把妇女人权问题与国际、区域、国家、地方各个层面存在的和平、发展等各种社会问题紧密结合起来，使得妇女人权真正成为国际社会的优先事项，并在政策、制度、方案、资源等方面为妇女人权的充分实现提供了重要的支持和保障。从世界范围来看，随着《北京宣言》和《行动纲领》在国际、区域、国家和地方层面逐渐得到执行和落实，妇女在家庭和社会公共领域中的地位已经得到了很大提高，妇女人权的状况也已发生了明显改善。

三、妇女人权在中国的确认和发展①

（一）新中国成立以前中国妇女的地位和权利状况的演进

1. 近代以前中国妇女的从属地位和无权状况

中国在数千年的奴隶社会、封建社会和半封建半殖民地社会里，一直盛行着乾坤正位、男尊女卑、三从四德、女不言外、夫为妻纲、从一而终以及其他许多歧视、压迫妇女的观念。基于这些观念所形成的家国制度对妇女的人格、地位、身心、言行构成了极大的束缚和限制。在个人名分、家庭地位、财产继承、婚姻关系、定罪量刑等方面，20 世纪初期以前的中国法律无不具有浓厚的男尊女卑色彩。在这样的观念和制度的制约和影响下，中国妇女在家庭和社会生活的各个方面长期处于从属地位和无权的状况。其一，在家庭关系中，妇女被要求在家从父、出嫁从夫、夫死从子，没有独立的人格和身份；其二，在婚姻问题上，妇女必须听从“父母之命，媒妁之言”，还要从一而终，不仅在婚姻关系的成立和解除方面不能自主，而且常常被迫守志、殉夫；其三，在政治领域，尽管历史上不乏女性参政的个案，但妇女在总体上完全被排斥在社会政治生活之外；其四，在经济领域，广大下层妇女长期从事家务以及养蚕、纺织、刺绣等家庭手工业，或者从事其他艰苦、卑贱乃至屈辱的传统职业，在民国初年之前罕有就业机会，既没有财产所有权和继承权，也没有独立的经济来源；其五，在社会生活领域，妇女长期被剥夺了接受文化教育和参加社会活动的权利；其六，在身心健康方面，

① 本书所研究的内容只限于中国内地，未包括中国的香港、澳门和台湾地区。

妇女不仅受到一夫一妻多妾制的压迫和娼妓制度的迫害，而且绝大多数人从小被迫缠足，身心健康遭受严重摧残。

2. 中国近代妇女解放思想的提出和妇女解放运动的兴起

明清时期，许多思想家、经学家、文学家纷纷抨击男尊女卑、贞女节妇等封建伦理，谴责守志、殉夫、溺女、弃女、缠足等恶习陋俗，讴歌婚姻自决，开启了中国封建社会末期女性思想解放的大门。

第一次鸦片战争以后，西方列强的相继入侵进一步加重了中国妇女的苦难。不过，当时纷纷来华的传教士也带来了近代西方女权运动的信息和男女平等的思想，并开展了兴女学和戒缠足等有益妇女身心解放的活动。第一次鸦片战争之后兴起的太平天国运动提出了一系列男女平等的主张，一度设立文武女官，颁布“分田照人口，不论男女”的《天朝田亩制度》，实行一夫一妻制，允许寡妇再嫁，主张妇女放足，但这些主张和制度基本上没有得到真正的实现。

19 世纪末的戊戌维新运动促进了近代妇女运动萌芽的出现。康有为、梁启超、谭嗣同等改良派领袖把男女不平等视为国家落后和遭受侵略的原因之一，把妇女解放与挽救民族危亡联系在一起，对一夫多妻、娼妓、童养媳、包办婚姻、女子缠足等封建制度和习俗提出了强烈反对，倡导并一度引发了戒缠足和兴女学运动，使一部分妇女在形体和精神上获得了一定程度的解放。特别值得一提的是，康有为在 1902 年写就的《大同书》中明确提出“男女平等、各自独立”乃是“天予人之权”，并且是全世界人消除家界之累、私产之害、国家之争、种界之争，达至大同之世和太平之境的基础和条件。在维新运动的影响下，一些维新女性于 1897 年创办了中国近代第一个女子社团“中国女学会”和中国第一份为妇女创办的刊物《女学报》，公开提出“男女平等”的口号，揭开了中国近代妇女解放运动的序幕。

20 世纪初，一些资产阶级革命派代表开始大力宣扬男女平等思想。1903 年，上海爱国女学发行了金天翮所著《女界钟》一书。该书列举了妇女在政治、经济、财产、教育、婚姻、社交等方面应当争取的权利，而且明确把妇女解放同反清革命和建立民主共和国的目标联系在一起，成为近代第一部专门论述中国妇女问题和提倡妇女解放的著作。当时，一些女性知识分子还创办了宣传妇女解放和组织妇女参加社会革命的妇女刊物。我国近代妇女运动的先驱秋瑾也在政治、经济、组织、婚姻和妇女解放途径等方面提出了妇女解放的主张。

1915 年，陈独秀、李大钊、鲁迅、胡适等人发起的新文化运动对封建宗法、礼教、家庭制度和封建伦理道德进行了猛烈抨击，提出了“破除封建纲常伦理”、

“反对男尊女卑”、“女子参政”、“大学开放女禁”、“男女职业平等”、“男女社交公开”和“婚姻自由”等口号。新文化运动进一步促进了中国妇女权利意识的觉醒，将妇女解放运动引入一个新的发展阶段。

1919年，北京、天津、上海等地的各界妇女纷纷参加反帝爱国五四运动，在争取民族独立自由、保卫国家领土主权的同时，提出了“男女社交公开”、“职业机会均等”和“男女平权”等口号，从而把妇女自身解放与民族解放运动结合起来。在五四运动的推动下，各界妇女在社交公开、教育平等、婚姻自主等方面取得了一定进展。

3. 国民政府对妇女权利的确认和保护

资产阶级革命领袖孙中山以“天赋人权”为基础，把男女平权作为民权思想的组成部分。1906年制定的《中国同盟会革命方略》明确提出了男女平等的思想，1912年重订的《中国同盟会总章》进一步将“主张男女平权”规定为同盟会政纲之一。1912年，孙中山下达《令内务部通饬各省劝禁缠足文》，取得了重大成效。同年，同盟会第一位女会员唐群英等女界代表成立了中华民国女子参政同盟会，通过了实行男女权利平等、普及女子教育、改良家庭习惯、禁止买卖奴婢、实行一夫一妇制度、禁止无故离婚、提倡女子实业、强迫放脚、改良女子服饰和禁止强迫卖娼等政治纲领，兴起了以实现男女平权、争取女子参政为主要目标的女权运动。

1924年，国民党第一次全国代表大会通过了何香凝提出的“于法律上、经济上、教育上、社会上确认男女平等原则，助进女权之发展”的提案，并将之作为国民党的政治纲领和国内政策之一写入大会宣言。为执行这一政治纲领，国民党在中央和省市设立了领导妇女运动的机构——妇女部，并领导创办了一些地方妇女协会。同年3月8日，在何香凝的组织和主持下，广州各妇女团体代表和20多所学校的女学生约2000余人召开了中国第一次公开纪念“国际妇女劳动节”的大会，并举行了中国劳动妇女的第一次大规模游行示威。

1926年，国民党第二次全国代表大会通过了第一个《妇女运动决议案》，把国民党一大宣言确认的男女平等原则具体化，要求国民政府实施确认、促进和保障妇女权利的法律措施和行政措施。北伐战争时期，部分地区革除了缠足陋习，实行婚姻自由，禁止蓄婢纳妾。抗日战争时期，国民政府曾一度发动全国妇女力量参加抗战建国工作，但不再主张妇女自身的权利。

南京国民政府成立以后，男女平等原则逐渐得到宪法和法律的确认。1930年《太原扩大会议约法草案》、1931年《中华民国训政时期约法》、1946年《中华民国宪法》都明确规定了男女在法律上一律平等的原则。其中，《中华民国训政时期约法》还在“公民教育”一章明确规定“男女教育之机会一律平等”。此外，国民政府于1929—1930年先后公布了民法总则、债、物权、亲属和继承等编，在权利能力、行为能力、离婚条件、子女监护和收养、财产继承等方面都载明了男女平等原则。1929年公布的《工厂法》还禁止使女工从事有害风纪和危险性的工作和夜间工作，并规定男女同工同酬和女工带薪产假。囿于当时的历史条件，国民政府的民法典对传统婚姻、家庭和财产制度的变革并不彻底，仍然保留了夫妻财产由夫管理、妻冠以夫姓等体现夫权中心的婚姻制度以及子女从父姓、子女财产由父管理等体现父权中心的家庭制度，其宪法性文件和法律关于妇女地位和妇女权利的进步性规定也未能得到有效实施。

4. 中国共产党关于妇女解放的思想和实践

五四运动前后，马克思主义的妇女解放理论被引入中国。李大钊、毛泽东、向警予等一批具有初步共产主义思想的知识分子把这一理论与中国妇女解放运动的具体实践相结合，指出妇女受压迫的本质是阶级压迫，妇女受束缚的社会根源是生产资料私有制以及封建的政权、神权、族权和夫权，进而把妇女问题与社会变革问题结合起来，把妇女解放运动与无产阶级革命运动结合起来，强调包括劳动妇女在内的各界妇女、妇女团体、妇女组织和妇女联合在妇女运动中的作用，为中国共产党领导的新民主主义的妇女运动奠定了理论基础。

中国共产党成立之初即把领导妇女争取解放作为自身的一项历史使命和奋斗目标。1922年5月，中共二大通过《中国共产党第二次全国代表大会宣言》和《关于妇女运动的决议》，前者宣布要努力废除一切束缚女子的法律，使女子在政治上、经济上、社会上、教育上一律享受平等权利，后者宣称中国共产党应为所有被压迫的妇女们的利益而奋斗。此后数年，中国共产党全国代表大会又相继通过了三项关于妇女运动的决议，即1923年中共三大通过的《关于妇女运动的决议案》、1925年中共四大通过的《对于妇女运动之议决案》和1928年中共六大通过的《妇女运动决议案》，逐渐确立了在党的领导下，争取和引导工农劳动妇女，团结和联合其他各界妇女，结合革命运动的需要，开展群众性的妇女解放运动的方针。

中华苏维埃共和国成立前后，一系列确认男女平等、保护妇女权利的宪法和法律得以颁布。1931年11月7日，中华苏维埃第一次全国代表大会通过了《中华苏维埃共和国宪法大纲》，明确规定了苏维埃共和国的男女公民在苏维埃法律面前一律平等，享有选举权和被选举权，同时宣布中国苏维埃政权以保证彻底地实行妇女解放为目的，承认婚姻自由，实行各种保护妇女的办法，使妇女能够从事实上逐渐得到脱离家务束缚的物质基础，从而参加全社会的经济、政治和文化生活。大会还通过了《中华苏维埃共和国土地法》和《中华苏维埃共和国劳动法》，前者确认了妇女分配土地的权利，后者则详细规定了女工的一般权利和对女工的特别保护措施。同年 11 月 27 日，中华苏维埃共和国中央执行委员会第一次全体会议通过了《中华苏维埃共和国选举细则》，确定了男女平等的选举权和被选举权。同年 12 月 1 日，该委员会公布了《中华苏维埃共和国婚姻条例》，明确规定实行婚姻（结婚、离婚）自由原则，废除一切封建的包办、强迫和买卖婚姻制度，禁止童养媳，实行一夫一妻，禁止一夫多妻，照顾并保障离婚妇女的权益。1934 年，中华苏维埃第二次全国代表大会通过的《中华苏维埃共和国宪法大纲》重申了 1931 年宪法大纲关于妇女地位、权利和解放问题的规定，中央执行委员会颁布的《婚姻法》也再次确认了 1931 年婚姻条例的主要内容。这一时期，许多边区政府也制定了婚姻条例。

抗日战争和解放战争时期，反对日本帝国主义和国民党反动统治成为妇女工作和妇女运动的中心。1937 年 9 月，中共中央组织部发布《妇女工作大纲》，提出妇女工作的基本任务是“动员妇女力量参加抗战，争取抗战胜利”。1949 年 4 月 1 日，中国妇女第一次全国代表大会通过《关于中国妇女运动当前任务的决议》，宣布中国妇女运动当前的任务是“完全肃清国民党反动势力，建立一个崭新的中华人民民主共和国”。这两个时期内，妇女权益仍然受到了一定程度的关注。例如，1941 年 5 月 1 日，中共陕甘宁边区中央局颁行《陕甘宁边区施政纲领》，明确规定“依据男女平等原则，从政治、经济、文化上提高妇女在社会上的地位，发挥妇女在经济上的积极性，保护女工、产妇、儿童，坚持自愿的一夫一妻婚姻制”。为保护边区妇女的人身权利和婚姻家庭权利，陕甘宁边区政府于 1939 年 4 月 4 日和 8 月 1 日颁布了《婚姻条例》和《禁止妇女缠足条例》，晋察冀边区政府也于 1941 年 7 月和 1943 年 1 月颁布了《婚姻条例》和《妨害婚姻治罪暂行条例》。在抗日救亡运动中，边区妇女进一步摆脱了包办、强迫及买卖婚姻，缠足，童养媳，童养婚，纳妾等封建陋习的束缚。随着解放战争的胜利，中国妇女的命运迎来了一个崭新的历史时期。

（二）新中国成立以后中国妇女权利的确认和发展

1. 改革开放以前中国妇女地位和权利状况的变化

1949 年 9 月 29 日，中国人民政治协商会议第一届全体会议通过具有临时宪法性质的《中国人民政治协商会议共同纲领》。该共同纲领的总纲第 6 条庄严宣布："中华人民共和国废除束缚妇女的封建制度。妇女在政治的、经济的、文化教育的、社会的生活各方面，均有与男子平等的权利，实行男女婚姻自由。"这一规定体现了中国共产党成立以来在妇女问题上的一贯主张，为新中国成立初期的妇女工作提供了宪法依据，也为此后中国历部宪法树立了楷模。

新中国成立以后，中央人民政府相继颁行了几部法律，对中国妇女的若干权利作了具体规定。其中，1950 年 4 月 13 日通过的《中华人民共和国婚姻法》（简称《婚姻法》）宣布废除包办强迫、男尊女卑、漠视子女利益的封建主义婚姻制度，实行男女婚姻自由、一夫一妻、男女权利平等、保护妇女和子女合法权益的新民主主义婚姻制度，禁止重婚、纳妾、童养媳、干涉寡妇婚姻自由以及借婚姻关系索取财物，规定结婚须男女双方本人完全自愿，夫妻在家庭中地位平等，夫妻双方可以自由选择职业、参加工作和参加社会活动，有权平等拥有和处理家庭财产、各用自己姓名和互相继承遗产。1950 年 6 月 28 日通过的《中华人民共和国土地改革法》确定按人口统一分配土地。1953 年 2 月 11 日通过的《中华人民共和国全国人民代表大会和地方各级人民代表大会选举法》（简称《选举法》）规定妇女有与男子同等的选举权和被选举权。

在这些法律的基础上，全国范围内出现了土地改革、基层普选、妇女走出家门、扫盲、宣传贯彻婚姻法、禁娼等一系列波澜壮阔的群众运动。通过这些运动，广大农村妇女与男子一样分得了土地，妇女开始参与管理国家和社会事务，参加劳动生产，拥有了独立的经济来源，基本上实现了婚姻自由，数千万妇女摆脱了文盲状态，在中国延续数千年、严重摧残妇女身心健康和尊严的恶习绝迹，妇女在政治、经济、文化、社会和家庭生活各方面都获得了根本性的解放，妇女的社会地位和状况发生了翻天覆地的历史性变化。

1954 年 9 月 20 日，新中国第一部《宪法》获得通过。该《宪法》在重申 1949 年《中国人民政治协商会议共同纲领》宣布的男女平等原则的同时，明确规定妇女有同男子平等的选举权和被选举权，婚姻、家庭和母亲受国家保护。不过，这些规定在随后几年并未能得到有效的贯彻执行。1958 年以后，受"左"倾思想和各种政治运动的影响，党的妇女工作方针和政策遭到否定。"文化大革命"期间，妇女刊物被迫停刊，妇联组织陷入瘫痪状态，妇女干部和知识分子惨遭迫害，妇女形象被严重扭曲，买卖包办婚姻的现象滋长，侵犯妇女权益、损害妇女身心的行为不断出现。1975 年《宪法》和 1978 年《宪法》尽管仍然保留了男女平等以及婚姻、家庭和母亲受国家保护的规定，但前者并未产生任何实际效果，后者的作用也十分有限。

2. 改革开放以后中国妇女权益保护的全面进展

中国共产党十一届三中全会召开以后，中国的妇女工作开始与改革开放和社会主义现代化建设事业紧密结合起来。随着改革开放的逐渐深入和现代化建设事业的不断发展，中国妇女运动的中心任务从努力实现“四个现代化”，到推动社会主义物质文明、精神文明和民主法制建设，再到全面建设小康社会，一直与国家改革开放和现代化建设的总任务保持高度一致。为了充分发挥中国妇女在改革开放和现代化建设中的积极作用，中国政府对妇女事业给予了高度重视，把维护妇女权益作为全社会的共同任务，确立了男女平等的基本国策，并通过法律、政策、经济、舆论等多种措施，努力保障妇女在政治、经济、文化、社会和家庭生活等方面与男子享有平等权利，不断促进妇女事业的全面发展。随着社会主义法制的逐步健全和男女平等基本国策的最终确立，依法维护妇女权益、全面提高妇女地位和整体素质、贯彻落实男女平等基本国策、优化妇女发展环境、实现妇女平等权利和全面进步相继成为妇女发展总体目标的重要组成部分。

改革开放以后，中国的民主法制建设得到迅速恢复和发展，中国妇女权益的法律保护也随之不断得到加强和改善。1982 年 12 月 4 日，全国人大通过第四部《宪法》，在重申 1954 年《宪法》关于男女权利平等以及保护婚姻、家庭和母亲的规定基础上，进一步明确规定保护妇女的权利和利益，实行男女同工同酬，培养和选拔妇女干部，禁止破坏婚姻自由和虐待妇女，从而为中国妇女权益的保护奠定了坚实的基础。在此前后，中国国家权力机关和行政机关相继制定和颁布了大量直接涉及或专门规定妇女权益保障的法律、法规和规章，各地方人大和政府也纷纷制定了众多的实施办法和地方性的规定，到 21 世纪初已经形成了以《宪法》为基础，以《妇女权益保障法》为主体，包括国家各种单行法律法规、地方性法规和政府各部门行政规章在内的一整套保护妇女权益和促进性别平等的法律体系。

在中国现行有效的专门规定妇女权益保障的法律文件中，最重要的当属 1992 年通过并于 2005 年修订的《妇女权益保障法》。作为一部专门保障妇女权益的综合性法律，1992 年《妇女权益保障法》重申了宪法关于妇女地位和权益的规定，明确规定了国家机关、社会团体、企业事业单位、城乡基层群众性自治组织保障妇女合法权益的职责，并系统规定了妇女在政治、文化教育、劳动、财产、人身和婚姻家庭等方面与男子平等享有的权益，以及侵犯这些权益所应承担的法律责任。2005 年修订的《妇女权益保障法》在 1992 年《妇女权益保障法》各项规定的基础上，首次以法律形式确认了男女平等基本国策，明确规定消除对妇女一切形式的歧视，禁止对妇女实施性骚扰和家庭暴力，丰富了原有的妇女权益内容，新增了妇女社会保障权、荣誉权和隐私权，充实了社会成员尊重、促进和保障妇女权益的义务或职责，加强了关于侵害妇女合法权益的法律责任和受害妇女的救济途径的规定。在《妇女权益保障法》之外，国务院及有关部委还专门对某一方面的妇女权益进行了规定。①

直接涉及妇女权益保障的法律文件范围广泛，数量众多，依其涉及的妇女权益的具体内容可以大致分为以下八类：第一类法律文件涉及妇女的政治权利，例如 1979 年通过的《选举法》（2010 年修正），1992 年《中华人民共和国全国人民代表大会和地方各级人民代表大会代表法》（简称《代表法》，2010 年修正），1998 年《中华人民共和国村民委员会组织法》（简称《村民委员会组织法》，2010 年修订）和 2005 年《中华人民共和国公务员法》（简称《公务员法》）。第二类法律文件涉及妇女的文化教育权益，例如 1986 年《中华人民共和国义务教育法》（简称《义务教育法》，2006 年修订），1995 年《中华人民共和国教育法》（简称《教育法》）和 1988 年《扫除文盲工作条例》（1993 年修正）。第三类法律文件涉及妇女的劳动权益，例如 1992 年《中华人民共和国工会法》（简称《工会法》，2001 年修正），1994 年《中华人民共和国劳动法》（简称《劳动法》），2007 年《中华人民共和国劳动合同法》（简称《劳动合同法》）和《中华人民共和国就业促进法》（简称《就业促进法》），2004 年《劳动保障监察条例》，2007 年《就业服务与就业管理规定》和 2008 年《全民所有制工业企业职工代表大会条例》。第四类法律文件涉及妇女的社会保障权益，例如 2010 年《中华人民共和国社会保险法》（简称《社会保险法》）。第五类法律文件涉及妇女的财产权益，例如 1986 年《中华人民共和国民法通则》（简称《民法通则》）和 2002 年《中华人民共和国农村土地承包法》（简称《农村土地承包法》）。第六类法律文件涉及妇女的人身权利，例如 1979 年《中华人民共和国刑法》（简称《刑法》，1997 年修订）和《中华人民共和国刑事诉讼法》（简称《刑事诉讼法》，2012 年修正），1991 年《关于严禁卖淫嫖娼的决定》和《关于严惩拐卖、绑架妇女、儿童的犯罪分子的决定》，1994 年《中华人民共和国监狱法》（简称《监狱法》），1996 年《中华人民共和国行政处罚法》（简称《行政处罚法》），2005 年《中华人民共和国治安管理处罚法》（简称《治安管理处罚法》）和 1990 年《看守所条例》。第七类法律文件涉及妇女的婚姻家庭权益，例如 1980 年《婚姻法》（2001 年修正），1985 年《中华人

① 这类法律文件包括（但不限于）1988 年《女职工劳动保护规定》、1988 年《关于女职工生育待遇若干问题的通知》、1990 年《女职工禁忌劳动范围的规定》和 1994 年《企业职工生育保险试行办法》。

民共和国继承法》（简称《继承法》），1991 年《中华人民共和国收养法》（简称《收养法》，1998 年修正）和 2003 年《婚姻登记条例》。第八类法律文件涉及妇女的健康权益，例如 1994 年《中华人民共和国母婴保健法》（简称《母婴保健法》），2001 年《中华人民共和国人口与计划生育法》（简称《人口与计划生育法》）和《中华人民共和国职业病防治法》（简称《职业病防治法》），1986 年《妇幼卫生工作条例》，2001 年《母婴保健法实施办法》，2004 年《计划生育技术服务管理条例》，2009 年《流动人口计划生育工作条例》，1985 年《全国城乡孕期保健质量标准和要求》和 2002 年《婚前保健工作规范》。以上这些法律文件或是明确了男女平等原则，或是规定了妇女的若干权益。除此之外，另有大量关涉公民权益的法律文件，这些文件尽管没有直接、明确地规定男女平等原则或具体的妇女权益，但因其旨在保障所有中国公民的权益，故无疑可以作为中国妇女权益保障的依据。

中国妇女地位的提高和妇女权益的实现一方面要以法律的保障为基础，另一方面还要以经济持续健康发展和社会全面进步为前提。有鉴于此，中国政府在不断健全妇女权益保障的法律体系的同时，坚持把妇女事业发展纳入国家经济社会发展的总体规划，把性别平等作为构建和谐社会的重要内容，组织、动员和利用全社会的力量予以统筹实施。在过去的一二十年里，中国政府制定了许多经济社会发展总体规划以及扶贫、减贫、扫盲、教育、防病、健康、打拐和其他多种专项规划，还制定了专门规定有妇女权利问题的首部《国家人权行动计划》，对中国妇女发展的目标和措施分别作了不同程度的规定。

为了贯彻落实男女平等的基本国策，有效实施国民经济和社会发展规划，切实履行自己承担的国际法律义务和所作的国际承诺，全面推进性别平等和妇女发展，中国政府先后在 1995 年 8 月 7 日、2001 年 5 月 22 日和 2011 年 7 月 30 日颁布了三部关于妇女发展的专门规划和行动纲领，即《中国妇女发展纲要（1995—2000 年）》、《中国妇女发展纲要（2001—2010 年）》和《中国妇女发展纲要（2011—2020 年）》。其中，第一部纲要总结了新中国成立 46 年来妇女事业取得的成就，指出了妇女发展面临的任务，规定了五年内中国妇女发展的总体目标以及在妇女参政、就业、劳动保护、教育、卫生保健、婚姻家庭、人身保护、扶贫、发展、国际交流、研究等方面的 11 项具体目标，制定了促进和保障妇女各项权利实现的政策和措施。第二部纲要在第一部纲要的基础上，把男女平等基本国策列入总目标之中，确定了妇女与经济、妇女参与决策和管理、妇女与教育、妇女与健康、妇女与法律、妇女与环境等六个优先发展领域，提出了 34 项主要目标和100项策略措施。第三部纲要针对未来十年中国妇女发展面临的新的机遇和挑战，明确了全面发展、平等发展、协调发展和妇女参与的妇女发展原则，从妇女与健康、妇女与教育、妇女与经济、妇女参与决策和管理、妇女与社会保障、妇女与环境、妇女与法律等七个方面，提出了57项主要目标和88项策略措施。前两部纲要颁布之后，国务院有关部门均制定了本部门的纲要实施方案，地方各级政府也制定了本地区的妇女发展规划。此外，政府有关部门在制定和实施社会发展等各类专项规划过程中努力与妇女纲要确定的目标保持一致，县以上地方各级政府普遍将实施妇女纲要纳入了本地区经济社会发展的总体规划，从而有效地保证了妇女纲要与国民经济和社会发展规划的同步实施。

改革开放以后，中国妇女权益保护取得全面进展的另一重要体现便是中国政府日益积极、广泛、深入地开展妇女领域的国际交流与合作。首先，中国批准了《消除对妇女歧视公约》、《经社文权利公约》、《禁止酷刑公约》、《消除种族歧视公约》、《儿童权利公约》和《残疾人权利公约》等专门规定或直接涉及妇女人权的联合国核心人权公约，以及《防止及惩治灭绝种族罪公约》、《关于难民地位的公约》、《关于难民地位的议定书》、《联合国打击跨国有组织犯罪公约》、《联合国打击跨国有组织犯罪公约关于预防、禁止和惩治贩运人口特别是妇女和儿童行为的补充议定书》等与妇女人权有关的其他国际公约，批准或承认了国际劳工组织制定的关于保护妇女工作权的《(妇女）井下作业公约》、《同酬公约》、《(就业及职业）歧视公约》和《就业政策公约》，还批准了含有在战争和武装冲突期间保护妇女权利的1949年日内瓦四公约[①]的两个附加议定书，承担了消除对妇女一切形式的歧视、保障男女平等以及尊重、保护和实现妇女各项人权和基本自由的国际法律义务。其次，中国积极参与了“国际妇女年”和“联合国妇女十年”的活动，先后派出代表团出席了前三次世界妇女大会和第二次世界人权大会，成功主办了第四次世界妇女大会，积极支持、全面接受并认真执行这些会议通过的各项决议和行动纲领。再次，中国政府不断加强与联合国系统内负责处理妇女事务的有关机构的合作，多次就履行条约义务和执行国际会议行动纲领的情况向有关机构提交报告，接受其审议，并努力落实其合理建议。与此同时，中国妇女组织积极开展与其他国家和地区的妇女组织和妇女人士的交流与合作，加深了彼此的理解和友谊。

改革开放以后的30多年来，尤其是在第四次世界妇女大会召开之后，中国

---

① 该四公约于1952年7月13日经中华人民共和国政府声明承认，并分别于1956年和1957年对中国生效。

妇女发展取得了历史性的突破。按照中国2000年6月提交的《中华人民共和国一九九五年第四次世界妇女大会〈北京宣言〉〈行动纲领〉执行成果报告》所作的说明，这种历史性突破有以下三个标志：其一，以男女平等为核心的文明进步的妇女观已经成为促进全社会树立男女权利平等信念的理念基础；其二，"把男女平等作为促进中国社会发展的一项基本国策"的战略观点日益成为各级政府的自觉实践并被纳入行动议程；其三，妇女在政治、经济、文化、社会、家庭等领域享有与男子同等的权利和妇女特殊利益应受保障的原则，作为国家维护和保障基本人权的一个重要组成部分，愈来愈受到政府和社会的关注。

中国政府、国内非政府组织、相关政府间国际组织和国际机构的许多报告表明，中国目前已经在政策、法律、纲领、机制等方面形成了有利于实现性别平等的良好社会环境，在促进妇女发展和男女平等方面取得了重大进展，中国妇女各方面的权利状况都有了普遍改善，其享有社会保障的程度、参政水平、受教育水平和健康水平均有不同程度的提高，贫困妇女状况进一步改善，妇女的社会参与意识进一步增强，男女受教育差距进一步缩小，妇女的人均预期寿命进一步延长。尽管如此，男女平等基本国策的全面落实、中国妇女各项法律权利的充分实现仍然面临艰巨的困难和挑战。正如《中国妇女发展纲要（2011—2020年）》明确指出的那样："受社会主义初级阶段生产力发展水平和社会文明程度的制约与影响，妇女发展仍面临诸多问题与挑战。就业性别歧视仍未消除，妇女在资源占有和收入方面与男性存在一定差距；妇女参与决策和管理的水平仍然较低；妇女受教育程度与男性存在一定差距；妇女的健康需求有待进一步满足；妇女发展的社会环境有待进一步优化；妇女的社会保障水平有待进一步提高。各阶层妇女利益需求日益呈现多元化，城乡区域妇女发展不平衡仍未全面解决。……促进妇女全面发展，实现男女平等任重道远。"

第二章

妇女的政治权利

【导读】妇女的政治权利在妇女权利体系中处于核心的地位，是妇女人权的重要组成部分，也是妇女平等享有其他权利的基础。在人类历史上，妇女曾长期被排斥在政治权利之外，人权概念产生和确立之后，世界各国妇女为争取自己的参政权进行了长期不屈不挠的斗争，取得了重大成就。新中国成立之后，特别是改革开放以来，中国妇女的政治地位发生了翻天覆地的变化，妇女政治权利的实现取得前所未有的巨大成就。但是，同世界大多数国家一样，政治领域仍是男女差距最大的领域，全面推进妇女政治权利的实现和发展仍是我国社会主义人权事业面临的一项重要任务。

第一节
妇女政治权利的基本原理

一、妇女政治权利的概念和意义

（一）妇女政治权利的概念

妇女的政治权利又称妇女的参政权，是指妇女参加国家管理、参与政治活动的权利和自由的总称。妇女政治权利是一个综合性的权利，也是一个内涵丰富深刻的现代概念，它受到国际人权法的确认和保护，同时又受到一个国家的经济、政治、文化、教育和科学技术等因素的制约和影响。在当今世界，除了个别国家外，妇女政治权利受到了各国宪法的普遍承认和保护。

妇女政治权利在妇女权利体系中处于核心的地位，是妇女人权的重要组成部分，也是妇女平等享有其他权利的基础。妇女政治权利是妇女具有与男性平等的尊严、价值、权利、机会和责任的集中体现，是反映一个国家妇女人权状况的重要指标；妇女享有政治权利的广度及其实现程度，也是衡量一个国家政治文明程度的重要标志。

（二）妇女政治权利的意义

妇女政治权利的意义主要体现在以下五个方面。

第一，妇女政治权利对于妇女的全面解放和实现男女平等具有非常重要的意义。从历史上看，自从人类进入父权制社会以后，政治成为了女性的禁区。妇女被剥夺参与公共事务管理和决策的权利，标志着妇女地位的全面沦落。妇女作为一个群体被排斥在公共权力和决策之外，政治上的无权地位使她们任人奴役，被囚禁在家庭狭小的空间里，她们的生存价值只是男性的生育工具和奴仆，处于社会的最底层。妇女的觉醒和争取妇女解放的运动也是从要求政治权利开始的。政治权利之所以成为妇女解放运动追求的第一个目标，是因为它是妇女解放的重要条件。妇女解放是指推翻压迫妇女的制度，解除束缚妇女的精神枷锁，从根本上改变不平等的性别关系，使妇女真正享有人的尊严和权利，实现自己的价值。对妇女的压迫是借助于政治力量完成的，那么，妇女的解放也必须借助于政治力量来实现。妇女不能在政治领域同男性平等，就谈不上妇女的解放。妇女享有政治权利，广泛参与国家和社会事务管理是妇女解放的重要标志，也是人类文明进步的重要标志。

第二，妇女享有政治权利是妇女利益的重要保障。政治地位是社会地位的集中体现。如果妇女不能享有政治权利，平等参与决策和立法，那么，妇女的利益就可能会受到忽视和侵害。因此，男女利益关系的调整离不开妇女参政。20 世纪 30 年代，中国妇女运动的先驱者和领袖邓颖超发表了《论女参政员的责任》一文，明确提出：女议员“不仅担负着一般参政员的责任，而且担负着对于妇女大众的特殊责任。……我们不仅要代表全国人民将意见转达政府，尤其要注意与做到，替最受压迫、最受痛苦的各界妇女大众说话，成为妇女大众的喉舌”。妇女享有政治权利，参与政治，对于维护妇女的利益具有不可替代的作用，它可以使妇女的要求和建议反映到决策机构，使妇女群体的利益得到保障。这也要求担任公职的妇女自觉意识到维护妇女利益的责任，要关注妇女大众的问题，要为女性群体争取她们的利益，表达她们的需要和看法，发出她们的声音。因此，第四次世界妇女大会通过的《行动纲领》指出：“政治决策中的平等起着促进的作用，没有这种平等，在政府决策中就极不可能真正地结合平等问题。在这方面，妇女平等参与政治生活，在提高妇女地位的整个进程中起着关键性作用。妇女平等参与决策，不仅是要求单纯的公平或民主，也可视为是使妇女利益得到考虑的一项必要条件。如果各级决策进程没有妇女的积极参与并且没有吸纳妇女的观点，就不可能实现平等、发展与和平的目标。”

第三，妇女享有政治权利是妇女发展的要求。一般地讲，社会的发展是物质文明和精神文明不断提高的过程，也是人类自身不断完善的过程。但是，从历史和现实看，妇女往往成为社会发展的牺牲品，不能平等享受社会发展的成果。在长期的历史进程中，男性的整体发展是以牺牲女性的发展为代价的。在长期的被压迫和束缚中，妇女的价值、人格和尊严都被降低到极限，其活动范围被严格地限制在家庭这一狭小的天地中，身心不能得到健康的发展。作为一个人，她们不能得到正常的全面发展，造成了男女两性在各个领域的巨大差距。

每个人自由全面的发展是人类社会发展的历史趋势和目标。人的发展是多方位全面的发展。在妇女发展中，妇女参与政治发展具有非常重要的意义。妇女作为一个群体有着特殊的利益，她们身负人类再生产的重负，在社会和家庭中担任着多重角色，这些特点使她们在发展中面临着比男性更多的困难。要在社会发展中保证妇女的同步发展，最有效的措施之一是让妇女平等参与国家的管理和决策。列宁曾指出：“要使女工不但在法律上而且在实际生活中都能同男工平等，要做到这一点，就要使女工多多地参加公共企业和国家的管理。”[①] 妇女对于政策将会对妇女产生什么影响更为敏感，从而能及时纠正不利于妇女的政策，制定有利于妇女利益的政策，使妇女享有社会发展的好处。在社会上存在性别歧视、妇女受到不平等对待的情况下，只有妇女进入管理和决策机构，才能保证妇女平等发展的要求能体现在法律和决策中。同时，对政治领域的参与也可以有效提高妇女的素质，增长妇女的才干，使妇女向着更高层次全面发展。

第四，妇女享有政治权利是民主政治发展的要求。正如 1997 年各国议会联盟通过的《民主宣言》指出的那样：“民主是建立在人人有权参与公共事务的管理的基础上的”，“取得民主的前提是，男女在处理社会事务时有真正的伙伴关系，平等相处，互相扶持，取长补短”。妇女占人口一半，没有妇女参加的政治不是民主政治，排斥妇女的政治是畸形的政治。民主政治建设要求妇女参与国家管理和决策，使政治成为真正体现全体人民意志的政治。同时，妇女享有政治权利也是完善民主政治的需要。几千年来，哲学家们认为妇女缺乏理性，是感情的动物，因此不能参与管理国家和政治事务。历史发展到今天，特别是经历了两次世界大战的浩劫，人类向往和平和正义的愿望比以往任何时代都要迫切得多。通过历史的反思，人们认识到情感对于人类的重要性，没有情感的理性是不可取的，这决定了妇女参政的社会价值。由于妇女温和、更具同情心和正义感，妇女享有政治权利可以弱化政治斗争的暴力色彩，更好更有效地解决社会冲突，维护社会安定和世界和平。正如第四次世界妇女大会通过的《北京宣言》指出的那样：“地方、国家、区域和全球的和平是可以实现的，并与提高妇女地位密不可分，因为妇女是所有各级领导、解决冲突和促进持久和平的基本力量。”妇女在和平运动中以各种不同的身份成为了主要行动者，发挥着领导作用。和谐世界所追求的平等、发展与和平这三大目标，离开了妇女的充分参与是不可能实现的。《行动纲领》进一步明确指出：“将妇女和男子之间的关系根本转变成充分而平等的伙伴关系，才能使这个世界面对二十一世纪的挑战”，“实现男女平等参与决策的目标将提供一个更准确地反映社会的组成的平衡，而且是加强民主并促进其适当运作所必需的”。

第五，妇女享有政治权利有利于人类社会的进步和发展。社会的发展离不开占人口一半的妇女的发展。妇女身上蕴藏着巨大的潜力和聪明才智，忽视妇女参与国家管理和决策的权利，是对人类资源的一种浪费。解放妇女的政治权利，提

① 列宁：《列宁全集》第 30 卷，人民出版社，1985 年第 2 版，第 339—340 页。

高妇女的政治地位不仅是人类政治文明的进步，而且是社会文明进步不可或缺的。妇女享有政治权利极大地丰富了政治权利的内涵。妇女把健康、生育、性别平等、环境保护、儿童保护、社会福利、家庭暴力、弱势群体权利、和平问题带入政治议题。妇女是推动社会变革和进步的强大力量。这与妇女所处的特殊地位有关。妇女处在各阶层、各种族之中，是各阶层、各种族中的最底层者，这使得她们反对一切形式的歧视和压迫，更欢迎社会的改革和进步。同时，妇女平等参与政治生活，充分发挥妇女的聪明才智，可以使人类更好地应对在生存发展中面临的各种挑战，促进人类社会自身和谐以及人与自然的和谐。妇女参政在促进人类社会的文明发展中起着不可缺少的作用。

总之，一个国家妇女所享有的政治权利的程度是这个国家政治文明程度的表现。充分保障妇女参与国家和社会事务管理及决策的权利，是人类文明进步的体现，也是世界各国人权发展的一个重要目标。

二、妇女政治权利的内容

妇女政治权利是联合国关注的一个重要主题。联合国从成立之日起就把促进男女平等享有各项人权和基本自由作为其宗旨之一，为提高妇女地位、促进妇女参政作出了巨大努力。1948 年联合国大会通过《世界人权宣言》，在重申《联合国宪章》确认的男女平等权利的信念的基础上，明确宣示了包括妇女在内的每个人应当享有的政治权利。该宣言第 21 条规定："人人有直接或通过自由选择的代表参与治理本国的权利。人人有平等机会参加本国公务的权利。"该宣言第 21 条第 3 款进一步规定："人民的意志是政府权力的基础；这一意志应以定期的和真正的选举予以表现，而选举应依据普遍和平等的投票权，并以不记名投票或相当的自由投票程序进行。"

1952 年联合国大会通过了《妇女政治权利公约》。这是联合国成立以来制定的第一个关于妇女权利的专门性国际法律文件。该公约强调：妇女与男子有平等的权利参加一切选举，有资格任职于依照国家法律设立的一切机构，以及担任依照国家法律而设置的公职和执行国家法律所规定的一切公务。这一公约表明了联合国对妇女政治权利的重视。

1966 年联合国大会通过的《公民和政治权利公约》第 25 条进一步在平等和无歧视原则下规定了每个公民均应享有的政治权利，包括参与公共事务的权利、选举权和被选举权以及平等担任公职的权利。

1979 年联合国大会通过了《消除对妇女歧视公约》，进一步提出消除在政治和公众事务中对妇女歧视的新要求，更全面具体规定了妇女的政治权利。该公约第 7 条要求缔约国采取一切适当措施，消除在本国政治和公共生活中对妇女的歧视，特别应保证妇女在与男子平等的条件下，在一切选举和公民投票中有选举权，在一切民选机构有被选举权，有权参加政府政策的制订及执行，并担任各级政府公职和执行一切公务，参加有关本国公共和政治生活的非政府组织和协会。该公约第 8 条要求缔约国保证妇女在与男子平等不受任何歧视的条件下，有机会在国际上代表本国政府和参加各国际组织的工作。该公约第一次界定了“对妇女的歧视”的含义，为在全球消除对妇女的歧视、促进男女在各领域包括政治领域的平等提供了一个综合标准。

根据上述国际人权文件的规定，妇女的政治权利主要包括以下三个方面的内容：参与公共事务权、选举权和被选举权、担任公职权。

（一）参与公共事务权

参与公共事务权是妇女政治权利中最基础和最广泛的内容。联合国《公民和政治权利公约》第 25 条第 1 款明确规定了这一权利，即“直接或通过自由选择的代表参与公共事务的权利”。何谓公共事务？联合国人权事务委员会第 25 号一般性意见专门对这一概念作了说明：“公共事务是一个广泛的概念，涉及到行使政治权力，特别是行使立法、行政和管理权力。它包括公共行政的各个方面和国际、国家、区域和地方各级政策的拟定和执行。权力的分配和个体公民行使受第 25 条保护的参与公共事务的权利的途径应由宪法和其他法律规定。”根据这一说明，我们可以把妇女参与公共事务权定义为：妇女有同男性一样平等行使各种政治权力的权利，有权平等参与国际、国家、区域和地方政策的制定和执行，参与管理政治事务、经济事业、文化事业和社会事务的权利。

妇女参与公共事务权可以分为直接参与公共事务权和间接参与公共事务权。妇女直接参与公共事务权的实现主要有如下途径：第一，当妇女作为立法机构的成员或因担任行政职务而行使权力时，她们直接参与了公共事务；第二，妇女通过公民投票或修改其宪法或决定公共问题来直接参与公共事务；第三，妇女通过参加人民议会直接参与决策；第四，妇女参加代表公民与政府进行协商的机构。妇女间接参与公共事务权的实现途径主要有：第一，通过选举的代表参与公共事务；第二，妇女通过行使言论自由权、集会自由权、结社自由权等间接参与公共事务。比如，通过与候选人、当选代表公开辩论和对话或通过她们组织自己的能力来施加影响而参与公共事务。因此，保障妇女的言论自由权、集会自由权和结社自由权就是支持妇女参与公共事务。

(二) 选举权和被选举权

妇女的选举权和被选举权是妇女政治权利的重要内容，受到国际人权法和各国宪法保护。

妇女的选举权是妇女享有的选举国家代议机关代表或其他公职人员的权利。这一权利主要包括四项内容：(1) 推荐权。这是妇女选民享有的推荐候选人的权利，当代实行民主选举的国家大都规定了选民的这项权利。(2) 投票自由权。包括妇女选民在获知情况基础之上的选择权与选举投票权，前者是选民行使选举权时对其选择独立作出判断的权利，后者是选民行使选举权时对其选择自由地作出表达的权利。(3) 选举监督权。即对选举活动进行监督的权利。选举权利贯穿选举的全部过程，选举监督贯穿选举制度的各个环节，选举参与权和选举监督权通过选举的程序性规定得到落实。选举监督保障着选举制度的正常运行和选举结果的合法与公正。选民是选举监督的主体之一，选民有权依法对竞选经费筹集、竞选行为、选举工作人员的行为以及投票、计票等过程进行监督。(4) 选举救济权。当妇女选民的选举权行使受到侵害或选举权行使的结果不能表达和反映其意志时，选举权的法律主体可以寻求法律途径对选举权及其行使予以维护和补救，这是选举权的一种延伸。[①]

妇女行使选举权是在决定谁能当选，谁代表自己去掌握国家权力，因此行使选举权实现了妇女对国家权力的参与。

选举权的基本原则：第一，普遍性原则。选举权的普遍性是就享有选举权的主体范围而言的，是指一国公民中能够享有选举权的广泛程度。选举权除了合理的积极资格要件（如具有本国国籍、一定年龄及相当的居住时间等）和消极要件外，不得设定其他不合理的资格限制。在当代，绝大多数国家的法律都确立了这一原则，规定了妇女与男子平等的权利主体资格，这是世界妇女运动长期斗争的成果。第二，一人一票原则。每个公民只有一个投票权，并且每票的价值相等，也就是一人一票原则。与平等选举相对的是不平等选举。如果一般公民只有一个投票权，而特殊资格的公民享有两个以上的投票权，或每位选民虽然都只投一票，但是每票的价值不等，称为不平等选举。在历史上曾出现过的不平等投票有：复数投票制与等级投票制。现代国家宪法大都在法律上规定并实行平等选举制度，规定了性别平等的原则。第三，秘密投票原则。亦称无记名投票，它与记名投票或以起立、举手、鼓掌等公开表示自己意愿的方法不同，是指选民不署自

① 张晓玲主编：《人权理论基本问题》，中央党校出版社，2006年版，第105页。

己的姓名，亲自书写选票并投入密封票箱的一种投票方法。秘密投票原则表明了投票权的真实性。

选举权和被选举权密不可分。被选举权是公民被选任为国家代议机关的代表或其他公职人员的权利。妇女不仅有选举他人执掌国家权力的权利，也有被选举担任国家公职的权利。妇女的选举权是在间接行使国家权力，妇女要能够直接管理国家，参与公共事务，就需要被选举权。妇女只有享有被选举权，才有可能直接参加国家的管理，发挥当家作主的积极作用。妇女享有平等的选举权和被选举权不仅确保了国家权力机构的民主性和合法性，而且有利于提高国家管理的水平。

选举权和被选举权的确立是从近代资产阶级革命开始的。选举权和被选举权是主权在民的必然要求，体现了公民在国家中的主人地位，是非常重要的基本人权。但是，在相当长的历史时期内，作为人权的选举权和被选举权只是少数男性才能享有的特权。19 世纪中叶以前，世界各国妇女普遍没有选举权和被选举权。18 世纪产生的西方女权主义运动的重点直指妇女参政权，包括选举权和被选举权。西方妇女在经过 100 多年的斗争后，直到 20 世纪初期和中期才逐步获得了法律上的选举权和被选举权。比如，英国于 1918 年赋予 30 岁以上的妇女选举权和被选举权；美国于 1920 年才赋予男女同等选举权和被选举权；日本于 1945 年、法国于 1946 年、瑞士于 1971 年，妇女才取得选举权和被选举权。但是，直到现在，有个别国家的妇女还没有享有法律上的选举权和被选举权。

（三）担任公职权

妇女担任公职权是指妇女享有在平等的条件下担任公职的权利和机会。妇女担任公职权是妇女政治权利的重要组成部分，是妇女参政的最高形式，也是现代人权发展的必然要求。正如《行动纲领》指出的那样：“妇女参政和在政府及立法机关中处于决策地位，有助于重新确定政治优先事项，将新的项目放到政治议程上，反映和正视女性关注的问题、价值和经验，并提出关于主流政治问题的新观点。”妇女有平等的机会担任国家机构以及其他具有公共性质职务的权利，是衡量妇女人权程度的一个非常重要的指标，也是世界妇女运动追求的一个重要目标。

妇女担任公职权这一权利内涵丰富，主要包括以下内容：第一，它要求任命、晋升、停职和解职的标准和程序必须客观和合理；第二，它要求把机会均等和择优录取的一般原则作为担任公职的原则，保证担任公职的妇女不受政治干涉或被施加压力；第三，它要求不因性别而受到任何歧视；第四，它要求提供工作保障；第五，它要求在适当情况下采取积极措施，确保所有妇女可平等担任公职；第六，它要求在该权利受到损害时可以得到救济。

历史上，世界各国妇女曾长期被剥夺担任公职的权利，“男主外，女主内”成为各国文化的普遍模式。1791 年，法国妇女运动领袖奥林佩·德·古杰在其发表的《妇女和女公民的权利宣言》中宣称：“所有男女公民在法律面前一律平等，都能平等地按其能力担任一切官职、公共职位和职务”，非常明确地提出了妇女担任公职权的要求。与此同时，法国革命之母罗兰夫人成立了“妇女立宪同志会”，要求把妇女的选举权和被选举权写进宪法。然而，这一要求社会公正的人权平分运动，却遭到了社会的强烈反对和镇压，古杰和罗兰夫人先后被送上断头台，罪名是“丧失了女性应有品德的阴谋家”。当时，女权主义被认为是一种肮脏的字眼，不仅受到男性的攻击，也为不少女性所不理解。在 19 世纪，维多利亚女王颁布诏书说：“女权运动拖延时日，贻害无穷，是违反道德的疯狂行为。它使那些忘记了女性应有品行的可怜的同性丧失了理智。为此，女王呼吁一切响应号召的妇女团结起来，口诛笔伐，全力阻止这些可怜的同性所进行的女权运动。女王对这个问题的忍耐是有限度的。”① 可见，性别间的不平等是一种更微妙、更深层的社会不平等现象，要消除这种不平等，更为艰难。

今天，尽管妇女在国家权力机关或国际组织中担任公职时表现出相当的领导才干，几乎所有国家的选民中至少有一半是妇女，而且几乎所有联合国会员国的妇女都已取得投票权和担任公职的权利，但成为公职候选人并且担任公职的妇女人数仍然严重偏少。联合国经社理事会提出到 1995 年实现妇女占 30％决策职位的指标，但是直到今天，大多数国家仍没有实现这一目标。

三、尊重和保障妇女政治权利的义务和责任

（一）国家的义务和责任

国家是保障人权的基本主体，承担着尊重和保障妇女政治权利的基本责任。妇女政治权利的全面实现，需要各国政府作出强有力的承诺。相关国际人权公约和其他国际文件对此作出了明确规定。

首先，国家负有尊重妇女政治权利的义务。“尊重”的义务要求国家不得干预妇女的政治自由。在政治领域，任何形式的对妇女的歧视都是没有尽到尊重的责任。限制和剥夺妇女的政治权利，阻碍妇女政治权利的实现，都是对妇女人权

① ［日］富士谷笃子主编：《女性学入门》，张萍译，中国妇女出版社，1986 年版，第 25 页。

的侵犯和损害，都是违反国际人权法的行为。

其次，国家负有保障和促进妇女政治权利的义务。保障和促进的义务要求国家要采取措施，防止他人对妇女政治权利的侵犯，并采取积极措施和特殊政策，促进妇女政治权利的实现。为此，《消除对妇女歧视公约》规定，各国负有义务通过法律、政策和方案措施消除在政治和公众事务中对妇女的歧视。这一义务包括修改或废除构成对妇女歧视的现行法律、规章、习俗和惯例；谴责对妇女的歧视；将男女平等的原则列入本国宪法或其他有关法律；采取立法措施，包括制裁、禁止对妇女的歧视；通过国家法庭及其他公共机构确立防止和惩罚性别歧视。第四次世界妇女大会通过的《行动纲领》进一步明确要求各国政府采取措施，确保妇女平等进入并充分参加权力结构和决策，并提高妇女参加决策和领导的能力；国家要充分利用资源，采取特殊措施保护和促进妇女政治权利，包括关于咨询服务、技术援助、报告方法、性别影响评估、协调、新闻和人权教育的活动，并在方案的执行方面发挥积极的作用。例如，在确保妇女平等进入并充分参加权力结构和决策方面，应承诺在政府机构和委员会以及在公共行政单位和司法部门制定性别均衡的目标、具体指标和执行措施，必要时通过采取积极的行动，大量增加所有政府和公共行政职位的妇女人数，以期达成男女人数均等；适当时在选举制度中鼓励政党按与男性同样的比例和同样的级别吸纳妇女担任民选和非民选的公职；与男子相同的比例和级别任用妇女；保护和促进妇女有平等的权利从事政治活动和享有结社自由，包括加入政党和工会；审查选举制度对妇女在民选机构中政治代表权的不同影响，并酌情考虑调整或改革这些制度；确保男女有同等机会获得所有公共职位的任用，并在政府机构内设立监测这方面进展的机制；支助研究妇女参与决策及其对决策和决策环境的影响的非政府组织和研究机构；在提高妇女参加决策和领导的能力方面，应为妇女特别是有特殊需要的妇女和女孩、残疾妇女、属于少数民族和族裔的妇女，提供领导和决策等方面的培训，并鼓励妇女参与选举过程、政治活动和其他的领导领域。

尽管各国法律规定了妇女的政治权利，但是，从世界范围来看，妇女政治权利的存在与其有效的享有之间存在很大的差距。

（二）其他社会成员的义务和责任

尊重妇女的政治权利不仅是国家的责任，也是全社会的责任。每一个人都应当尊重妇女的政治权利，把妇女当做平等的人看待，不得歧视和排斥妇女参政和行使政治权利。《行动纲领》指出，妇女组织、非政府组织、工会、雇主组织、专业组织在促进妇女政治权利的实现方面具有重要作用，应通过宣传、教育和提高性别敏感性的活动，建立和加强妇女之间的团结；在所有各级进行宣传，使妇女能影响政治、经济和社会决策、进程和制度，使民选代表承诺对性别问题负起责任；在符合数据保密立法原则下，建立有关妇女及其资格的数据库，向各国政府、区域和国际组织及私营企业、政党及其他有关机关散发，供任命妇女担任高级决策和咨询职位使用，等等。

第二节
妇女政治权利在中国的确认和实现状况

一、中国立法对妇女政治权利的确认

妇女广泛参与国家和社会事务管理是国家文明进步的重要标志。充分保障妇女参与国家和社会事务管理及决策的权利，一直受到我国政府的高度重视，是我国社会主义民主政治建设和我国人权发展的一个重要目标。

1949 年中华人民共和国宣告成立，开始了中国男女平等的新时代，妇女的政治地位发生了翻天覆地的变化，在法律上享有了同男性平等的政治权利。新中国废除了一切压迫和歧视妇女的旧法律、旧制度，在全国范围内进行了一系列重大的社会变革，而实现男女平等、提高妇女的政治地位是这一伟大变革的重要组成部分。国家通过一系列立法，用法律的形式来保障男女平等的实现。1949 年，中国人民政治协商会议第一届全体会议通过的具有临时宪法性质的《中国人民政治协商会议共同纲领》明确规定：中华人民共和国废除束缚妇女的封建制度。妇女在政治生活等各方面，均有与男子平等的权利。1953 年我国通过的《选举法》明确规定："凡年满 18 周岁之中华人民共和国公民，不分民族和种族、性别、职业、社会出身、宗教信仰、教育程度、财产状况和居住期限，均有选举权和被选举权。"1954 年第一届全国人民代表大会通过的中华人民共和国第一部《宪法》重申 1949 年《中国人民政治协商会议共同纲领》宣布的男女平等原则，进一步明确规定："妇女有同男子平等的选举权和被选举权。"1975 年《宪法》也对妇女的政治权利进行了十分明确的规定。

改革开放以来，特别是 20 世纪 90 年代以来，我国进一步在立法方面加强了对妇女政治权利的保障。1982 年《宪法》在肯定前三部《宪法》对妇女政治权利规定的基础上，增加了"培养和选拔妇女干部"的规定。2010 年最新修正的

《选举法》进一步明确规定了妇女的选举权和被选举权。1998 年《村民委员会组织法》（2010 年修订）和 2005 年《公务员法》进一步把宪法规定的妇女政治权利具体化。1992 年通过并经 2005 年修正的《妇女权益保障法》进一步规定“国家保障妇女享有与男子平等的政治权利”，并提出了促进妇女政治权利实现的新措施。

1995 年以来，我国政府先后颁布了三部《中国妇女发展纲要》，这三部《中国妇女发展纲要》都将提高妇女的参政水平作为重要目标。这些法律和政策文件的颁布和实施，为中国妇女取得政治上的平等地位提供了可靠的保证。

（一）妇女享有参与和管理公共事务权

我国非常重视妇女的参与和管理公共事务权。1982 年《宪法》第 48 条规定：“中华人民共和国妇女在政治的、经济的、文化的、社会的和家庭的生活等各方面享有同男子平等的权利。国家保护妇女的权利和利益。”第 35 条规定：“中华人民共和国公民有言论、出版、集会、结社、游行、示威的自由。”第 41 条规定：“中华人民共和国公民对于任何国家机关和国家工作人员，有提出批评和建议的权利；对于任何国家机关和国家工作人员的违法失职行为，有向有关国家机关提出申诉、控告或者检举的权利。”这些规定为妇女参与和管理公共事务提供了宪法保障。

2005 年修正的《妇女权益保障法》根据宪法非歧视和平等保护原则，进一步作出具体规定。第 10 条规定：“妇女有权通过各种途径和形式，管理国家事务，管理经济和文化事业，管理社会事务。制定法律、法规、规章和公共政策，对涉及妇女权益的重大问题，应当听取妇女联合会的意见。妇女和妇女组织有权向各级国家机关提出妇女权益保障方面的意见和建议。”第 13 条规定：“中华全国妇女联合会和地方各级妇女联合会代表妇女积极参与国家和社会事务的民主决策、民主管理和民主监督。”

2010 年修订的《村民委员会组织法》第 6 条规定：“村民委员会成员中，应当有妇女成员。”

2009 年，我国发布的《国家人权行动计划（2009—2010 年）》明确提出了“提高妇女参与管理国家和社会事务的水平”的新要求，并提出了具体目标：“各级人大、政协和人民政府领导成员中都要有 1 名以上的女性。50%以上的国家机关部（委）和省（自治区、直辖市）、市（地、州、盟）政府工作部门要有女性领导成员，提高女性在市（地）级以上国家机关中的厅局级、处级公务员比例，在省、市、县级后备干部队伍中女性不少于 20%。提高女性在各级各类国家机关公务员中的比例，在女性比较集中的部门、行业管理层中女性的数量要与女职工比例相适应。在村民委员会、居民委员会成员中要有一定比例的女性成员。”

（二）妇女享有选举权和被选举权

1982年《宪法》第34条规定：“中华人民共和国年满十八周岁的公民，不分民族、种族、性别、职业、家庭出身、宗教信仰、教育程度、财产状况、居住期限，都有选举权和被选举权。”1992年《妇女权益保障法》第10条规定：“妇女享有与男子平等的选举权和被选举权。全国人民代表大会和地方各级人民代表大会的代表中，应当有适当数量的妇女代表，并逐步提高妇女代表的比例。”2004年10月修改的《选举法》规定，全国人民代表大会和地方各级人民代表大会的代表中，应当有适当数量的妇女代表，并逐步提高妇女代表的比例。2010年修正的《选举法》规定城乡按照相同人口比例选举人大代表，进一步完善了关于选举机构、选举程序等规定，更好地体现了平等的宪法原则，包括妇女在内的选举权得到了进一步确认。

2005年修正的《妇女权益保障法》第11条规定：“妇女享有与男子平等的选举权和被选举权。全国人民代表大会和地方各级人民代表大会的代表中，应当有适当数量的妇女代表。国家采取措施，逐步提高全国人民代表大会和地方各级人民代表大会的妇女代表的比例。居民委员会、村民委员会成员中，妇女应当有适当的名额。”《妇女权益保障法》增加了“国家采取措施”的规定，是对妇女实现被选举权的进一步保障。

国家采取措施主要是指国家通过立法、制定相关政策等，为妇女实现被选举权提供平等的竞争机会；在全社会开展广泛宣传，提高妇女参政的积极性；让更多的民众了解妇女代表候选人，扩大她们的影响力，以充分保障妇女的被选举权。

为了实现妇女的选举权和被选举权，中国立法还规定了以下具体的保障措施：一是选举诉讼。1992年《妇女权益保障法》第48条规定，妇女的合法权益受到侵害时，被侵害人有权要求有关主管部门处理，或者依法向人民法院提起诉讼。《选举法》规定，对于公布的选举名单有不同意见的，可以向选举委员会提出申诉。选举委员会对申诉意见应在3日内作出处理决定。申诉人如果对处理意见不服的，可以在选举日前向人民法院起诉，人民法院应在选举日以前作出判决。《中华人民共和国民事诉讼法》（简称《民事诉讼法》）第164条规定，公民不服选举委员会对选民资格的申诉所作的处理决定，可以在选举日的5日前向选区所在地基层人民法院起诉。《选举法》和《民事诉讼法》的这些规定适用于男女公民。二是物质保障。《选举法》第10条规定，全国人民代表大会和地方各级人民代表大会的选举经费，由国库开支。这就为选民尤其是经济实力相对较弱的女性提供了参加选举的物质条件，保障每一个候选人机会均等，不受经济实力差别的限制。三是法律保障。《选举法》分别规定了对于破坏选举的违法行为给予行政处分或刑事处分。《刑法》第256条规定，在选举各级人民代表大会代表和国家机关领导人员时，以暴力、威胁、欺骗、贿赂、伪造选举文件、虚报选举票数等手段破坏选举或者妨害选民和代表自由行使选举权和被选举权，情节严重的，处3年以下有期徒刑、拘役或者剥夺政治权利。这些一般规定自然适用于妇女。1992年《妇女权益保障法》第50条规定，对有关侵害妇女权益的申诉、控告、检举，推诿、拖延、压制不予查处的，由其所在单位或者上级机关责令改正；对侵害妇女权益的行为提出申诉、控告、检举的人进行打击报复的，由其所在单位或者上级机关责令改正或者给予行政处分；国家工作人员进行打击报复构成犯罪的，依照刑法有关报复陷害罪的规定追究刑事责任。

（三）妇女享有担任公职权

担任公职是我国妇女依法享有的一项重要政治权利。1982年《宪法》第48条规定："中华人民共和国妇女在政治的、经济的、文化的、社会的和家庭的生活等各方面享有同男子平等的权利。国家保护妇女的权利和利益，实行男女同工同酬，培养和选拔妇女干部。"这里说的"妇女干部"指的就是在国家机关、社会团体、企事业单位中担任各级领导职务的妇女公职人员。把培养和选拔妇女公职人员写入宪法，这在中国是史无前例的，在世界宪法史上也是少见的。它表明了我国对妇女担任公职权的高度重视，为我国妇女进入权力机构，实现平等担任公职权提供了最高法律保障。

1992年《妇女权益保障法》第11条规定得更为详细："国家积极培养和选拔女干部。国家机关、社会团体、企业事业单位在任用干部时必须坚持男女平等的原则，重视培养、选拔女干部担任领导成员。国家重视培养和选拔少数民族女干部。"同时，该法第12条还规定："各级妇女联合会及其团体会员，可以向国家机关、社会团体、企业事业单位推荐女干部。"

二、妇女政治权利在中国的实现状况

我国妇女政治权利受到法律和政策的充分保障，也受到党和政府政策的有力保护。在国家法律和政策的保障下，我国妇女参与管理国家和社会事务的水平不断提高。

人民代表大会制度是中国的根本政治制度，国家重视发挥妇女在各级人民代表大会中的重要作用。1954 年召开的第一届全国人民代表大会，共有女性代表 147 人，只占代表总数的 12%。2003 年召开的第十届全国人民代表大会，共有女代表 604 人，占代表总数的 20.2%，远远高于新中国成立初期女性代表占代表人数的比例；女常委占常委总数的 13.2%，女副委员长占总数的 18.8%。第十届全国人大还选出女副总理 1 人、女国务委员 1 人。第十一届全国人大女代表占代表总数的 21.3%[①]，女代表 637 人，女常委 29 人；全国人大常委会副委员长中有 3 位是女性。第十一届全国政协第一次会议，委员和常委中的女性分别占 17.7%和 10.1%，全国政协副主席中有 5 位是女性。妇女担任各级人民代表大会的代表、政协委员的比例不断提高。近年来，广大妇女积极参加各级人大代表选举，行使自己的民主权利，女性参与地方人大代表选举的比例达到 73.4%。农村妇女参与基层民主管理的水平逐步提高，2009 年全国村委会成员、居委会成员中女性所占比例分别为 21.5%和 49.7%。[②]

妇女进入权力机构，担任公职，是妇女政治权利的核心。正如 2010 年 3 月 8 日联合国秘书长潘基文为三八国际劳动妇女节发表致辞说的那样，“联合国的全球使命是人人享有平等权利和尊严，实现男女平等和赋予妇女权力是这一使命的根本”。新中国成立后，我国一方面在法律上赋予妇女平等担任公职的权利，另一方面从政策上推动妇女担任公职权利的实现，加快妇女进入权力的进程。

新中国成立以来，宋庆龄曾担任过国家副主席和名誉主席。在最高权力机构——全国人民代表大会中，我国先后有宋庆龄、陈慕华、彭珮云等多位女性担任常委会副委员长。目前，有 8 位女性担任党和国家领导职务。

1954 年，我国只有 3 位女性任部长，4 位女性任副部长。目前，全国有女干部 1 500 多万人，有 230 多位省部级女性领导，有 670 多位女市长。特别是近年来，各级党委、政府采取多种措施，加大工作力度，不断改善妇女参政的社会环境，提高妇女参政水平。一是努力提高人大代表和政协委员中女性所占比例。2007 年，第十届全国人大明确规定第十一届全国人民代表大会代表中，妇女代表比例不得低于 22%，有 27 个省（区、市）在《妇女权益保障法》实施办法中明确女性在各级人大代表候选人中应达到的最低比例。经过努力，人大代表和政协委员中女性所占比例稳中有升。第十一届全国人大女代表所占比例比第十届全

---

① 参见：国务院新闻办公室：《〈国家人权行动计划（2009—2010 年）〉评估报告》，2011 年 7 月 14 日。

② 参见：国务院新闻办公室：《〈国家人权行动计划（2009—2010 年）〉评估报告》，2011 年 7 月 14 日。

国人大提高了 1.1 个百分点，第十一届全国政协女委员所占比例比第十届全国政协提高了 0.9 个百分点。二是大力选拔和任用女干部。1990 年以来，中共中央组织部先后六次召开会议，对培养选拔女干部工作进行专门部署，明确提出培养选拔女干部工作的目标要求和政策措施。各级党委不断加大培养选拔女干部工作力度，使越来越多的优秀女性进入了各级领导班子。2005 年以来全国女干部数量稳中有升，各级国家机关干部中女性所占比例大体稳定在 23%左右，县处级以上女领导干部所占比例基本保持在 16.5%左右。2008 年省、地、县三级政府领导班子中女领导干部配备率分别为 93.5%、90.0%、90.3%，比 2005 年分别提高了 6.4、7.4、6.5 个百分点。近几年来，各级国家机关及其直属机构招录的公务员中，女性所占比例大幅提高。如中央机关及其直属机构招录的公务员中，女性所占比例由 1999 年的 31.5%逐年上升到 2009 年的 42.5%，有的地方新录用公务员中女性人数超过了男性。三是村委会成员中女性当选率明显提高。2008 年民政部和全国妇联联合下发了《关于充分发挥妇联组织在基层群众自治制度建设中积极作用的若干意见》、《关于进一步加强新形势下妇女参加村民委员会工作的意见》，对农村妇女当选村委会成员和村民代表的比例作出规定。各地在村委会换届选举中明确妇女在村委会成员中的名额，同时，广泛宣传，为妇女参选、当选创造有利条件，有的采取“女委员专职专选”的做法，提高妇女的当选率。截至 2008 年年底，全国村委会成员中女性所占比例为 21.7%，比 2005 年提高了 5 个百分点。① 中国还重视少数民族女干部的培养，注重提高少数民族妇女的参政水平。

国家明确提出培养选拔女干部的工作目标。《中国妇女发展纲要（2001—2010 年）》明确规定：“提高妇女参与行政管理的比例。各级政府领导班子中要有一名以上女干部。国家机关部（委）和省（自治区、直辖市）、地（市、州、盟）政府工作部门要有一半以上的领导班子配备女干部。正职或重要岗位女性数量要有较大的增加。女干部占干部队伍总数的比例逐步提高。女性较集中的部门、行业管理层中的女性比例与女职工比例相适应。村民委员会、居民委员会成员中女性要占一定比例。”《中国妇女发展纲要（2011—2020 年）》又提出了新的目标。

各级政府认真落实《村民委员会组织法》关于妇女在村委会中要有“适当名额”的规定，积极推进农村妇女参与村级事务民主决策、民主管理和民主监督。2004 年中共中央办公厅、国务院办公厅下发了《关于健全和完善村务公开和民主管理制度的意见》，明确规定“村民代表由村民依法推选产生，妇女代表要占

---

① 李建国：《全国人大常委会执法检查组关于检查〈中华人民共和国妇女权益保障法〉实施情况的报告》，2010 年 6 月 23 日。

一定比例”。2008年民政部和全国妇联下发《关于充分发挥妇联组织在基层群众自治制度建设中积极作用的若干意见》，规定“扩大基层妇女民主参与”。这些措施进一步为基层妇女参加居民委员会和村民委员会选举创造了条件。一批优秀女性担任居委会主任和村委会主任，基层妇女参政水平不断提高。一批女性居委会主任和村委会主任脱颖而出，有力地推进了基层民主政治建设。

各级政府采取许多特别的措施，促进妇女政治权利的实现。例如：组织有关大专院校采取定向招生的办法，为基层培养女干部；从高等院校选调优秀女应届毕业生到基层工作；坚持从县以上政府机关，特别是女性比较集中的行业、部门和企事业单位选派一些年轻优秀的女干部到基层任职；乡镇、街道招聘录用干部时规定一定的女性比例，并坚持同等条件下优先招聘录用女性。

注重对女干部的培训，全面提高妇女素质。中央和地方政府都设有专门培养干部的学校，许多专业系统和较大的企事业单位都设有干部管理学院，对干部进行培训，每学期都有妇女被送入学校学习。全国妇联利用妇联系统47种报纸杂志，向社会大力宣传妇女在经济、政治、文化发展中的作用和贡献，并将全国36所妇女院校作为培训基地，举办以提高妇女领导艺术、领导能力和管理水平为目的的各种形式学习班、培训班和研讨班，增强女干部的自强和主动参与意识。

妇女组织的发展提高了妇女参政议政的广泛性和有效性。我国妇女享有结社权。新中国成立之初我国就成立了中华全国妇女联合会，1988年全国政协成立了妇女青年委员会。中国其他的妇女组织还有中华基督教女青年会、中国女企业家协会、中国地质学会女地质工作者委员会、欧美同学会妇女委员会、中国人才研究会妇女人才工作委员会、中国女科技工作者联谊会、中国旅游协会妇女旅游委员会、中国女法官协会、中国女检察官协会、中国城市规划学会女城市规划师委员会、中国女医师协会、中国女摄影家协会、中国老区建设促进会妇女委员会、中华工商联女企业家联谊会、全国总工会女职工委员会、中国市长协会女市长分会、中国家庭文化研究会、北京红枫妇女心理咨询服务中心、中国人力资源开发研究会女性人才研究会、国际妇女比较研究中心、云南生育健康研究会、全国妇联老年妇女研究中心、中国妇女发展基金会等。这些妇女组织在代表妇女和推动妇女参政议政方面起到了非常重要的作用。

当然，在社会转型期，我国妇女政治权利发展也面临一些问题和挑战。比如，妇女参政比例偏低；妇女在担任公职方面，副职多、正职少，虚职多、实职少，低层次多、高层次少；农村基层妇女参政比例较低。

为了进一步促进妇女参政，2011年我国发布的《中国妇女发展纲要

（2011—2020 年）》专门提出了更高和更具体的目标：一是积极推动有关方面逐步提高女性在全国和地方各级人大代表、政协委员以及人大、政协常委中的比例。二是县级以上地方政府领导班子中有 1 名以上女干部，并逐步增加。三是国家机关部（委）和省（区、市）、市（地、州、盟）政府工作部门领导班子中女干部数量在现有基础上逐步增加。四是县（处）级以上各级地方政府和工作部门领导班子中担任正职的女干部占同级正职干部的比例逐步提高。五是企业董事会、监事会成员及管理层中的女性比例逐步提高。六是职工代表大会、教职工代表大会中女代表比例逐步提高。七是村委会成员中女性比例达到 30%以上，村委会主任中女性比例达到 10%以上。八是居委会成员中女性比例保持在 50%左右。

为了实现这些目标，国家制定了如下措施：一是制定和完善促进妇女参与决策和管理的相关法规政策。积极推动有关方面采取措施提高人大代表、政协委员、村民委员会、居民委员会中的女性比例及候选人中的女性比例。二是为妇女参与决策和管理创造良好社会环境。开展多种形式的宣传，提高全社会的性别平等意识，提高对妇女在推动国家民主法治进程和促进两性和谐发展中重要作用的认识。三是提高妇女参与决策和管理的意识和能力。面向妇女开展宣传培训，不断提高妇女民主参与意识和能力，鼓励和引导妇女积极参与决策和管理。保障女干部接受各类培训的机会，加大对基层女干部的培训力度，不断提高女干部政治文化素质和决策管理能力。四是完善干部人事制度和公务员管理制度。在干部选拔、聘（任）用、晋升中切实贯彻“民主、公开、竞争、择优”原则，保障妇女不受歧视。加强对公务员录用、培训、考核、奖励、交流、晋升等各环节的严格监管，保证妇女平等权利。五是加大培养、选拔女干部力度。贯彻落实相关法规政策中关于女干部培养选拔和配备的要求。通过培养、交流等形式，推动一定比例的女干部到重要部门、关键岗位担任主要领导职务。注重从基层、生产一线培养选拔女干部。逐步提高后备干部队伍中女干部的比例。六是推动妇女参与企业经营管理。深化企业人事制度改革，坚持公开、透明、择优的选拔任用原则，通过组织推荐、公开招聘、民主选举、竞争上岗等方式，使更多妇女进入企业的董事会、监事会和管理层。七是推动妇女广泛参与基层民主管理。完善村委会、居委会等基层民主选举制度，为妇女参与基层民主管理创造条件。完善以职工代表大会为基本形式的民主管理制度，保障企事业职工代表大会女代表比例与女职工比例相适应。八是拓宽妇女参与决策和管理的渠道。在制定涉及公众利益和妇女权益的重大决策时，充分听取女人大代表、女政协委员和妇女群众的意见和建议。大力开展多种形式的参政议政活动，为妇女参与决策和管理提供机会。九是提高妇联组织参与决策和管理的影响力。充分发挥妇联组织代表妇女参与国家和社会事务的民主决策、民主管理和民主监督的作用。充分吸收妇联组织参与有关妇女法规政策和重大公共政策的制定，反映妇女群众的意见和诉求。重视妇联组织在培养、推荐女干部和优秀女性人才，以及推动妇女参政议政等方面的意见和建议等。

总之，我国在妇女政治权利的实现方面成就巨大，但是仍然任重道远，还需要付出巨大的努力。可以预见，随着我国全面建设小康社会和现代化进程的推进，随着我国社会主义民主政治建设的发展，我国妇女政治权利的实现状况必将取得新的进展。

基层妇女参政事例①

"现在路好走了，再也不用走以前的泥泞羊肠小道了，这是以前没想过的。"广东清新县太平镇金门村村民曾伯说。这些改变还得从第一位女村党支部书记上任后说起。

她就是黄月容，连续三届高票当选村支部书记，被村民们称为"第一女村官"的金门村村支部书记。黄月容 1985 年参加村委会工作，当了 20 年妇女主任，8 年村支部书记、主任，受到村民的拥护和爱戴。她把昔日的收入"空壳"村发展成为人均年收入达 5 300 多元的先进村。当地百姓感叹地说："别看人家是女书记，还真是了不起。"

以前的金门村是典型的"四大乱"——孩子乱生、宅基地乱占、集体东西乱拿、集体钱乱花。集体收入低，村干部无心工作，因鱼塘承包问题处理不当，农民经常上访。黄月容上任后，狠抓支部自身建设，并执行个人分工负责制，各负其责。她因地制宜，充分盘活村集体资源，将村卫生站、木材加工厂、榨油厂等进行转包复产，为此集体收入增加 1 万多元。另外，黄月容把以往经济效益不高的一年"两稻"的种植方式改为"稻、菜、果、鱼、鹅"相结合，把旱涝保收的土地拿来发展优质水稻，把旱地拿来发展蔬菜，把低洼田挖成鱼塘并发展水产养殖等，去年实现人均年收入 5 300 多元。很多群众都说："这个女书记我们选对了。"

① 余映仪、邓薇：《广东第一女村官续：农村妇女参选程度不尽人意》，载《南方日报》，2008 年 10 月 31 日。

刚开始，很多人不理解，也不相信一个妇女能当好村官。有人认为，一个村里选出了女当家，是对男人的一种侮辱。“女人就应该在家里管管孩子，操劳家务活。”“一个村的大事怎能由一个女人说了算?”他们对黄月容说，“好好的村妇女主任不做，偏要骑在男人头上作威作福，就看你怎样出丑!”“男人都管不了的烂摊子，你一个女人就会理得顺?”当时要集资修路，大家都不支持，都觉得女人成不了大气候。黄月容挨了不少骂声。

但是，黄月容抱着不到黄河心不死的决心，大刀阔斧地干了起来，修好了路，带领村民富了起来。大家都很服气了，前任村支部书记也佩服地说：“就算每月给我三千元，我也没你做得好!”

因此，黄月容得到了村民的支持和信任，连续三届以高票数连任村支部书记。上一届选举中，她和另外一名候选人的得票分别是1 400多票和8票。2008年换届选举中，另一位候选人得12票，她仍然以1 400多票的绝对优势当选。

评析：

这是基层妇女参政的成功事例。妇女进入村委会，是农村妇女参政的直接途径，是提高基层妇女参政议政水平的重要途径。《妇女权益保障法》规定，妇女享有与男子平等的选举权和被选举权。在居民委员会、村民委员会成员中，妇女应当有适当的名额。但在实际情况下，妇女当选村干部十分困难，就算当选了也难以开展工作。

为了保障妇女法律上的政治权利变为现实，解决村级班子中妇女比例过低以及妇女当选难的问题，各级政府和妇联采取了多种政策。比如，专门设立妇女委员职位，实行女委员专职专选；如果选举出来的村民委员会成员中没有女性，成员职数缺额或在届期内出现缺额时，应首先补选女委员等。这些倾斜性措施有效保障了基层妇女担任公职的权利。

以上事例说明，妇女的政治才能一点不比男性差，充分保障妇女的政治权利，发挥妇女的政治才能，不仅有利于妇女的发展，也会有利于整个社会的发展。

第三章

妇女的受教育权

【导读】妇女是人类社会成员的一部分，是受教育权的权利主体。但是，历史和文化赋予她们的特殊性使得保障并实现该权利对于妇女具有特殊意义。二战后，各主要国际人权文件明确指出妇女享有与男子平等的受教育权以及国家所应承担的义务和责任。我国一向重视妇女受教育权的保障，特别是改革开放以来，在各种措施的合力推动下，我国在保障妇女受教育权方面取得了巨大成就；同时，由于多种因素的影响，在保障妇女受教育权方面我国仍然存在一些不足和需要完善之处，对此，需要国家和全社会共同努力，共同促进妇女受教育权的保障。

第一节
妇女受教育权的基本原理

一、妇女受教育权的概念和意义

（一）妇女受教育权的概念

教育伴随着人类的整个发展历史，对人类的发展以及人类文化的传承发挥着重要作用，甚至可以说人类的历史就是教育的历史。由于教育的重要性以及教育本身的复杂性，人们对教育的含义曾有过诸多论述。从广义上讲，凡是增进人们的知识和技能、影响人们思想品德的活动都是教育，所以人与人之间的交流与沟通、人自身所经历的经验和教训都可以看做是教育。而我们通常所指的教育则为狭义的教育，主要指学校教育，即教育者根据一定社会的要求，有目的、有计划、有组织地对受教育者的身心施加影响，把他们培养成为一定社会所需要的人的活动。

“环境塑造人，教育是一个自然人和政治人的权利，教育是人类解放的工具，是人的一种权利。”① 人作为社会性生物的属性决定了人类生存和发展离不开教育，人类文明得以延续和发展离不开教育。教育关乎个人的全面发展以及自我实现，关乎社会的发展和人类的进步。促进教育发展，实现教育的目的，无疑要使受教育权成为人人都应该享有的基本权利，使受教育权成为一项基本人权。受教育权除对个人发展具有至关重要的意义外，还是个人享有其他人权的前提和条件。人人应当平等地享有各项公民和政治权利以及经济、社会和文化权利，然而由于多种原因，许多人权实际上并没有被人们平等地享有。例如文盲由于科学文化知识的欠缺，其参与国家政治生活的活动遭遇各种障碍；一些人由于受教育程度较低、无法掌握先进的科学技术，就业机会大大减少，或不得不下岗失业。因而在受教育权得不到保障、个人无法获得相应的知识和能力的情形下，个人对其他权利的享有和行使将会受到限制，甚至陷入空谈。因此，受教育权是一项基本人权，是人格存在和发展所必不可少的权利，是每个人生来就享有的权利。

二战结束以后，由于受教育权的重要性和国际社会以及各国的共同努力，主

---

① ［英］安迪·格林：《教育与国家形成》，王春华等译，教育科学出版社，2004年版，第37页。

要的全球性及区域性人权文件都确认了“人人都有受教育权”的原则，同时要求各国承担义务，采取立法以及其他措施确保人人平等地、不受歧视地享有受教育权。《世界人权宣言》第26条规定了人人都有受教育的权利、教育的目的以及父母对子女应受教育的优先选择权。《经社文权利公约》第13条进一步明确和细化了这一基本人权，承认人人有受教育的权利，并规定了初等教育、中等教育、高等教育和基础教育等方面的内容；第14条则规定了缔约国应当承担在实施免费的、义务性的初等教育方面的义务。《公民和政治权利公约》第18条第1款规定了父母对子女应受教育的优先选择权。《消除对妇女歧视公约》第10条规定了妇女同男子一样平等地享有受教育权，第11条规定了国家为保障妇女的受教育权所应采取的措施。其他一些国际人权公约，如《儿童权利公约》、《消除种族歧视公约》、《关于难民地位的公约》、《关于无国籍人地位的公约》以及《取缔教育歧视公约》等也对受教育权作出了规定。区域性人权公约同样规定了对受教育权的保护。例如，《非洲人权宪章》第17条第1款规定：“人人都有受教育的权利。”《美洲人权公约关于经济、社会和文化权利的附加议定书》第13条规定了“受教育权”和“受教育自由”。《欧洲人权公约第一议定书》第2条规定：“任何人不得被否定受教育的权利。国家在履行它所承担的有关教育和教学的职责时，应当尊重父母根据自己的宗教和哲学信仰提供教育和教学的权利。”

受教育权是一项人人都应当享有的基本人权，意味着其权利主体是无种族、肤色、性别、语言、宗教、政治或其他见解、国籍、社会出身、财产、出生或其他身份之分的每一个自然人。妇女作为人类成员的一部分，无疑是受教育权的权利享有者。因此，妇女受教育权是指妇女获得接受文化教育的机会以及为实现该权利而获得物质帮助的权利。

(二) 妇女受教育权的意义

女性作为社会成员的一半，与男性共同创造了人类历史。“她们是人类自身再生产的承担者，是社会再生产的重要生力军，对她们进行教育，不仅关系到女性自身素质的提高，还关系到家庭，关系到下一代，关系到整个民族素质的提高。”[①] 为此，我们必须重视对妇女的教育，提高其受教育程度，而这又离不开妇女受教育权的落实。关注妇女受教育权，对妇女自身而言具有特殊且重要的意义。

第一，有利于妇女实现和享有其他人权。根据《世界人权宣言》以及各项人

---

① 夏海鹰：《新世纪扫盲教育面临的形势与发展趋势》，载《中国成人教育》，2001年第1期。

权公约的规定，人权不仅包括公民权利和政治权利，也包括经济、社会和文化权利等其他权利。人权的享有应当是全面的、充分的，但是实际上一些人权的实现和享有并不充分，也没有做到真正平等。由于受到根深蒂固的传统文化思想、经济社会发展的不平衡以及其他原因的影响，很多国家和地区的妇女对人权的享有更加不充分，甚至一些人权不能被妇女享有。

受教育权是一项基本人权，是实现其他人权不可或缺的手段。受教育权是一项增长才能的权利，它的实现为妇女全面实现和享有其他人权提供了基本条件。在经济上和社会上处于弱势或边缘地位的妇女接受教育后能够获得基本的科学文化知识和创新创造能力，掌握基本的生存技能，这些知识和能力是妇女脱离贫困，参与社区生活、国家政治生活以及经济文化生活的前提和基础。相反，妇女若没有接受良好的教育，则可能导致其不具备相应的能力，其他人权的享有就会成为水中之月、镜中之花。例如，知识和能力的欠缺导致许多妇女在选举中无法充分行使选举权与被选举权，这意味着妇女被剥夺了参与国家政治生活的权利；在经济生活领域，许多妇女无法与社会化大生产以及知识经济的要求相适应而下岗、失业甚至找不到工作；在文化生活中，没有受过教育的妇女无法充分享受各种文化权利。因此，要重视妇女的受教育权，提高妇女的受教育水平，使其掌握科学文化知识、提升各种能力，只有如此才能使妇女实现和充分享有其他各项人权，也只有如此妇女才能获得更加健全的人格和更加丰富多彩的人生。

第二，有利于妇女提高自身素质，实现自身价值。21 世纪是知识经济时代，妇女在面临各种机遇的同时，也面临着前所未有的挑战。在机遇与挑战共存的社会中，如何求得自身发展，需要妇女具有较高的综合素质。良好的政治思想素质、科学文化素质和身体素质是妇女应对机遇与挑战所必需的，是妇女真正做到自尊、自信、自立、自强所必需的，也是实现自我、发展自我所必需的。然而，中国的传统观念、女性心理和生理特点等因素导致很大一部分妇女综合素质不高，无法适应新时期的发展要求，很难实现自身价值。

高尔基曾经说："只有知识才是力量，只有知识能使我们诚实地爱人，尊重人的劳动，由衷地赞赏无间断的伟大劳动的美好成果；只有知识才能使我们成为具有坚强精神的、诚实的、有理性的人。"接受教育即是学习科学文化知识的过程，知识可以武装妇女的头脑，有助于提高她们的科学文化素质，同时可以提高妇女的思想道德素质、身体素质以及各项能力，如专业能力、学习能力、适应能力、解决问题的能力。在具备了较高的综合素质之后，妇女就可以更加从容、自信地面对各种机遇和挑战，实现自身价值。

第三，有利于妇女社会地位的提高，实现男女平等。“三纲五常”、“三从四德”的封建伦理制度，完全剥夺了传统社会中妇女的受教育权。“女子无才便是德”、“男尊女卑”、“男主外女主内”等思想观念使女性处于依附于男性的社会地位。今天，男女平等是我国的一项基本国策，我国宪法和法律对妇女权益予以保障，女性的社会地位得到了很大提高，但是我们依然看到一些女性对男性的依赖、对社会的依赖，男女在社会地位方面还存在各种实际上的不平等现象。

教育是充分促进和改善妇女地位的基础，解放妇女的思想应当以教育为先。发展科学教育是实现男女平等的重要基础，所以要重视妇女受教育权的落实，让她们同男性一样平等地接受教育。妇女接受教育、学习科学文化知识有利于其思想解放，认识到男女平等的重要性。教育在赋予女性精神力量的同时，还为女性社会地位的提高提供了物质力量。妇女运用所掌握的知识，与男性同等地参加社会工作并取得报酬，这在实际上提高了女性的经济地位。我们看到，许多女性成为各行各业中的精英人物，为社会经济发展作出了巨大贡献，她们实现了自身价值，也赢得了社会的普遍尊重。

二、妇女受教育权的内容

受教育权的内容十分广泛，有关人权公约对受教育权内容的表述各有不同，诸多专家学者对此论述也不同。但是，联合国经社文权利委员会在 1998 年关于受教育权的讨论中就受教育权的内容基本达成一致意见，认为受教育权应当以下列四个方面为核心：一是任何人的受教育权不应当被剥夺。二是所有人，包括成人，享有通过这种或那种方式获得基本（初等）教育的权利；初等教育是强制的和免费的；任何人不得剥夺儿童接受初等教育的权利；国家有义务保护此项权利不受第三人的侵犯。三是选择教育的自由不受国家和第三人的干涉。四是少数者享有在公共教育体系之外选择其教学所使用的语言的权利。据此，妇女作为这一基本权利的主体不可否认地享有接受教育的权利、选择教育的权利以及获得教育成果的权利。

（一）妇女接受教育的权利

妇女接受教育的权利是指妇女有在国家和社会设立的学校和其他教育机构接受教育、获得知识和技能从而使身心、能力和人格得到发展的权利，这是妇女受教育权的核心。该项权利要求妇女在接受教育方面与男性享有同样的受教育机会。《经社文权利公约》第 13 和 14 条规定了接受四种不同类型教育的权利——初等教育、基础教育、中等教育和高等教育。初等教育应属“义务性质并一律免费”。接受初等教育是强迫性质的教育，所以初等教育必须普遍实行，确保所有儿童的基本学习需要得到满足。基础教育针对的是未受到或未完成初等教育的人以及所有未能满足基本学习需求的人，任何人都有权利接受这种教育，不受年龄和性别的限制。中等教育包括中等技术和职业教育，应以一切适当的方法普遍设立，并对一切人开放，特别要逐渐做到免费。中等教育的内容因缔约国而异，且随着时间的推移而有所不同，它使学生能够为将来就业和接受高等教育做好准备，一般包括完成基本教育、奠定巩固终身学习和个人发展基础。高等教育应当根据成绩，以一切适当方法，对一切人平等开放，特别要逐渐做到免费。妇女作为受教育权的主体，在这四种类型的教育中享有与男性平等的受教育机会。今天的女童终会长大成人，成为明天的妇女，因而接受初等教育是妇女受教育权的重要组成部分。同时，由于初等教育具有强制性和免费性，每一名妇女在其幼年时都必须接受初等教育，这也就确保了每一名女童在接受初等教育方面享有实质的平等。基础教育、中等教育以及高等教育虽然不是强制的、免费的，但是这三类教育向一切人开放，妇女在接受这三种教育方面享有与男性平等的机会。

联合国经社文权利委员会关于受教育权的第 13 号一般性意见指出，各种类型的教育都必须具有可提供性、可获取性、可接受性和可适应性四个特点，对妇女的受教育权而言，更应当强调这四个特点。第一，可提供性是指应在缔约国的管辖范围内设置足够多能够运作的教育机构和方案提供给妇女使用。第二，可获取性是指妇女能够利用这些教育设施和方案而不受歧视。其中包含三个因素：(1) 不歧视，人人必须受教育，妇女作为易受侵害的群体，其受教育权应在法律上明文规定，在事实上确实做到不得援引受到禁止的任何理由歧视妇女。(2) 实际可获取性，妇女接受教育必须在安全的物质环境中进行，可在一些堪称便利的地点上学或通过现代技术设备接受教育，例如远程教学。(3) 经济上的可获取性，教育费用必须是妇女所能够负担得起的。初等教育是免费的，中等教育和高等教育要逐渐做到免费，以保障各个年龄阶段妇女的受教育权。同时，在妇女实在无力负担教育费用时，还应能够获得教育资助，如领受奖学金、助学金的机会与男子相同。第三，可接受性是指妇女所接受的教育须在教育的形式和内容上易为妇女所接受。第四，可适应性是指教育必须灵活且具有可调试性，针对变动的社会和社区需求而进行调试，使其符合各种社会和环境中的妇女的要求。

(二) 妇女选择教育的权利

受教育权具有自由权的性质，因而权利人享有选择教育的权利。妇女选择教育的权利是指妇女有选择其是否接受教育、接受何种教育以及这种教育是由公立学校提供还是由私立学校提供的权利。

妇女享有选择教育的权利是一项原则，但是女童对于是否接受初等教育不具有选择权。初等教育是妇女应当接受的最基本的教育，若这一阶段的妇女受教育权利未得到保障，将直接导致妇女无法充分地接受其他类型教育，无法充分实现妇女的受教育权。同时，由于女童或是未成年女性年龄和智力的限制，无法选择对自己最为有利的教育，所以此一阶段的妇女接受何种教育的权利和选择公立还是私立教育机构的权利应当在维护其最大利益的前提下由父母或法定监护人实施。许多主要国际人权文件对此作出明确规定。《世界人权宣言》第 26 条第 3 款宣布："父母对其子女所应受的教育的种类，有优先选择的权利。"《经社文权利公约》第 13 条第 3 款规定："本公约缔约各国承担，尊重父母和（如适用时）法定监护人的下列自由：为他们的孩子选择非公立的但系符合于国家所可能规定或批准的最低教育标准的学校，并保证他们的孩子能按照他们自己的信仰接受宗教和道德教育。"因此，在妇女选择教育的权利方面，为了更好地维护其权利，确保妇女受教育权的全面实现，应尊重家长对女童接受教育的优先选择权。

（三）妇女获得教育成果的权利

随着经济发展和社会进步，知识和能力越来越受到重视，而受教育成果是受教育者知识有无、能力大小的主要证明。获得教育成果权对于受教育者特别是妇女至关重要。教育成果主要通过对受教育者的公正评价以及学位证书、学业证书体现。因此，妇女获得教育成果权主要包括获得公正评价权、获得学业证书和学位证书权。

在受教育过程中，应当一视同仁地对妇女的德、智、体、美各方面作出客观的评价，此即妇女在教育方面获得公正评价的权利。这种评价主要表现在学业评价和品行评价上。学业评价是指教育机构对女性学生的学习水平、知识能力所作的评价。品行评价是指对女性学生在学校期间的思想品德、行为习惯、学习态度等作出的综合评价。无论是学业评价还是品行评价均应当按照男女同一的标准、方法和程序进行，以确保评价结果的公平、公开、公正。

由国家承认的学业证书和学位证书是对学习者的学习经历、学习能力、学术水平等所作的对外证明，具有非常大的公信度。其中，学位证书是指为了证明学生专业知识和技术水平而授予的证书，学历证书是学制系统内实施学历教育的学校或者其他教育机构对完成了学制系统内一定教育阶段的学习任务的受教育者所颁发的文凭。受教育者完成一定阶段或层次的教育之后，有获得学位和学业证书的权利，以证明自己的专业、学历。对妇女而言该项权利更具有重要性：一方面它是妇女继续深造的重要前提条件，另一方面它也是妇女顺利就业以及获得较好工作的条件之一。因此，妇女在完成规定的学业之后，有获得证明其完成相应学业和学位的证书的权利。

三、尊重和保障妇女受教育权的义务和责任

受教育权作为一项基本人权的性质决定了国家是受教育权的主要义务承担者。同时，受教育权的实现也离不开其他相关义务主体的共同努力。由于妇女群体的弱势性，其权利极易受到侵害，更需要国家采取适当措施以及其他主体的共同努力以保护妇女的受教育权。

(一) 国家的义务和责任

受教育权作为公民的一项基本权利，公民有权要求其所在国家提供受教育的权利和机会。有关国际人权公约要求国家承担义务，通过国内立法和其他手段确保人人平等地、不受歧视地享有受教育权，并与在获得和享有受教育权方面存在的不平等现象作斗争。例如，《经社文权利公约》第 2 条第 1 款规定："每一缔约国家承担尽最大能力个别采取步骤或经由国际援助和合作，特别是经济和技术方面的援助和合作，采取步骤，以便用一切适当方法，尤其包括用立法方法，逐渐达到本公约中所承认的权利的充分实现。"《消除对妇女歧视公约》第 10 条明确规定了"缔约各国应采取一切适当措施以消除对妇女的歧视，并保证妇女在教育方面享有与男子平等的权利"。

1. 国家的一般性义务

联合国经社文权利委员会在关于受教育权的第 13 号一般性意见中指出，受教育的权利和所有人权一样，使缔约国负有三类或三个层次的义务，即尊重义务、保护义务、落实义务，这是各国在受教育权方面所应承担的一般性义务和责任。

尊重义务要求缔约国不采取任何妨碍或阻碍或阻止妇女受教育权享有的措施。除了初等教育以外，妇女有权选择接受或者不接受教育，接受何种教育，接受教育的形式等。同时，为保障妇女的受教育权，国家必须尊重和不妨碍或不阻止家长对子女教育的优先选择权以及与教育相关的学术自由等权利。

保护义务要求国家采取措施防止第三方干扰妇女对受教育权的享有。在现实中存在许多他人侵犯妇女受教育权的行为。例如，1990 年齐玉苓因被人冒名顶替上学而失去进一步接受教育的机会，随之而来的是她自己与冒名者命运的转换。对于第三者侵犯妇女受教育权的行为，需要国家承担保护妇女这一权利不被

侵犯的义务和责任并对侵犯者予以惩罚。

落实义务要求国家采取积极措施，使妇女能够享有受教育权。妇女受教育权的实现需要国家的尊重、保护，但是消极的尊重只是防止了国家公权力对妇女受教育权的肆意侵害，单纯的保护也不能从根本上解决妇女受教育权易受侵害这一事实。妇女受教育权的实现还依赖于各国采取有效的措施不断落实该项权利，这种落实义务既包含落实便利义务，也包含落实提供义务。所谓落实便利义务是指国家积极采取措施，使个人和群体能够享受这项权利，并便利其享受这项权利。所谓落实提供义务是指国家有义务提供受教育的权利，一般来说，在个人或群体由于无法控制的原因无法利用可提供的手段自行实现受教育权的情况下，国家有义务落实该项权利。

2. 国家的具体义务和责任

妇女受教育权的真正实现需要国家采取具体的、切实可行的措施将该项权利落到实处。《消除对妇女歧视公约》第 10 条详细规定了国家应当采取的具体措施："(a) 在各类教育机构，不论其在农村或城市，职业和行业辅导、学习的机会和文凭的取得，条件相同。在学前教育、普通教育、技术、专业和高等技术教育以及各种职业训练方面，都应保证这种平等。(b) 课程、考试、师资的标准、校舍和设备的质量一律相同。(c) 为消除在各级和各种方式的教育中对男女任务的任何定型观念，应鼓励实行男女同校和其他有助于实现这个目的的教育形式，并特别应修订教科书和课程以及相应地修改教学方法。(d) 领受奖学金和其他研究补助金的机会相同。(e) 接受成人教育，包括成人识字和实用识字教育的机会相同，特别是为了尽早缩短男女之间存在的教育水平上的一切差距。(f) 减少女生退学率，并为离校过早的少女和妇女办理种种方案。(g) 积极参加运动和体育的机会相同。(h) 有接受特殊教育性辅导的机会，以保障家庭健康和幸福，包括关于计划生育的知识和辅导在内。"虽然，由于文化历史原因以及经济发展水平的差异，妇女的受教育权在不同国家的实现程度不同，在其实现过程中采取的措施不同，但是，为落实该公约关于妇女受教育权的规定，各国应当从以下方面着手采取具体措施。

第一，积极批准和加入有关妇女受教育权保护的国际公约。目前有七个主要的国际人权文件充分阐明了妇女的受教育权：《世界人权宣言》、《取缔教育歧视公约》、《经社文权利公约》、《儿童权利公约》、《消除种族歧视公约》、《消除对妇女歧视公约》和《残疾人权利公约》。虽然对受教育权作出了专门规定的公约只有《取缔教育歧视公约》，适用主体为妇女的公约只有《消除对妇女歧视公约》，但是其他公约中的受教育主体为“人人”或“每个人”，当然包括妇女在内。这些国际人权文件为国家采取措施保护妇女的受教育权提供了国际法律依据。同时，鉴于当前人权保障的国际化趋势，各国应当积极参与国际人权的合作，签署、批准和加入有关保障妇女受教育权的国际条约，制定可以执行的法律或其他措施，以便使体现在这些文件中的权利能在国内法律和实践中实现，并尽快切实履行国际人权法中关于妇女受教育权在国内实施的义务。

第二，加强对妇女受教育权的立法保障。立法保障措施对于承认和保护妇女受教育权具有重要意义。受教育权是一项权利，对于权利的保障必须要有法律上的依据，否则妇女受教育权的承认与保护将会变为无源之水、无本之木。因此，各国应根据具体情况采取相应的立法措施，为妇女受教育权的保护提供国内法依据。具体而言，各国立法机关应制定有关妇女受教育权的完善法律体系，清理并理顺现有的涉及妇女受教育权的法律法规及规章，以保证法律体系的一致性和协调性，同时强化法律监督机制，确保有关法律能够得到有效实施。通过立法措施，确立男女平等的受教育原则、标准，废除对妇女受教育实行差别待遇的立法。

第三，加强对妇女受教育权的行政保障。“徒法不足以自行”，法律的生命力在于其在社会生活中的具体实施。妇女受教育权从国际人权法确认的人权以及国内宪法确认的基本权利转化为具体权利并得到立法保障之后，并不是必然地自动为公民所实际享有，其实现还需要国家行政机关采取必要的行政措施予以保障，特别是应当做好以下几方面工作：(1) 大力发展初等教育、中等教育、高等教育以及基础教育，建立完整的妇女教育体系，确保各级各类教育对于妇女具有可提供性、可获取性、可接受性、可适应性四个特点，为妇女受教育权的真正实现提供各种机会。为此，各国必须优先实施义务的免费的初等教育，确保每一个女童都能够接受初等教育。同时，各国须立即“采取步骤”为其管辖范围内的所有妇女提供中等教育、高等教育以及基础教育。(2) 加大对校舍、师资力量、教学设备等方面的财政投入，确保妇女与男子在课程、考试、师资标准、校舍和设备的质量方面一律相同以及参加运动和体育的机会相同。(3) 加大对贫困妇女的帮扶力度。由于经济发展的不平衡所造成的贫困问题困扰着许多国家和地区教育的发展，大量的人因此而无法获得教育，而妇女的受教育权特别容易受到侵害，使得她们错失接受教育学习科学文化知识的机会。对此，国家一方面要大力发展贫困地区的经济以促进当地教育的发展以及通过财政措施加大对贫困地区的教育投入；另一方面应提供贷款，设立各种奖学金和助学金制度，为贫困妇女接受教育提供各种资助，减小教育花费所带来的经济压力。

第四，加强对妇女受教育权的司法救济。“无救济即无权利”，妇女受教育权的真正实现不仅需要立法的具体化和行政机关的保护，还需要司法救济。司法救济是受教育权的最终救济方式，也是最有效、最常用的方式。妇女受教育权受到侵犯时，不论侵犯主体是国家还是第三人，都应能通过司法机关得到最及时、最有效的救济，只有这样才能真正将妇女受教育权落到实处。因此，各国应当建立并不断完善本国关于妇女受教育权的司法救济体系。

（二）其他社会成员的义务和责任

妇女受教育权的保护与实现的最重要途径是国家的承认、尊重与保护，但是仅仅依靠国家是无法让所有女性真正平等地享有受教育权的，它需要其他社会成员的共同努力。其他社会成员既包括教育机构、教育工作者、家庭成员、妇女所在企事业单位等与妇女教育有特定和直接关系的成员，也包括与妇女教育没有直接和特定关系的其他社会成员。从这一点而言，妇女受教育权的实现，一方面有赖于其他社会成员不侵犯和不妨碍妇女受教育权的享有，另一方面需要其他社会成员协助、支持和促进妇女受教育权的实现，积极为妇女受教育权的实现贡献力量。

妇女受教育权的实现在形式上主要表现为在学校接受教育，学习科学文化知识。学校应当保证妇女与男性一样平等地接受学校教育，同时还应该根据妇女的特点设置相应的课程与课外活动，使妇女得到德智体美全面的发展。老师是知识的传授者，要一视同仁地对待并尊重每一个学生，不论是男生还是女生。对于适龄女童，家长负有让其接受义务教育的责任，不能因为经济困难或是其他原因而让女童辍学。家长应当认识到女孩同男孩一样，都有接受教育的权利，并尽力为未成年的子女提供受教育的机会，为其学习创造良好的学习环境。否则，父母或监护人将要承担相应的法律责任。各种社会力量在促进妇女受教育权实现方面发挥着重要作用，因而要积极鼓励人们通过各种形式帮助女童尤其是贫困女童实现受教育权。

第二节
妇女受教育权在中国的确认和实现状况

新中国成立后特别是改革开放以来，党和国家高度重视妇女的受教育问题。

为维护妇女的受教育权并促进其实现，我国采取了多种措施，例如制定了大量的法律法规保障妇女受教育权，出台并实施了多项教育政策促进妇女受教育权的实现。同时，国家高度重视社会力量在促进妇女受教育权实现的过程中所发挥的积极作用，鼓励并支持社会各界为提高妇女受教育程度贡献力量。

一、中国立法对妇女受教育权的确认

教育部研究室在《依法治教全面推动教育的改革和发展》中指出，我国已经初步形成以宪法确定的基本原则为基础，以教育法为核心，以教育专门法和行政法规为骨干，以教育规章、地方性法规和规章为主体的有中国特色社会主义的教育法律体系。

（一）宪法关于妇女受教育权的规定

新中国成立以来，我国四部宪法都明确规定了公民的受教育权，为妇女享有受教育权提供了宪法上的依据。

1954年《宪法》是我国第一部社会主义类型宪法。该法第94条规定："中华人民共和国公民有受教育的权利。国家设立并逐步扩大各种学校和其他文化教育机关，以保证公民享有这种权利。"1975年《宪法》虽然存在着严重的缺陷，但是该法第27条依然规定了公民有受教育的权利。1978年《宪法》第51条规定："公民有受教育的权利。国家逐步增加各种类型的学校和其他文化教育设施，普及教育，以保证公民享受这种权利。"1982年《宪法》从方针政策、措施途径等方面确立了我国教育事业的发展方向，为我国公民受教育权的实现提供了有力保障。其中第19条规定："国家发展社会主义的教育事业，提高全国人民的科学文化水平。国家举办各种学校，普及初等义务教育，发展中等教育、职业教育和高等教育，并且发展学前教育。国家发展各种教育设施，扫除文盲，对工人、农民、国家工作人员和其他劳动者进行政治、文化、科学、技术、业务的教育，鼓励自学成才。国家鼓励集体经济组织、国家企业事业组织和其他社会力量依照法律规定举办各种教育事业。"第46条规定："中华人民共和国公民有受教育的权利和义务。国家培养青年、少年、儿童在品德、智力、体质等方面全面发展。"

受教育权是宪法赋予我国公民的一项基本权利，妇女作为中华人民共和国公民，当然地而且平等地享有宪法规定的包括受教育权在内的各项基本权利。在此意义上讲，宪法明确规定了妇女的受教育权，为保护以及实现妇女的该项权利提供了宪法上的依据。正是基于此，受教育权是妇女所享有的一项不可侵犯、不可剥夺的宪法性权利。

（二）法律对妇女受教育权的确认和保护

为贯彻宪法关于公民受教育权的规定，我国制定了《教育法》、《义务教育法》、《中华人民共和国高等教育法》（简称《高等教育法》）、《中华人民共和国职业教育法》（简称《职业教育法》）、《中华人民共和国民办教育促进法》（简称《民办教育促进法》）、《学位条例》、《妇女权益保障法》、《中华人民共和国未成年人保护法》（简称《未成年人保护法》）、《中华人民共和国教师法》（简称《教师法》）等。这些法律确认了妇女与男性享有平等的受教育权；规定了妇女受教育权的具体内容以及与妇女受教育权相关的其他权利，如政治权利、劳动权利和财产权利等；规定了侵犯妇女受教育权的法律责任以及政府在妇女受教育权方面承担的积极责任。其中，《妇女权益保障法》在保护妇女受教育权方面最具影响力。

《妇女权益保障法》是一部保障妇女权益的专门法律，其第三章对妇女的"文化教育权益"作出了专门规定，弥补了在妇女受教育权方面无专门法律规定的不足。该法对妇女受教育权的保护主要体现在以下四个方面：

第一，明确规定了妇女同男子享有平等的受教育权，主要包括妇女在入学、升学、毕业分配、授予学位、派出留学等方面与男子平等的权利；适龄女性儿童、少年接受义务教育的权利与男性儿童、少年平等；妇女接受扫盲教育的权利与男子平等；妇女接受职业教育和技术培训的权利与男子平等；妇女进行科学研究、文学艺术创作和其他文化活动的权利与男子平等。

第二，对女性青少年的受教育权予以特殊保护。女性青少年在青春期由于自身特殊的生理及心理变化，与男性形成鲜明对比，因此学校在对女性学生实施教育和管理时，应当采取适当的措施，给予其正确的引导和指导，使她们获得正确的认识，从而使她们的身心得到健康发展。该法第 17 条规定："学校应当根据女性青少年的特点，在教育、管理、设施等方面采取措施，保障女性青少年身心健康发展。"

第三，规定了家庭、社会、学校在保障适龄女性儿童和少年接受义务教育方面的义务。义务教育是每个适龄儿童和少年必须接受的教育，《妇女权益保障法》与《义务教育法》相呼应、相促进，为女童接受义务教育提供了更加明确具体的依据，以解决女童在义务教育阶段入学率低、辍学率高的问题。其第 18 条第 1 款规定："父母或者其他监护人必须履行保障适龄女性儿童少年接受义务教育的义务。"第 3 款规定："政府、社会、学校应当采取有效措施，解决适龄女性儿童少年就学存在的实际困难，并创造条件，保证贫困、残疾和流动人口中的适龄女性儿童少年完成义务教育。"

第四，规定了侵犯妇女受教育权的法律责任。这一内容体现在《妇女权益保障法》最后一章中。如第 56 条规定："违反本法规定，侵害妇女的合法权益，其他法律、法规规定行政处罚的，从其规定；造成财产损失或者其他损害的，依法承担民事责任；构成犯罪的，依法追究刑事责任。"第 57 条第 3 款规定："违反本法规定，侵害妇女文化教育权益、劳动和社会保障权益、人身和财产权益以及婚姻家庭权益的，由其所在单位、主管部门或者上级机关责令改正，直接负责的主管人员和其他直接责任人员属于国家工作人员的，由其所在单位或者上级机关依法给予行政处分。"

（三）法规及规章关于妇女受教育权的规定

宪法和法律对妇女受教育权的规定大部分比较抽象，可操作性和实施性弱，因此，我国制定了大量的行政法规和部门规章以对妇女受教育权作出更加具体的规定，例如，《义务教育法实施细则》、《扫除文盲工作条例》、《禁止使用童工规定》、《民办教育促进法实施条例》、《中小学幼儿园安全管理办法》、《学生伤害事故处理办法》等。《扫除文盲工作条例》第 2 条规定："凡年满十五周岁以上的文盲、半文盲公民，除丧失学习能力的以外，不分性别、民族、种族，均有接受扫除文盲教育的权利和义务。"由于历史、地理环境的影响，新中国成立之前我国曾经存在大量文盲，其中女性文盲占绝大多数，而在广大女性文盲中，又以偏远农村地区或贫困地区的妇女居多，这些原因导致女性文盲成为我国扫盲工作的重点和难点。《扫除文盲工作条例》的规定为扫除女性文盲提供了依据，并通过各项措施将扫盲工作与妇女的生产生活实践相结合，极大地促进了妇女识字率的提高。该条例与《义务教育法》相互促进与配合，一方面有效地扫除了剩余的女性文盲，另一方面有效地遏制了新的女性文盲的产生。

二、妇女受教育权在中国的实现状况

（一）保障和实现妇女受教育权的措施及取得的成就

1. 保障和促进妇女受教育权的措施

为保障妇女的受教育权，提高妇女地位，履行相关国际义务，我国政府采取了多项卓有成效的措施。在妇女受教育权方面我国除在宪法、法律以及其他各种文件中确认妇女受教育权之外，还采取了各种具体措施以使妇女真正切实地享有受教育权。

第一，国家出台并实施各项政策促进妇女受教育权的实现。国家高度重视教育在我国经济建设中的作用，提出了"科教兴国"战略以促进我国教育事业的大力发展。同时，男女平等是我国一项基本国策，同样适用于教育领域。为进一步促进妇女受教育权的实现，提高妇女受教育水平，我国制定了大量政策措施，分阶段按步骤地促进妇女教育的不断发展。其中最重要的表现是多个纲要的制定和实施，例如《中国教育改革发展纲要》、《国家中长期教育改革和发展规划纲要(2010—2020年)》等。1995年第四次世界妇女大会以后，妇女教育愈加受到党和国家的重视，我国制定了《中国妇女发展纲要（1995—2000年)》、《中国妇女发展纲要（2001—2010年)》、《全国妇女教育培训体系建设纲要（2008—2010年)》，这些纲要为妇女受教育权的实现指明了方向并提出了具体措施。

《中国妇女发展纲要（1995—2000年)》指出，到20世纪末我国妇女发展的总目标是："妇女的整体素质有明显提高，在全面参与经济建设和社会发展，参与国家和社会事务管理的过程中，使法律赋予妇女在政治、经济、文化、社会及家庭生活中的平等权利进一步得到落实。"纲要终期监测评估报告数据显示，1995—2000年期间，我国妇女教育事业取得了显著成就：妇女学校教育在巩固中提高；女性在中等专业学校中的比重逐年增加；女性职业教育进一步发展；妇女文盲率下降，男女受教育程度差距缩小；贫困地区和少数民族地区妇女受教育状况得到改善。为了更好地维护妇女权益，提高妇女整体素质，我国政府制定并发布了《中国妇女发展纲要（2001—2010年)》，把教育作为六个优先发展的领域之一，将男女平等享有受教育权的权利和机会进一步具体化。该纲要从依法保障妇女与男子平等的受教育权利着手，提出女童九年义务教育、妇女中等和高等教育、妇女素质教育、妇女终身教育等五项主要目标。与《中国妇女发展纲要(1995—2000年)》相比，该纲要更强调保障妇女与男子共享教育资源的权利，扩大妇女接受各级各类教育的比例，注重提高妇女的科学文化素质和终身教育水平，培养妇女的知识创新能力和社会实践能力。《全国妇女教育培训体系建设纲要（2008—2010年)》的目标是贯彻"科教兴国"、"人才强国"战略，进一步推动妇女教育培训工作，提高广大妇女的综合素质和创新能力。该纲要明确阐述了新时期妇女教育培训体系建设的必要性和重要性，明确了工作的指导思想、基本目标和任务，提出了若干战略性、全局性、前瞻性的举措，对于指导妇联系统当前和今后一段时期的教育培训工作具有重要的现实意义和深远的历史意义。

第二，党和国家高度重视少数民族地区以及贫困地区妇女教育事业的发展。由于我国幅员辽阔、民族众多以及各地区之间社会经济发展水平存在较大差异，少数民族以及贫困地区教育发展比较落后，这些地区妇女受教育权的保障和实现程度较低。因此，国家通过加大对贫困地区和少数民族地区教育的政策支持和财政投入促进妇女教育的发展，为这些地区的妇女接受和参与教育创造良好条件。党和国家根据少数民族的教育发展具体情况以及各民族自身的特点制定并实施了特殊教育政策：实行教育经费优先保障的政策，对民族教育实行专项补助；实行民族自主办校政策，各民族地区可根据自身特点创办各类学校；实行对民族教育的援助政策；实行入学优惠政策，与汉族学生相比少数民族学生可以被高校降分录取；实行对民族学生的生活待遇进行额外补偿与照顾的政策，如对西藏农牧区义务教育阶段学生实行“三包”（包学习、包吃饭、包住宿）政策，对新疆56个县全部实行“两免一补”（免杂费、免书本费、逐步补助寄宿生活费）政策；实施“两基”攻坚计划（基本普及九年义务教育，基本扫除青壮年文盲）。特殊的教育政策为少数民族地区妇女教育事业的发展提供了机遇和条件，如今少数民族地区妇女文盲率大大降低，能够接受义务教育，还有大量的机会接受高等教育、成人教育、职业教育等各种形式、各种类别的教育来提高受教育程度，促进自身发展。

第三，充分发挥群众性组织的积极作用。妇女受教育权的发展离不开社会的广泛支持和群众组织的大力推进，其中全国妇联、中国青少年发展基金会和中国儿童少年基金会对妇女教育的发展发挥了积极的促进作用。

1990年全国妇联开展了以妇女扫盲为目标的“巾帼扫盲行动”，设立“巾帼扫盲奖”，协助政府做好妇女扫盲工作。这一活动把扫盲与学习农业科学技术相结合，与贫困地区的脱贫致富相结合，与普及法律知识、维护自身权益相结合，动员广大妇女积极参加扫盲，收到了良好的社会效果。由于全国妇联扫盲工作成绩突出，联合国教科文组织专门向全国妇联颁发了“世宗王扫盲奖”。同时，全国妇联把搞好妇女教育、提高妇女素质作为改善妇女地位的根本措施之一，将原来只针对女干部进行工作培训的全国妇女干部学校扩展为面向全国招生的综合性高等学校，即中华女子学院；各省妇联组织也将原有的妇女干部学校扩张为综合性中等专业学校，建立妇女培训中心。目前我国已经形成了点线面、多形式、多类型、多层次的妇女教育培训体系。这些教育培训机构为妇女接受各种形式的教育提供了条件和机会，优化了妇女受教育环境，提高了妇女的职业技能和综合素质。例如，成立于1985年的上海市妇女教育培训中心是上海市妇女联合会直属培训机构，承担着妇女教育和培训任务，先后培训妇女干部、妇女工作者和女性专业技术人才达十余万人次，得到了广大妇女干部、培训机构和社会各界的充分肯定。近年来，陕西省榆林市妇联把教育培训妇女、提高占一半人口的妇女的综合素质作为加快女性发展的一项战略任务，狠抓全市妇女干部队伍、妇女群众队伍和家长队伍的培训教育工作，提高了妇女整体素质，增强了妇女参与经济社会发展的能力。

中国青少年发展基金会于1989年发起实施"希望工程"，援建希望小学与资助贫困学生是其两大主要公益项目。至2007年希望工程募集资金逾35亿元人民币，援建希望小学13 000多所[①]，入学儿童中有很大部分是女童。在全国妇联的领导下，中国儿童少年基金会1989年发起并组织实施了一项救助贫困地区失学女童重返校园的社会公益事业——"春蕾计划"。截至2010年年底，"春蕾计划"筹集资金累计10亿多元，捐建1 000多所春蕾学校，资助200多万人次贫困女童重返校园，对40余万女童进行实用技术培训。[②]"春蕾计划"使无数女童从濒临失学到学有所成，改变了她们的人生轨迹，如今已经有一大批"春蕾女童"走上了工作岗位。

2. 中国在保障妇女受教育权方面取得的成就

改革开放以来，随着男女平等基本国策的深入贯彻以及教育事业的快速发展，我国妇女教育事业获得了空前发展：接受各级各类教育的女性人数大幅度上升；妇女接受教育总人口数和比例不断扩大；妇女接受教育的年限和层次明显上升；妇女接受教育的质量和条件明显改善。妇女获得与男性平等的法定受教育的权利与机会，妇女在教育中的地位显著提高，接受教育的权利得到保障。广大妇女在学习科学文化知识的同时，提高了职业技能，培养了良好的综合素质，为其实现自我独立和自我价值、广泛参与经济社会活动提供了基本条件。

第一，妇女整体文化水平有明显提高。根据联合国教科文组织亚洲文化中心有关统计数据，随着国际社会对妇女教育问题的重视和中国改革开放政策下经济的飞速发展，我国15岁以上人口具备读写算基本能力的人数在总人口中的比例大幅提升，女性成人识字率从1990年的77.8%上升到2009年的90.9%；我国15—24岁新增人口中，女性青年识字率从1990年的93.1%上升到2009年的99.3%。[③]这一系列数据变化说明我国妇女的文化水平有了普遍提高。在世界发展中人口大国中，无论成年人识字率还是青年识字率，中国均名列前茅。

---

① 中国青少年发展基金会网站：http：//www.cydf.org.cn/xwxxjs2.asp? cc=7&dd=71，最后访问于2011年4月19日。

② 中国儿童少年基金会网站：http：//www.cctf.org.cn/gongyixm.asp? cc=1&dd=11，最后访问于2011年4月19日。

③ Consult Education Country Profile of China at UIS（UNESCO Institute for Statistics）web，http：//stats.uis.unesco.org/unesco/TableViewer/document.aspx? ReportId = 121&IF _ Language = eng&BR _ Country=1560，最后访问于2011年4月25日。

第二，妇女初等教育和中等教育不断巩固提高。新中国成立初期，我国小学适龄女童入学率只有15%左右，经过几十年的努力，特别是1986年《义务教育法》的实施，适龄女童的入学率不断提高。2010年我国与联合国共同发表的《中国实施千年发展目标进展情况报告》中的有关数据显示：截至2009年年底，我国小学学龄儿童净入学率达到99.4%，男女童净入学率分别达到99.36%和99.44%。小学五年巩固率从2000年的95%提高到2009年的99.3%，性别差异基本消除。初中毛入学率达到99%，全国普及九年义务教育人口覆盖率达99.3%，其中女生占初中在校生总人数的47.32%。2009年我国25个省、自治区、直辖市已经全面实现普及九年义务教育。根据教育部的有关数据统计，2009年普通高中在校生中，女生比例已经达到48.2%；而在1978年女生仅占普通高中在校生总人数的39.7%。以上数据表明在初等和中等教育阶段我国越来越多的妇女获得了接受教育的机会，妇女受教育范围不断扩大，为女性进一步接受高等教育奠定了基础、提供了条件，对于妇女接受高等教育和提高受教育程度具有重要意义。

第三，妇女高等教育获得较大发展。改革开放以来，随着高等教育的发展，妇女接受高等教育的状况得到了很大改善：（1）妇女高等教育规模迅速扩展。1980年女子高等教育规模不到27万人（在校女生数），到2004年女子高等教育规模达到600余万人。（2）入学率逐年提高。1980年女生占在校生总数的比例为23.4%，到了2004年这一比例达到45.7%，男女生高等教育入学机会趋于相同。（3）教育层次不断上移。1989年女生在普通本专科、硕士、博士三个层次中毕业生的比例分别为32.53%、22.23%、8.85%，到了2004年，此比例分别上升为45.4%、39.82%、28.82%。（4）学科分布日益广泛。中国女大学生在文、哲、经、理、工、农、医学、法学、教育学、管理学等各个学科领域都有一定分布，不仅在女性优势学科——语言、文学、医学保留着相当高的比例，在一些非女性优势学科上，如理学、工学、农学以及经济学和法学等，也有相当的突破。[①] 妇女高等教育的迅速发展展现了我国妇女受教育权的实现不仅仅停留在基础教育阶段，也不仅仅是识字率和基本读写算能力的提高，而是在受教育层次和深度上不断发展。一般情况下，受过高等教育的女性更富智慧和技能，更具理性和良好的素质，因而更能获得理想工作，妥善处理家庭与事业、人与人之间的关系以及提高在家庭、工作以及社会中的地位。如今，我国越来越多的女性在工作

---

① 莫文秀：《中国妇女教育发展报告》，社会科学文献出版社，2008年版，第280—281页。

中展现的自我能力丝毫不逊于男性。

第四，妇女成人教育和职业教育取得较大进步。中国妇女成人教育、职业技术教育进一步发展，妇女接受职业教育及继续教育的机会不断增加。有关数据显示，到2003年，全国已经建立了1 600多所女子中等职业学校和3所女子职业大学，开设了60多个相关专业。这些院校以及各地的妇女活动中心在促进妇女终身教育与培训方面发挥了积极作用。2003年，在中等职业教育学校中，女生在校生的比例为51.88%，比1995年提高了9.1个百分点。在成人高等教育中，女生在校生的比例为51.89%，比1995年提高了7.39个百分点。接受成人教育和职业教育可以提高妇女职业技能、工作效率并有助于终身学习理念的养成，促进女性自我发展。现代工业的发展使得大量工人失业下岗，甚至有很多人找不到工作，妇女占其中的大部分。妇女成人教育和职业教育的不断发展不仅表明了我国妇女教育事业的发展，妇女受教育权的不断提升，也为失业女性重新就业提供了机会和条件。

第五，妇女扫盲教育成绩显著。改革开放以来，我国扫盲工作尤其是在扫除妇女文盲方面取得了显著的成绩。根据不同时期、不同国家机构发布的有关我国女性文盲、青壮年妇女文盲变化的数据，与同期男性脱盲数相比，女性扫盲成绩显著，15岁以上女性人均受教育年限的增幅高于男性，女性文盲率下降幅度也大于男性，男女受教育水平的差距进一步缩小。2000年与1990年相比，女性成人文盲率由32%下降到13.47%，青壮年妇女文盲率由14.78%下降到4.13%。2001年到2006年，全国共扫除青壮年文盲1 136.3万，青壮年文盲率下降到3.58%，其中女性文盲632.9万。

（二）中国在妇女受教育权实现方面存在的问题

新中国成立以来，在党和国家的高度重视以及全社会的共同努力下，我国妇女教育取得了巨大成就，但是也应当看到，妇女受教育权的实现依然面临着一些不足和挑战。

1. 妇女受教育的水平有待提升

妇女在初等教育、中等教育、高等教育、扫盲教育等方面取得了巨大成就，但是在这几个方面我们仍然存在着一些问题。

在初等和中等教育方面存在两个主要问题。其一，女童的受教育机会少于男童。目前我国还有许多的适龄儿童，特别是西部贫困地区和少数民族地区的儿童因各种原因没有入学接受义务教育，其中女童占大部分。据教育部历年的统计数据，不论是小学还是初中，也不论是农村、县镇还是城市，女童所占在校生的比例从来没有超过50%，女童在校生人数依然少于男童。其二，女童辍学现象严重，辍学率高于男童。教育部《2006年全国教育事业发展统计公告》数据显示：虽然2006年小学女童入学率已经超过男童入学率0.02个百分点，达到99.29%，但是女童辍学率为0.47%，高出全国平均水平。

在高等教育方面，一方面，妇女接受高等教育的机会偏少，另一方面，妇女接受高等教育的层次相对偏低。城乡差别、地区差别以及家庭背景等因素，造成了妇女在接受高等教育机会方面与男性存在显著差距。在接受高等教育的形式上，妇女主要在自学考试、成人高等教育和非学历高等教育等非正规高等教育中占较多比例，而在正规高等教育中所占比例较低。而且，大多数接受非正规高等教育学习的妇女所学专业集中在文秘、护理、公关、导游、办公自动化和计算机应用技术等较低收入的类别中。妇女接受高等教育的层次和水平相对较低以及在专业上的劣势，限制了妇女高等教育的高水平发展，直接影响到女性在就业和职业发展方面的竞争力，使得女性在就业层次上主要集中在技术含量低和发展空间相对较小的职业范围；再加上几乎充斥着所有就业领域的职业性别歧视，用人单位对女性的要求更高、更苛刻，妇女面临着巨大的就业与职业压力。

在扫盲教育方面存在的主要问题是女性文盲的绝对数量依然很大和妇女扫盲难度日益加大。由于我国人口基数大，文盲人口的绝对数仍然很大，其中女性文盲占其中的大多数，达到文盲总人数的七成。我国的文盲大部分居住在农村贫困落后地区，而这些地区的妇女居住分散、流动范围大以及经济、社会、文化发展相对落后等原因使得扫盲工作难以有效展开。我国的剩余文盲中妇女占70%，而50岁以上文盲又占文盲总数的70%。这些剩余文盲由于年龄比较大，成为扫盲工作的难点与重点。

2. 妇女的社会性别教育有待加强

西方女性主义理论将人的性别区分为生理性别和社会性别。前者是指婴儿出生以后从解剖学的角度来证实的男性或女性，后者是指在社会文化中形成的男女有别的价值期望以及与此相适应的行为方式的综合。社会性别概念的提出对于树立男女平等观念以及实现男女平等具有重要意义，这一概念指出，是社会文化规范而不是天然的生理性别决定了妇女在社会生活中扮演的性别角色；男女两性的性别意识是个体在社会化过程中逐步形成的，而不是与生俱来的；男女性别角色的等级地位和不平等是可以在社会文化变革中改变的，而不是必然的。但是，社会性别概念在现实生活中面临着巨大的挑战，特别是基于性别刻板印象而对女性产生的偏见。所谓刻板印象是指社会上对某一群体的特征所作的归纳、概括和总结，它往往不以直接经验为依据，也不以事实材料为基础，不考虑个体的差异，是存在于人们头脑中的一些固定看法。性别刻板印象则是指人们对男性和女性在行为、个性特征等方面所作的归纳、概括和总结，它直接影响到男性和女性的知觉、归因、动机、行为以及不同职业的选择。[①] 国内外大量调查发现：社会多鼓励男性的探索行为并期望男性有所成就，而提倡女性乖巧、温柔、顺从的言行。例如，生活中我们经常听到家长对孩子说"你是女孩所以要文静"、"你是男孩所以要勇敢"，如果女孩富于挑战和攻击性，则会被认为"不像女孩样儿"或是被称为"疯丫头"。

在教育教学过程中，许多老师存在着性别刻板印象并在态度、期望和关注等方面区别对待男女学生。例如，对于取得同样优异成绩的男女两位同学，老师一般情况下会认为男同学是因聪明而成绩优异，而女学生的优异成绩则是刻苦努力的结果。在中小学教材中存在着明显的性别刻板印象，复制和延续着传统的性别分工和性别角色。一些学者通过对幼儿园、小学、初中教材文本的研究和对教学过程的观察分析发现，现行教材中出现的男性多为社会性、事业型、管理型、悠闲型，而女性出现的场景主要集中在家庭中。在大学生中也存在着明显的性别刻板印象，例如，认为男性在思维、能力、工作上都超过女性，成就动机高、坚强能干；而女性则善解人意、重感情、被动、顺从。这些性别刻板印象与"男强女弱"、"男尊女卑"传统思想相一致，以致女性在实际上接受的仍然是以"妇德、妇容、妇言、妇功"为核心的传统女性教育，使得女性从小便在自觉与不自觉之中塑造着自卑自弱的社会形象，来迎合传统观念对女性的要求以及社会偏见对女性角色的期待，忽视了女性自我个性的发展，忽视了新时期女性应当具有的自尊、自信、自立、自强的精神风貌，直接影响了妇女接受教育的积极性与主动性。目前，一些女生为减肥而过分节食，有学生因节食而患厌食症甚至饿死；一些女生虚荣心强，过分注重穿着打扮，贪图享乐；个别女生选择"傍大款"，甚至做"三陪小姐"、"二奶"、"小三"等。这些现象反映了我国教育中性别教育的缺失、女性"四自"精神的缺失。

3. 妇女受教育的环境需进一步改善

尽管我国女性已经获得了极大的解放，知识经济的出现为妇女接受教育创造了优越条件，但是目前仍然存在一些因素影响着妇女接受良好教育环境的形成，制约着女性受教育权的实现。

---

① 马锦华：《性别刻板印象与性别教育》，载《教育评论》，2000年第6期。

第一，几千年遗留下来的“男尊女卑”、“男主外女主内”等传统观念渗透到社会生活各个领域以及人们的道德观、价值观、审美观中，成为一种心理定式和潜在意识，对妇女接受教育、提高受教育程度产生了消极影响。由于传统观念的影响，一些家长只重视对男孩的教育而忽视对女孩的教育，因而使一些女孩失去了受教育机会。而义务教育的缺失必然会影响妇女进一步接受中等教育、高等教育，提高受教育水平，导致妇女受教育权不能充分实现。例如，一些家长认为“嫁出去的女儿，泼出去的水”，女儿早晚是别人家的，不需要读太多书，因此要女儿辍学工作赚钱供她们的兄弟读书，即使女儿成绩很好，儿子无心向学，一些父母也依然如此。在传统观念中女人是男人的附属物，女性“头发长、见识短”，当不了家、做不了主，因而很多人认为妇女无须具备太多知识，甚至不需要接受教育，这也是一些人呼吁“让女人回家”的原因。这样的传统观念蒙蔽了人们的眼睛，以致看不到女性的优势和潜能，影响了社会对妇女的接受，进而影响了妇女受教育权的实现。新时期的女性应当自尊、自信、自立、自强，而传统女性教育教授的是如何做女人，如何为人妻、为人母。传统文化将家务劳动视为妇女的天职，这些传统观念与新时期女性的“四自”精神相违背，压抑了妇女主体意识，降低了妇女对于受教育的期望。也正因如此，许多女性甘愿做“全职妈妈”、“全职太太”、“家庭主妇”，甚至许多女性认为“学得好不如长得好，长得好不如嫁得好”。

第二，一些客观现实削减了家长甚至是女性自身对接受教育的期待和热情。这些现实因素有别于传统观念对妇女受教育权造成的消极影响，却与之息息相关甚至更具冲击力。一般而言，民众当然希望自己的子女受教育程度越高越好，这也是社会崇尚“高学历”的一种反映。但时下高校和民间也流行这样的说法，即世界上有三类人——男人、女人和女博士，或者将女性本科毕业生戏称为“俏黄蓉”，女性硕士毕业生是“李莫愁”，等到女性博士毕业就成了“灭绝师太”。也就是说，社会对女性接受高学历教育的评价并不高。这样的社会评价实际体现出社会对女性接受教育以及对女性社会角色的一种预设：以男性为中心的社会其实并不希望女性因为接受教育而增强其自身能力，传统的角色预期依然欢迎比普通男性更“弱”而非更有竞争力的女性。因而，在预料到社会对女性受教育程度的期待和评价是这样的情况下，许多家长便不会像支持男孩那样支持女孩继续读书深造。同时，虽然拥有了“高学历”，但就业却不理想以及因为读书深造而沦为“剩女”等一系列来自社会、婚姻的压力，同样抑制着女性对教育的期待进而影响了其自身的独立发展和成长。

面对妇女受教育领域还存在的这一系列问题和挑战，为进一步保护妇女受教育权，我们必须要继续贯彻落实国家的法律法规和相关教育政策，加强对妇女教育的宏观管理，使其有计划地顺利发展，并与我国经济建设、社会发展和教育进程相协调。在这一过程中我们要注重教育公平，不断提高妇女接受职业教育和成人教育的水平；扩大妇女接受高等教育的规模；全面落实各项资助经济困难学生的政策，帮助贫困女大学生完成学业；加大扫除妇女文盲工作的力度，把扫除农村妇女文盲作为扫盲工作的重点。同时要重视性别教育，应当根据男女两性心理发展的规律，用正确的性别角色观念、理想的性别模式标准实施性别教育，促进男女两性心理健康和谐的发展。性别教育应当鼓励多元化的性别表现并对传统性别规范进行反思，包容那些不遵循传统性别规范的行为，反对性别歧视现象。在课程、教育内容和教学方法改革中，要把社会性别意识纳入教师培训课程，开设与性别教育相关的课程，增强教育者和被教育者的社会性别意识，树立正确的性别意识，促进男女平等的实现。除此之外，要加强指导和监督，定期或不定期地开展专项检查，对教育领域落实男女平等基本国策和妇女教育发展状况进行监督，推动国家有关教育政策、法规和《中国妇女发展纲要》等文件的贯彻落实。

教育振兴，全民有责。实现妇女的受教育权，提高妇女受教育程度，除了依靠国家之外，还必须发挥人民群众的聪明才智，动员全社会一起努力，充分调动全社会关心和支持妇女教育的积极性。在新时期，推进妇女受教育权的实现需要“希望工程”、“春蕾计划”等在帮助贫困女童接受教育方面继续发挥积极的推进作用，同时要广泛宣传性别平等和有关教育的法律法规，引导和鼓励社会各界更新教育观、成才观、用人观，破除阻碍妇女受教育权实现的传统思想，努力形成推动教育事业科学发展和促进人的全面发展的社会氛围，创造有利于妇女接受教育的社会环境。要鼓励和支持全社会关注和参与教育事业发展，鼓励和支持社会力量办学，发动更多社会力量支持教育、投入教育、兴办教育，为妇女接受教育创造条件和机会。

高考分数线男女有别事例

2005年，文艳（化名）是北京市某中学一名优秀的应届高三毕业生。在老师和家长的指导下，她满怀信心地报考了北京某大学外国语学院小语种专业。文艳的高考总成绩是592分，属于高分，但她还是与该大学无缘，后被北京外国语大学录取。而与文艳同班的一名男生虽然成绩比她低两分（590分），却被该大学录取了。事后她才知道该大学在2005年的小语种招生过程中，对男女生设置了不同的分数线：男生为文科590分，理科619分；女生为文科598分，理科636分。文理科女生分数线分别比男生高出8分和17分。很多女生遭遇了与文艳相同的事情，这一招生政策引起了很多考生的不满。

对于该大学招生存在男女生分数线差别这一问题，有关负责人解释说，该校外国语学院中女生占80%，之所以如此是为了缓解该院男女生比例严重失调的问题，因为男女比例失衡不利于学生的心理健康；同时，从就业这一角度而言，用人单位更倾向于录用男生，女生就业困难。采取男女不同的录取分数线，有利于实现男女比例的平衡，有利于学生的发展。该负责人指出，此做法是经教育部学生司和北京市批准的。

评析：

我国宪法明确规定保障妇女的平等受教育权；《教育法》第9条规定，公民不分性别，依法享有平等的受教育机会。《教育法》第36条规定，保障女子在入学、升学、就业、授予学位和派出留学等方面享有同男子平等的权利。《妇女权益保障法》也对此作出了相同的规定。例如第15条规定，国家保障妇女享有与男子平等的文化教育权利。第16条规定，学校和有关部门应当执行国家有关规定，保障妇女在入学、升学、毕业分配、授予学位、派出留学等方面享有与男子平等的权利。这一系列的法律规定表明，学校在录取学生时不得以性别为由拒绝录取女生或者提高对女生的录取标准。但是，北京某大学在高考录取中针对性别设立不同分数线，违反了我国的法律规定，违背了男女平等的基本国策。这一招生政策使得男生与女生在入学、升学机会方面处于一种不平等的境地，这是一种性别歧视行为，侵犯了妇女的受教育权。

中国一些高校部分院系和专业学生性别比例失调的现象由来已久，采取男女不同的录取分数线已经演变成为一种“潜规则”。一些院校找理由、找借口录取男生，淘汰女生，甚至有时为了招到男生不惜降低录取分数线。近几年来，我国高等教育事业获得了快速的发展，在校女生比例不断提高，这是我国贯彻男女平等这一基本国策、保护妇女受教育权的重要表现。但是，接受高等教育的男生比例从整体上仍然高于女生。对于有些专业出现女生多于男生的现象应当采取不违背教育平等的方式，而不应当采取男女不同的录取分数线的方式。

第四章

妇女的工作权

【导读】妇女的工作权是妇女享有的基本人权。平等享有工作权既是妇女尊严与价值的体现，也是家庭稳定、社区平安的保障，更是国家与社会可持续发展的前提。由于历史和文化的原因，妇女在实现其工作权方面一直受到来自各方面的歧视和不公平待遇。新中国成立之后，中国妇女的工作权得到了普遍保障；同时，妇女在工作中也基于其性别特征而得到了相应的特殊保护。随着我国经济体制的转型，劳动力市场上的性别歧视又逐渐凸显出来，给新时期劳动者权利的实现和女职工的工作权保护带来了新的挑战。

第一节
妇女工作权的基本原理

一、妇女工作权的概念和意义

（一）妇女工作权的概念

妇女的工作权是指每一妇女享有的自由选择并获得工作、享受公正和良好的工作条件以及在就业方面和工作过程中享受特殊保护的权利。

工作权也称为劳动权，是人权的重要组成部分，也是社会经济权利的核心。对每一个人来说，工作不仅是一种谋生存活的手段，也是实现个性发展的手段，它体现了人生存在世界上的价值所在。对整个人类社会而言，工作或劳动是人类社会赖以生存和发展的基础，也是一切物质财富和精神财富的源泉。因此，任何人，不论是什么种族、肤色、性别、语言、宗教、出身，都应该在自由、公正、安全和具有人格尊严的条件下，获得体面和生产性的工作，妇女自然是工作权不容忽视的权利主体。

工作权既是个人尊严与价值的体现，也是家庭稳定、社区平安的保障，更是国家与社会可持续发展的前提。保护劳动者的平等工作权，禁止和消除就业歧视，是各国宪法所关注的重要方面，也是国际人权法普遍接受的原则。联合国《经社文权利公约》第 6 条规定，缔约各国承认工作权，包括人人应有机会凭其自由选择和接受的工作来谋生的权利，并将采取适当步骤来保障这一权利。《消除对妇女歧视公约》第 11 条更是明确要求缔约国采取一切适当措施，消除在就业方面对妇女的歧视，保证她们在男女平等的基础上享有相同的工作权，并对她们给予特别保护。

（二）妇女工作权的意义

妇女的工作权是妇女享有的基本人权，同时也是妇女生存权和发展权的最直接体现。不管是在城市中工作的妇女还是在农村中劳动的妇女，不管是当公务员的妇女还是从事家政服务的妇女，都应该享有自由、平等、体面地工作的权利。然而，由于历史和文化的原因，妇女在实现其工作权方面一直受到来自各方面的歧视和不公平待遇。在当今世界的很多地方，妇女每星期的工作时间比男性要多，收入却比男性要少。在同等教育水平和工作经历的条件下，女性大多从事比男性收入低的职业。而当经济不景气或发生危机时，女性的失业率几乎总是高于男性，特别是那些受教育程度低和年龄较大的女性与男性相比失去工作的风险更大，重新就业时面临的困难更多。在非全日制工作和非正规就业中，妇女占有很高的比例。这些妇女工资报酬低、工作时间长，而且还往往被排除在社会保障系统之外。生活在农村地区的妇女承受着极为繁重的农业劳动和家务劳动负担，但是她们的劳动却往往得不到多少承认，或者根本不被承认。

保护好妇女的工作权首先能保障妇女的经济独立。毛泽东同志曾指出："男女不平等的根源在于经济方面女子不能独立，女性全面参与社会发展，参加生产劳动是实现妇女解放、提高妇女地位的先决条件。"工作是经济收入的来源，独立的经济来源能保障妇女独立的人格，使她们不用依附于任何人，具有较高的自主权。这种自主权同时促使妇女更多地参与社区生活，参与社会民主，在社会发展的过程中发挥她们的聪明才干，从而提高她们的社会地位。妇女的经济和社会地位提高了，她们在家庭中的地位自然也能有所提高。拥有独立稳定收入的妇女在家庭中往往更能与她的丈夫平等相处，在遭受到家庭暴力或者其他侵害的时候更有可能保护自己或者寻找救济的途径。经济收入的不平衡是家庭暴力产生的原因之一，男性往往通过经济控制来达到对妇女的人身控制，用切断经济来源等威胁抑制妇女的反抗和逃脱。在家庭中有独立经济地位的妇女往往更容易摆脱这种控制和暴力。更为重要的是，妇女的工作权如果能得到全面的保障，她们就能公平、安全、有尊严地进行工作，她们的身心健康将会得到保护，她们的孩子与家人也能过上更加幸福的生活。总之，工作权对妇女来说不仅仅是有一份工作，更是妇女自由、平等、尊严的体现，对妇女人权的实现起着至关重要的作用。

二、妇女工作权的内容

工作权包含的内容十分广泛，从寻找一份工作（求职），到获得并开始工作（就业），再到脱离工作状态（失业及退休）这一过程当中，所有劳动者的权利都应该得到平等的维护和保障。但是，由于妇女自身的一些生理特性以及她们在劳动力市场中的弱势地位，除了与男性享有平等的工作权利外，妇女还应当获得一些特殊的保护，这些特殊保护实际上是为了弥补一般性保护的不足，以真正保障妇女作为一个"人"在求职就业时所应该享有的一切权利。为了保护妇女的工作权，联合国以及国际劳工组织出台了一系列关于妇女人权以及妇女工作权的公约与文件，包括《消除对妇女歧视公约》、《（就业及职业）歧视公约》、《同酬公约》、《有家庭负担的工人的公约》和《保护生育公约》等。中国也出台了关于保

3. 工作与家庭的平衡

国际公约对于妇女与男子平等承担家庭责任也作出了相关规定。虽然男性和女性都有承担家庭责任、照顾家庭成员的义务和需要，但是普遍而言，妇女比男性要花更多的时间和精力来从事家务和照看孩子，有的甚至为了更多地照顾家庭而放弃参与公共领域内求职和晋职的竞争。某些用人单位就以此为借口来剥夺妇女被聘用、接受培训和晋升的机会。为了使有家庭负担的男女工人之间以及他们与其他工人之间能获得机会平等和待遇平等，国际劳工组织制定了《有家庭负担的工人的公约》，该公约第 4 条、第 7 条和第 8 条规定，有家庭负担的工人有自由选择职业的权利，有家庭负担的工人在因家庭负担而缺勤之后能够重新回到工作岗位，家庭负担本身不应成为解雇的理由，这几项规定对于保障有沉重家庭负担妇女的工作权极为有利。

（二）基于妇女性别特征的特殊保护

妇女的工作权不仅包括妇女与男子平等享有的权利，也包括一些妇女专门享有的特殊权利。众所皆知，妇女在身体结构、生理机能上有与男性相区别的地方，这些区别是天生的，一定程度上也是不能改变的。如果我们要求一个怀孕的妇女和男子一样参加重体力劳动，或者要求一个在哺乳期的妇女进行夜间劳动，那就与我们保障人权的基本原则大相径庭了。所以，国际劳工组织和各个国家都出台了相关的法律法规，给予在工作中的妇女一定程度的特殊保护。

1. 工作的获得和丧失方面的特殊保护

妇女因为怀孕生育不能从事某些劳动或者需要暂停工作往往成为了某些用人单位拒绝招收女职工、辞退女职工和拒绝提拔女职工的借口。联合国经社文权利委员会关于工作权的第 18 号一般性意见第 13 段指出，怀孕绝不能成为就业的障碍，而且不应成为丧失就业的理由。《消除对妇女歧视公约》第 11 条第 2 款也规定，禁止以怀孕或产假为理由予以解雇，以及以婚姻状况为理由予以解雇的歧视。因此，妇女不能因为结婚、怀孕、生子而被剥夺平等就业和平等提升的机会。

2. 劳动过程中的特殊保护

任何人都有在安全卫生的环境中工作的权利。妇女一方面要同男职工一样参加工作，另一方面又担负着生育的特殊义务，实际上为社会作出了双重贡献，因而尤其需要得到更多的关注。在一些有关妇女权利的国际公约中，都提到了限制妇女从事某些特别繁重或者有毒有害的工作，如可能导致铅中毒、离子辐射的工作，尤其当妇女处于生育的前后。如 1967 年通过的 127 号公约《工人搬运的最大负重量公约》，规定不得分配妇女从事人力或手工搬运重物的负重作业。1971年制定的第136号公约《防止苯中毒危害公约》，提出妇女在孕期和哺乳期不应从事接触苯及含苯的化合物的作业。因为妇女从事特别繁重的体力劳动和有毒有害作业，可能会影响胎儿的正常发育，甚至会造成早产、流产、胎儿中毒死亡和畸形等；女职工在工作中接触的一些有毒物质还会通过乳汁进入婴儿体内，对婴儿的健康也会造成不良影响。如果新生儿和婴儿的健康得不到保障，不仅会增加家庭的精神负担和经济包袱，而且也会给社会保障工作增加不小的支出。曾经妇女也一度被禁止从事夜间工作和矿场井下工作。例如1919年的《（妇女）夜间工作公约》就禁止任何年龄的妇女从事从晚上10点到凌晨5点的夜间工作，有特别的需要除外。1935年的《（妇女）井下作业公约》也禁止妇女从事采矿的工作。不过，近年来，随着医疗条件的改善和妇女身体素质的提高，国际劳工组织于1990年修订了1919年《（妇女）夜间工作公约》，将“禁止任何年龄的妇女从事从晚上10点到凌晨5点的夜间工作”改为禁止孕妇从事夜班劳动，并增加了为上夜班的女职工提供医疗检查、医疗咨询服务以及支付更多工资等规定。

对于孕期、产期、哺乳期（“三期”）的妇女，国家和雇主组织应该给予她们特殊的保护措施。因为生育不仅是妇女个人的事，也是整个社会的责任。根据国际劳工组织2000年《保护生育公约（修订）》等国际文件的规定，处于“三期”的所有女性应避免从事确实有害于母亲或孩子健康的工作，她们可以要求用人单位消除危险，改善工作环境，也可以享有在不损失报酬的情况下调整工作岗位的权利。禁止雇主组织以怀孕或产假为理由将妇女解雇，而应该对妇女实行带薪产假。就业妇女有权享受不少于14周的产期，其中6周必须在生育之后，是强制性的休假。雇主必须保证妇女在产假结束后回到同一岗位或具有相同报酬的类似岗位的权利。哺乳的母亲有为给婴儿哺乳而中断工作的权利，中断的时间应算做工作时间，并按规定享受报酬。

近年来，工作场所中的性骚扰也成为一个越来越严重的问题，虽然被骚扰者有男性也有女性，但仍然以女性受害者居多。联合国大会1993年通过的《消除对妇女的暴力行为宣言》指出：“针对妇女的暴力……还包括在工作时遭受的性骚扰和威胁。”因此，性骚扰是一种针对妇女的暴力，是对女性性别的歧视，是应该被法律所禁止和惩罚的行为。职场性骚扰不仅影响妇女所处的工作环境安全，还严重损害妇女的身心健康，最终侵害妇女平等工作的权利。因为当妇女处于被招聘者或下属等弱势地位的时候，她们往往害怕因为拒绝被骚扰而丢失工作，但是这种性骚扰会让她们感到恐惧、愤怒、焦虑和羞耻，会让她们的尊严受到严重的侵犯。因此，国际社会和许多国家都通过立法手段对工作中的性骚扰进行禁止。例如消除对妇女一切形式歧视委员会在其1992年的第19号一般性意见第18段和第24段明确禁止工作中的性骚扰，并且要求国家保护妇女免遭性骚扰的权利。中国香港在1995年制定的《性别歧视条例》中也强调了性骚扰的非法性。妇女在工作场所中遭受到性骚扰时，有权拿起法律武器来保护自己。

除了以上权利，妇女在工作中还享有获得养老保险、工伤保险、生育保险等与劳动者职业风险相关的权利。由于这些权利与妇女的社会保障权有重合之处，我们将在下一章对这些问题进行详细讨论。

三、尊重和保障妇女工作权的义务和责任

妇女工作权的实现，单靠妇女自身的努力是远远不够的，必须得到国家政府、雇主组织、工会和社会团体等社会各个领域部门的积极支持，以实现保护妇女的工作权利、创造更多的就业机会、提供广泛而有效的劳动保护等目标。更为重要的是，政府、雇主组织和代表劳动者的工会组织三方需要进一步采取切实的行动，通过对话与合作，为实现妇女的平等工作权创造条件。

（一）国家的义务和责任

根据《经社文权利公约》第6—7条、《消除对妇女歧视公约》第11条和其他有关国际文件的规定，国家负有尊重、保护和实现妇女工作权的首要义务和责任。

1. 尊重妇女工作权

国家应当尊重妇女的工作权，这是国家最基本的义务。根据联合国经社文权利委员会第16号和第20号一般性意见的规定，尊重义务意味国家不能直接或间接通过立法或者撤销法律来强迫或强制妇女进行劳动，必须尊重妇女自由选择职业的权利。国家也不能通过立法拒绝或限制妇女平等地获得体面的工作。国家尤其应该审查那些表面上性别中立的法律、政策和方案，以防这些法律政策实质上剥夺了妇女的平等工作权。

2. 保护妇女工作权

国家有义务通过立法、执法和司法来对妇女的工作权进行保护，防止任何国家机构或私人机构侵犯妇女平等就业的权利。

立法保护是指国家应该根据本国接受的国际人权公约和国际劳工组织的核心劳工标准，结合本国的实际情况，制定和完善本国法律以保护妇女的工作权。联合国经社文权利委员会第16号一般性意见要求各国应该采取步骤，通过有关男女平等享受所有人权的宪法和法律规定，禁止并防止任何第三方直接或间接地干

涉妇女对这项权利的享有。例如，法律应该禁止在就业机会、工作条件方面以及在解雇和女性工人的社会保障方面的性别歧视；法律也可以根据女性在就业市场所面临的挑战，为她们创造一些有利条件，通过一定的倾斜性政策保护女性劳动者的特殊权利，帮助妇女实现平等工作权。例如，采取有效措施，确保怀孕妇女、产假期间妇女和生产后重新进入劳动市场的妇女不受歧视。另外，对于已经实施的相关法律政策，立法机关应该随时进行审查，如果存在有对妇女工作权直接或间接的歧视的，应该进行废除或修改，尤其应该注意到一些表面上性别中立而实质上是歧视女性的法律。

执法保护是指在完善立法的同时，政府还应该加强对雇主履行平等义务的监督，对违反有关法律损害女性劳动权益的雇主要依法查处。联合国经社文权利委员会第 16 号一般性意见规定，国家有义务监测并管制非国家机构的行为，以便保证这些机构不侵犯妇女的平等权利。

司法保护是妇女工作权保障的最后一道防线。联合国经社文权利委员会第 20 号一般性意见规定，国家应该保证每一位妇女均可不受任何歧视地利用这些保护机制，向被侵害工作权利的妇女提供便利的诉讼渠道，特别是那些贫困的或者处于社会边缘的妇女，保证她们每一个人能得到适当的补救。司法机构还应当被授权提供有效补救办法，如赔偿、补偿、康复、不再发生的保证和公开道歉，国家应确保这些措施得到切实执行。

3. 实现妇女工作权

仅仅在法律上规定妇女平等享有工作权是远远不够的，国家还有义务努力采取各种措施保证妇女工作权的实现。首先，国家有义务采取相关政策和措施以保证经济、社会和文化的稳定发展，促进社会进步和增加就业机会，给妇女更多的发展平台。联合国经社文权利委员会第 18 号一般性意见特别要求国家应当通过并落实有关教育和职业培训的国家政策，促进并支持年轻人尤其是年轻妇女的就业机会。其次，政府应该尽可能确保妇女有平等机会接受各种职业培训，尤其是对失业妇女、单亲妇女、因家庭责任和其他原因临时离开工作岗位一段时间后重新进入劳动市场的妇女等，以提高她们的文化水平与工作技能，帮助她们重新找到工作。再次，国家必须立法对家庭和农业工作加以恰当管理，以便使从事家庭帮工和农业工作的妇女像从事其他工作的妇女那样，享有同等水平的保护。联合国经社文权利委员会第 18 号一般性意见中还强调，国家必须采取必要的立法或其他措施，尽最大可能减少正规经济环境以外的就业妇女人数，因为那些在非正规就业环境中妇女的权益难以得到保障。

更重要的是，国家有义务采取一切适当措施改变男女的社会和文化行为模式，以消除基于性别而分尊卑观念或基于男女任务定型所产生的偏见、习俗和一切其他做法，这些措施既包括立法和制定政策，也包括宣传教育。例如，国家应该在全社会以及学校教育中宣传平等的性别观，确认女性的社会价值和父母养育子女的共同责任。国家也应该宣传鼓励男性回归家庭和分担家务，以减轻妇女的负担，达到家庭与工作的平衡。

（二）其他社会成员的义务和责任

国家政府是反对工作中性别歧视和促进工作中性别平等的关键角色，而雇主、工会、社会团体等其他社会成员也同样有着重要的责任。

1. 雇主组织的义务和责任

雇主是落实妇女工作权保护的主体，它们在创造利润、对股东利益负责的同时，还要承担对员工、对社会和环境的社会责任。无论是国家机构、私营企业、外资企业还是有雇工的个体经营者，都有责任和义务遵守国家关于禁止工作中性别歧视的条款以及采取措施促进平等权的实现。

首先，雇主组织应该尊重妇女的工作权，并有效落实法律法规对妇女平等就业和提供特殊劳动保护措施的规定，为女性劳动者工作权的实现提供条件保障，使得女职工能够进行体面的工作。雇主组织不得以性别为由拒绝录用女职工或提高录用标准，也不得以性别为由剥夺女职工晋升、培训的机会。雇主组织还应该为女职工提供必要的安全卫生设施和劳动环境条件。例如在其怀孕和生育期间，适当降低劳动强度，给予充分的休养时间；或为刚生育的女职工建立母婴室或哺乳室，让其在工作期间能方便哺乳。

其次，根据第四次世界妇女大会《行动纲领》中的规定，雇主组织应该在男女平等的基础上，积极征聘妇女担任领导、决策和管理职位，特别是那些需要高度技能的工作和高级管理职位；同时，雇主应该采取其他如提供辅导和培训等措施，以促进女职工在其职业发展中能够不断进步和得到提升。雇主还可以通过促使妇女和男子的职业选择多样化，例如鼓励妇女从事科学和技术工作，来消除职业隔离现象①。

再次，雇主组织应该在不违反法律、法规的前提下，承担在组织内部建立预

---

① 所谓职业隔离是指按照传统的社会性别角色分工，把男性或女性限制在所谓适合男性或女性的工作中，从而造成劳动力市场上的低效、僵化与歧视。例如，把女性传统定型为“心灵手巧”或“适合照顾”，因此，她们从事的职业也相应带有女性的特点，大部分是妇女家庭角色的社会延伸，如护士、保姆、裁缝、打字员、售货员、秘书、会计等，而不适合干体力活或从事领导和管理工作，如建筑工人、科学家、主管。这种性别分工模式导致妇女的工作岗位大多沉淀在社会中低层，工资收入较低，工作稳定性差。

防歧视机制的义务，制定规章制度，对管理层和雇员进行相关培训，以及建立内部非诉讼的投诉机制等等。例如，雇主组织可以建立性骚扰投诉机制，帮助女职工维护自己的权利。

2. 工会与社会团体的义务和责任

工会有责任积极主动地为维护女职工的工作权利而努力。首先，工会应该影响政府在男女平等问题上的政策和立法，促使政府和雇主对性别平等和妇女所关注的一些问题给予充分重视并落到实处。同时，工会应该指导女职工与雇主签订劳动合同，或代表职工与企业签订集体合同，帮助职工提高维权意识。当作为个体劳动者的女职工的工作权遭到侵犯时，女职工凭一己之力有时根本无法与雇主进行谈判或者索赔。作为职工利益的表达者、职工权益的维护者，工会有责任代表女职工来和雇主进行集体谈判，以弥补女性劳动者单打独斗的劣势，并为女职工开展法律援助活动。此外，工会还应该吸引更多的劳动妇女加入工会，通过工会承认和解决她们的特殊需要，并确保她们有机会走上领导岗位，高层次参与工会决策，使妇女群体和妇女问题不被边缘化。[①]

妇女 NGO 等社会团体也有责任积极推动妇女平等享有工作权。例如，中国的妇联是广大女性的“娘家人”，承担着维护女性劳动权益的使命。妇联可以向妇女宣传学法懂法的重要性，向她们普及有关工作权利的国际公约和国内法律法规，增强她们的自我保护意识。同时，妇联还应该认真对待妇女劳动者的咨询电话、来信、来访，并帮助她们用法律武器保护自己合法权益。

第二节
妇女工作权在中国的确认和实现状况

一、中国立法对妇女工作权的确认

在漫长的中国封建男权社会里，广大妇女尤其是劳动妇女一直处于社会的最底层，她们不能享有与男子平等的就业权利，她们的劳动价值也得不到社会的承认。新中国成立后，妇女的工作权问题一直受到政府和立法机关的高度重视，妇女开始真正成为自己的主人，享有一切平等的权利。我国目前的妇女工作权立法

① 中国工会性别平等考察团：《国际社会促进性别平等与工会》，载《中国工运》，2003 年第 11 期。

框架既包括《宪法》、《妇女权益保障法》、《劳动法》、《就业促进法》、《劳动合同法》和《工会法》等综合性法律，也包括《女职工劳动保护规定》、《女职工禁忌劳动范围的规定》等国务院行政法规和劳动管理部门规章。此外，我国还颁布实施了三部关于妇女发展的政府规划，即《中国妇女发展纲要（1995—2000年）》、《中国妇女发展纲要（2001—2010年）》和《中国妇女发展纲要（2011—2020年）》，全面反映了我国政府保障和实现妇女平等权利的决心和具体的政策措施。

（一）中国立法对妇女工作权的一般保护

1. 对妇女平等就业权的一般保护

保护就业平等、消除就业歧视是我国法律关于妇女工作权的重要内容。首先，《宪法》明确了人人平等的基本原则，并且专门强调了男女同工同酬，男女享有平等的劳动权利，这就以根本法的形式保障了男女两性就业平等。其次，《劳动法》第3条和第12条、《妇女权益保障法》第22条和第23条都规定了妇女享有同男子平等的就业权利。《就业促进法》还设专章对“公平就业”进行集中规定，提出政府应当创造公平就业的环境，消除就业歧视。用人单位招用人员和职业中介机构从事职业中介活动，应当提供平等就业机会和公平就业条件，不得歧视求职者，妇女享有与男子平等的就业权利。用人单位不得以性别为由拒绝录用妇女或者提高对妇女的录用标准。用人单位录用女职工，应当依法与其签订劳动合同或者服务协议，不得在劳动合同中规定限制女职工结婚、生育的内容。

《妇女权益保障法》第27条还规定用人单位不得无故辞退女职工。为了保障妇女的就业权益不因生育和抚养子女而受到歧视或者侵害，任何单位不得以结婚、怀孕、产假、哺乳等为由辞退女职工或者单方面解除劳动合同。为了禁止在女职工退休时的性别歧视，用人单位不得强迫没有达到法定退休年龄的女职工退休，也不得阻碍符合退休条件的女职工自愿退休。

2. 对妇女平等待遇权的一般保护

我国法律保护妇女与男子享有平等的待遇。男女同工同酬是我国宪法的重要原则。任何企业、事业单位、机关、团体的任何工作岗位的男女职工，只要付出同等的劳动，就应当获取同等的报酬，享受平等的福利待遇，并且这些报酬待遇不能低于法定的最低工资。《劳动法》第48条规定，国家实行最低工资保障制度。如果用人单位违反了最低工资标准，在补足低于标准部分的同时还得支付补偿金。另外，《妇女权益保障法》第27条规定用人单位不得因女职工怀孕、生育、哺乳而降低其基本工资。

在晋职、晋级、评定专业技术职务及职业培训等方面，《妇女权益保障法》

第25条规定必须坚持男女平等的原则，根据工作业绩和能力给予男女职工平等的机会和待遇。不得歧视妇女，实行差别对待。

在休息休假权方面，妇女同男职工一样享有标准工作日之外的休息时间、法定节假日休息时间、带薪年休假以及探亲假。国家禁止用人单位随意延长女职工的劳动时间。如果企业违反规定强迫劳动者延长工作时间，劳动者有权拒绝。

在与工作权有关的社会保险待遇方面，妇女同男子一样退休后享受养老保险待遇；患病或者负伤享受医疗保险待遇；因工伤残或者患职业病享受工伤保险待遇；失业后享受失业保险待遇。女职工死亡后，为解决其善后事宜和生前供养的直系亲属的基本生活，其遗属还可以享受遗属津贴。

3. 对妇女劳动安全卫生的一般保护

妇女与其他劳动者一样享有安全卫生的工作环境的权利，她们有权知道所从事的工作可能对身体健康造成的危害和可能发生的不安全事故。如果用人单位不遵守规定，对妇女违章指挥或强令冒险作业，妇女有拒绝执行的权利，也有提出批评、检举和控告的权利。

4. 对妇女社会保障权的一般保护

社会保障权是指妇女在年老、失业、工伤、生育和生活有特殊困难时，有从国家获得社会保险、社会救助、社会优抚和社会福利的权利。其中，生育保险是带有明显女性特征的社会保险体制。《劳动法》第73条规定，劳动者在退休、患病、负伤、因工伤残或患职业病、失业以及生育等情况下依法享受社会保险待遇。《妇女权益保障法》第29条规定，国家推行生育保险制度，建立健全与生育相关的其他保障制度。地方各级人民政府和有关部门应当按照有关规定为贫困妇女提供必要的生育救助。

（二）中国立法对妇女工作权的特殊保护

从新中国成立初期的《中华人民共和国劳动保险条例》，到20世纪80年代的《女职工劳动保护规定》，再到20世纪90年代制定的《劳动法》、《妇女权益保障法》及相关法律、法规，都对女性特殊劳动权益保护作出了一系列规定。这些保护主要包括劳动禁忌权益保护、“四期”权益保护、生育保障权益保护、职业发展权益保护四方面的内容，但以劳动禁忌和“四期”保护为核心。

1. 劳动禁忌

按照《妇女权益保障法》第26条、《劳动法》第59条和《女职工劳动保护规定》第5条等法律规章的规定，用人单位必须依法保护妇女在工作和劳动时的安全和健康，不得安排不适合妇女从事的工作和劳动。这些工作包括：矿山井下作业；森林业伐木、归楞及流放作业；《体力劳动强度分级》标准中第四级体力劳动强度的作业；建筑业脚手架的组装和拆除作业；电力、电信行业的高处架线作业以及连续负重每次超过20公斤、间断负重每次超过25公斤的作业。

2. “四期”保护

“四期”保护主要是指法律对女职工在经期、孕期、产期、哺乳期这四个特殊生理时期的保护。《妇女权益保障法》第26条，《劳动法》第60条、第61条和《女职工劳动保护规定》第6条、第7条等法律规章规定，不得安排女职工在经期从事高处、低温、冷水作业和国家规定的第三级体力劳动强度的劳动。不得安排女职工在怀孕期间从事国家规定的第三级体力劳动强度的劳动和孕期禁忌从事的劳动。对怀孕七个月以上的女职工，不得安排其延长工作时间和加夜班。不得安排女职工在哺乳未满一周岁的婴儿期间从事国家规定的第三级体力劳动强度的劳动和哺乳期禁忌从事的其他劳动，不得安排其延长工作时间和加夜班。

《劳动法》、《妇女权益保障法》、《女职工劳动保护规定》以及《女职工保健工作规定》等法律规章还规定女职工在经期、孕期、产期和哺乳期都有休息休假的权利。例如，女职工生育享受不少于90天的产假，其中产前休息15天。难产的增加产假15天。晚育者产假还可适当延长。

另外，《女职工劳动保护规定》第9条规定，有不满一周岁婴儿的女职工，其所在单位应当在每班劳动时间内给予其两次哺乳（含人工喂养）时间，每次30分钟。多胞胎生育的，每多哺乳一个婴儿，每次哺乳时间增加30分钟。女职工每班劳动时间内的两次哺乳时间，可以合并使用。哺乳时间和在本单位内哺乳往返途中的时间，算作劳动时间。第11条还规定，在女职工比较多的单位，应当按照国家有关规定，以自办或者联办的形式，逐步建立女职工卫生室、孕妇休息室、哺乳室、托儿所、幼儿园等设施，并妥善解决女职工在生理卫生、哺乳、照料婴儿方面的困难。并且，为了保障女职工及其子女的身心健康，女职工在生育期间享受生育津贴及医疗费用等国家规定的生育保险待遇。

3. 对性骚扰说“不”

2005年修正后的《妇女权益保障法》规定了“不得对妇女进行性骚扰”、“用人单位应当采取措施防止工作场所的性骚扰”、“对妇女进行性骚扰，受害人提出请求的，由公安机关对违法行为人依法予以治安管理处罚”等条款，在我国立法史上第一次清晰而又明确地对性骚扰行为说出了“不”字。

（三）中国立法对家庭责任的规定

以宪法为基础的一系列法律法规规定男女双方在家庭中地位平等，都有承担家庭责任的义务。《宪法》第49条明确规定："父母有抚养教育未成年子女的义务，成年子女有赡养扶助父母的义务。"家庭中的男女都有平等就业的权利，不能因家庭责任而把妇女排斥在劳动力市场之外。《婚姻法》和《妇女权益保障法》明确规定了家庭关系，以及家庭成员之间的权利和义务，原则上承认家庭成员参与经济劳动的合理性和对家务劳动的贡献。《婚姻法》第40条规定："一方因抚育子女、照料老人、协助另一方工作等付出较多义务的，离婚时有权向另一方请求补偿，另一方应当予以补偿。"可以说，中国在对承担家庭责任者的法律规范方面坚持了男女平等和承认家庭照顾者贡献的原则，但缺乏有针对性的家庭支持政策和措施。

二、妇女工作权在中国的实现状况

自从1980年批准加入《消除对妇女歧视公约》后至今，我国将保障妇女获得与男子平等的就业机会、共享经济资源和社会发展成果，作为推进性别平等与妇女发展的首要目标和优先领域，制定并采取了一系列政策措施，确保妇女平等参与经济发展、平等获得经济资源和有效服务，增强妇女的自我发展能力，改善妇女的社会经济地位。[①] 但是，随着我国经济体制从计划经济向市场经济转型，劳动力市场上的性别歧视逐渐凸显出来，给新时期劳动者权利的实现和女职工的工作权保护带来了新的挑战。

（一）妇女工作权的一般保护实现状况

为了促进妇女平等工作权的实现，2006年，中国政府签署了国际劳工组织亚太地区体面工作技术框架，承诺要实现"人人享有体面工作"的战略目标。所谓体面的工作，其实就是我们前面所谈到的自由、公正、安全和有尊严的工作。国家要实现体面工作，就必须努力落实以下四个方面的目标：第一，促进和实施国际劳工标准以及国际劳工组织关于工作中的基本原则和权利；第二，为所有人创造更广泛的、体面的就业机会；第三，为所有人提供广泛而有效的社会保护；第四，进一步加强劳方、资方以及政府三方合作，加强社会对话。这些目标的实现对于妇女工作权的保障有着巨大的作用。

在促进国际劳工标准立法和国内工作权立法方面，截至2007年9月3日，我国已经批准了25项国际劳工公约，其中有4项核心劳工公约。2007年全国人大常委会相继颁布了《劳动合同法》、《就业促进法》、《中华人民共和国劳动争议

---

① 参见：《中华人民共和国关于〈经济、社会和文化权利国际公约〉执行情况的第二次报告：共同核心文件》，HRI/CORE/CHN/2010，第一部分，2010年，第51页。

调解仲裁法》（简称《劳动争议调解仲裁法》）等一系列法律法规，对保障妇女平等就业权利给予了特别强调，为减少就业歧视、实现体面工作创造了法律环境。

在创造就业机会方面，有关政府部门还开展了“建立高校毕业生就业见习制度”、“实施就业新起点计划”、“推进零就业家庭就业援助”等行动，对促进女性就业和自主创业、推动女大学生就业发挥了重要作用。民政部门与妇联、残联、民委等组织合作，开展就业培训、发放小额贷款，为妇女创业就业搭建平台，保障妇女平等就业权益。基于这些努力，中国的就业妇女数量和比例一直保持较高的水平。截至2007年年底，全国城镇单位女性就业人员为4 540.3万人，占城镇单位就业人员总数的37.76%。① 另外，在农村中劳动的妇女由于国家各项惠农政策的落实，经济收益水平不断提高，生活环境也得到了较大的改善。各级妇联组织开展的各种实用技术培训、“巾帼示范村”创建活动和26万多个“巾帼科技示范基地”的建立，增强了农村妇女在农业生产和乡村文明建设中的作用。②

在加强社会保护方面，中国政府扩大了社会保障的覆盖范围。2006年基本养老、基本医疗、工伤、生育四项社会保险的新增参保人数都超过1 000万人。从覆盖的人员来看，中国政府取消了对农民进城务工的限制性和歧视性规定，完善了农民工参加医疗保险的具体办法。女农民工和流动妇女权益保护的制度性障碍正在逐步消除，生活状况正在明显改善。女农民工的收入稳步提高，享有了更多公共服务和友好的社会环境。③

在推动社会合作与对话方面，近年来，中国工会提出了“组织起来，切实维权”工作方针，坚持哪里有职工哪里组建工会的原则，依法大力推进工会基层组织建设。到2006年9月底，全国建立基层工会组织132.4万个，覆盖企事业单位275.3万家，工会会员总数达到1.7亿人，全国职工入会率达到73.6%。为了维护劳动者权益，工会大力推进各类企业尤其是非公有制企业的平等协商与集体合同制度，并且重点推行工资集体协商、职工参与的工资决定机制。截至2010年9月，全国工会女职工组织已达158.9万个，占已建工会组织的77.61%。女职工专项集体合同签订数已达71.36万份，覆盖企事业单位124.39万家，覆盖

---

① 中华全国妇女联合会、中国妇女研究会：《“北京+15”中国非政府妇女组织报告（影子报告）》，2009年10月。

② 中华全国妇女联合会、中国妇女研究会：《“北京+15”中国非政府妇女组织报告（影子报告）》，2009年10月。

③ 中华全国妇女联合会、中国妇女研究会：《“北京+15”中国非政府妇女组织报告（影子报告）》，2009年10月。

女职工 5 424.46 万人。[1] 全国总工会专门成立了女职工部，负责女职工特殊权益的政策、法律法规的研究和拟订，并参与侵害女职工合法权益重大事件的调查处理。2001 年 10 月通过的新《工会法》也规定了在企业工会组织内部建立女职工委员会以及对侵害女职工权益的惩罚措施，代表和维护女职工的合法权益和特殊利益，并参与企业中与女职工利益相关的决策制定和监督决策实施。

虽然中国妇女的工作权保护取得了重大的进步，但由于市场经济条件下企业对经济效益最大化的追求，加之中国社会的性别歧视传统和文化观念等因素的影响，目前还并不完善的法律法规难以有效地贯彻实施。因此，在我国还存在着就业不平等问题。例如，虽然我国法律明确规定禁止就业性别歧视，但事实上妇女在求职中面临的性别歧视多有发生，尤其是女毕业生在就业过程中遭遇到非常严重的歧视。一些用人单位在招聘启事中明确标明“男生优先”或“只限男生”等字眼，对应聘女生一律回绝。还有一些用人单位在招聘中没有明确排除女性，但面试和最后录取只选择男性；或者他们针对女性设置额外的条件，如身高、相貌、年龄、未婚育等，使得一批女性求职者“自动”放弃应聘。

在工作条件方面，我国男女两性就业者的工资待遇性别差距依然明显，并且有进一步扩大的趋势。据 2005 年全国 1% 人口抽样调查，城镇单位女性职工平均收入普遍低于男性。差距较大的行业是批发零售业、住宿餐饮业和农林牧渔业，女性平均收入不足男性的 70%；在受教育程度比较高的卫生、教育、文化、科研、金融以及公共管理等行业，性别差距略小，但女性的平均收入也仅相当于男性的 80%—90%。[2] 在工作安排、升职、加薪甚至培训等方面单位更多考虑男性员工的利益。妇女经常被安排在单位的次要部门工作，与男子相比，她们接受工作培训与从事不同工作的机会较少，因而就缺乏提升和加薪的资格。一些单位也会以女性要怀孕生育、照顾家庭等理由，倾向于将培训机会给予男性职工。

另外，从事“非全日制、非固定单位、临时性、季节性就业和钟点工”等工作的妇女的平等工作权还未能得到充分的保障。大多数非正规就业劳动用工不规范，稳定性差。被雇用的妇女一般与雇用公司或雇主只是口头协议，没有签订合同。这导致出现纠纷时妇女无法用法律手段保护自己。非正规就业人员也普遍没有建立社会保险。在遭遇失业、工伤或者年老无法继续工作时，她们往往因为缺乏社会救济而使生活陷入困窘之中，基本生活都无法得到保障。再加上这些非正

---

① 参见：国务院新闻办公室：《〈国家人权行动计划（2009—2010 年）〉评估报告》，2011 年 7 月 14 日。

② 刘伯红、张永英、李亚妮：《工作和家庭的平衡：中国的问题与政策研究报告》，国际劳工组织出版物，2008 年 5 月。

规就业职业层次低，工作不稳定，劳动报酬很低，有的甚至达不到法定的最低工资标准，很多非正规就业妇女的职业安全、人身安全和人格尊严都得不到有效的保障。

（二）妇女工作权的特殊保护实现状况

我国政府一直非常重视对妇女工作权的特殊保障。这些年来，政府有关部门在组织开展和谐劳动关系创建活动中，将是否能够严格执行女职工特殊劳动保护规定作为一项重要的评选标准。截至2008年年底，全国共有43%的企业执行了女职工劳动保护规定，比2005年提升8个百分点；有43%的企业执行了女职工禁忌劳动范围的规定，比2005年提升13个百分点。① 虽然法律对于保护妇女的特殊工作权有严格的规定，但是现实中法律在很多时候往往成为一纸空文，仍然有一些女职工未能享受到特殊保护的权利，她们的身体健康和生命安全得不到有效保障。例如，一些企业出于追求利益最大化的目的，总是想方设法降低生产成本，不给女职工建立相应的保护措施；有的企业规定女职工怀孕必须经过企业内特定组织的许可，有时女职工还被要求签订保证书，承诺一段时间内不得怀孕。另外，在性骚扰保护方面，《妇女权益保障法》对于性骚扰的禁止条款过于笼统，难于操作，导致对妇女免于工作中的性骚扰保护流于形式，没有起到真正的作用。许多妇女遭受性骚扰后求助无门，只好默默忍受。

为了进一步保护和实现妇女的工作权，我国在宏观经济政策中应该纳入社会性别视角，制定和完善妇女平等参与经济活动的相关法律政策。我国还应该发展并完善公共服务体系，支持、扶持妇女就业创业，通过多种渠道为妇女提供职业指导和就业培训，切实提高妇女的就业能力，同时要加大对女性就业的服务力度，规定政府公益岗位招收女性的比例。更重要的是，政府要发展婴幼儿照料、老年生活服务、家庭教育支持等社会公共服务，减少妇女后顾之忧，帮助有家庭责任的男女工人更好地平衡工作和家庭。②

针对女农民工的工作权保护，我国应该加强对企业的监督，监督企业依法招收和辞退农民工，切实保障农民工工资的按时足额发放，确保女农民工职业安全与健康。而对于农村妇女，国家应该加大对农村、农业的支持力度，加快现代农业的发展步伐，促进农村妇女生产生活状况的改善，尤其是帮助留守妇女和返乡

---

① 李建国：《全国人大常委会执法检查组关于检查〈中华人民共和国妇女权益保障法〉实施情况的报告》，2010年6月23日。

② 中华全国妇女联合会、中国妇女研究会：《“北京＋15”中国非政府妇女组织报告（影子报告）》，2009年10月。

妇女实现多种形式的就业创业，切实保护妇女的经济权益。

我国政府还应尽快成立类似一些国家就业平等委员会之类的机构，一方面向社会宣扬公平就业政策，另一方面可以代表劳动者争取权益，一旦与用人单位调解不成或劝诫失败，可以代表劳动者向法院提出诉讼。

我们应该相信，在国际国内社会的共同努力下，中国妇女工作权保护中存在的一些问题将会逐步得到解决，广大妇女将会真正实现平等、安全、体面和有尊严地工作。

剥夺女性职工破产安置选择权案①

案情简介

黄永颀等7人原是成都空气压缩机厂的正式职工。2004年11月24日空压机厂公告破产时，这7位女职工年龄恰巧介于52—54岁之间。破产清算组给7位职工发来书面通知，称“你属于办理正退人员，养老保险已于本月终止”，要求7人直接办理退休手续。黄永颀等7人认为自己未到退休年龄，不应当以“正退人员”的身份被要求办理退休手续，而应当以提前退休的身份享有“双选”的权利——领取安置费自谋职业或者办理提前退休。此外据了解，空压机厂所有符合“提前退休”条件的男职工，全都享有自主选择的权利，其中绝大多数人选择了领取安置费。于是，这7位女职工多次找清算组进行协商，要求与男职工一样领取安置费。但是，清算组最终在7位职工明确表示选择提前退休且未在退休手续上签字的情况下，为她们办理了退休手续。

万般无奈之下，黄永颀等7人向成都市劳动争议仲裁委员会申请撤销清算组作出的决定，但这个请求最终被驳回。于是7人又来到法院起诉，要求法院撤销清算组的“通知退休决定”，并根据宪法“男女平等”的规定要求与同属“提前退休”范围的男职工享有相同的选择权利。

2005年5月20日，锦江区法院公开开庭审理了此案。在开庭期间，清算组以《关于破产企业职工分流安置有关问题和确定企业稳定的会议纪要》和成都市劳动和社会保障局的意见书为据，称黄永颀等人是符合办理退休手续的人员，请法院驳回原告的诉讼请求。

法院经审理后认为，采用何种方式对破产企业职工进行安置，享有最终

① 改编自周伟等编：《法庭上的宪法——平等、自由与反歧视的公益诉讼》，山东人民出版社，2011年版，第185—194页。

决定权的机构为国家劳动和社会保障部门。同时清算组在本人未申请，亦没有取得有权审批机关审查同意的情况下，就将黄永颀等7人作为正式退休人员，并作出了要求办理正式退休手续的决定，明显违反了相关政策文件的规定。据此，法院一审驳回了清算组作出的“正式退休决定”，要求清算组在判决生效后重新为黄永颀等7名女职工办理职工安置手续。

黄永颀等7位女职工本来以为已经看到了希望，没想到的是，清算组在上诉期限最后一天向成都市中级人民法院提起上诉，并向法院递交了“新证据”。中级人民法院以“二审诉讼中出现新证据”为由，裁定撤销一审判决，发回重审。一直到2006年4月3日，锦江区人民法院才开庭重审此案。法院一直在努力促成当事双方达成和解。但调节过程进行得并不顺利，重审判决也一拖再拖。在重审开庭一年后，锦江区人民法院裁定中止诉讼。这场男女平等退休之战也就这样不了了之。

评析：

本案是典型的男女平等权之诉。我国《宪法》第48条规定，妇女在经济方面享有同男子平等的权利。《劳动法》第3条和第12条，《妇女权益保障法》第22条、第23条和《就业促进法》第27条等法律都规定了妇女享有同男子平等的就业权利，这其中包括了男女平等退休的权利。国务院《关于安置老弱病残干部的暂行办法》和《关于在若干城市试行国有企业破产有关问题的通知》等文件中指出，对于符合提前退休条件的破产企业职工，不论性别，均依法享有“双选”的权利。而在本案中，成都空气压缩机厂破产清算组以《关于破产企业职工分流安置有关问题和确定企业稳定的会议纪要》和成都市社保局的认定为依据，对男女退休职工实行区别对待，给予男退休职工双选的权利，却要求7位女职工直接办理退休手续，明显剥夺了7位女职工应当享有的与男职工同等选择提前退休领取安置费的权利。

男女平等退休权是一个颇具争议的话题。虽然宪法明确规定男女平等，但是由于历史原因，我国与妇女平等退休权相关的法律规定中还存在一些矛盾和不一致，各地实施中央法律法规的实践也不完全统一，妇女权益相关法律的可操作性和法律救济的有效性还有待加强。本案表明，我国保障妇女权益的法律和政策在实践中还不能得到充分和有效的落实，我国要实现男女工作权的真正平等还有很长一段路要走。

第五章

妇女的社会保障权

【导读】社会保障权是妇女人权中一项重要的基本人权，是社会公平的体现，对个人的生存和发展、社会的和谐与稳定都具有极为重要的价值和作用。当妇女及其家人面临生活困难时，她们有向国家和社会请求依法给予物质帮助或服务的权利，以维持最基本的生活水平和维护做人的尊严。长久以来，妇女的社会保障权一直未受到应有的重视和保护。虽然随着法律的完善以及社会福利事业的稳步发展，中国城乡女性在享有社会保障方面取得了突破性进展，但是仍然有部分妇女未能享受到应有的权利。中国的妇女社会保障事业还亟待完善。

第一节
妇女社会保障权的基本原理

一、妇女社会保障权的概念和意义

（一）妇女社会保障权的概念

妇女的社会保障权是指每一妇女享有的在面临疾病、残疾、分娩、工伤、失业、年老、守寡或其他困难而无钱求医或无力养家的情况下受到充分保护的权利。

现代社会是一个风险社会。没有人可以保证自己一辈子都不会失业，不会遭遇自然灾害和意外事故；也没有人可以保证自己永远不会受伤、不会生病和衰老死亡。当我们和我们的家人遇到这些风险、威胁或不幸而面临生活困难时，我们有向国家和社会请求依法给予物质帮助或服务的权利，以使我们能维持最基本的生活水平，不失尊严地活着，这种权利就叫做社会保障权。

社会保障权是一项重要的基本人权，是社会公平的体现，对个人的生存和发展、社会的和谐与稳定都具有极为重要的价值和作用。任何人不论其性别、地位、职业、贫富等如何，都应该平等地享受这种权利。社会保障权在许多国家已经成为一项宪法权利；在国际上，社会保障权也得到了一系列国际人权文件的确认。例如，1948 年联合国大会通过的《世界人权宣言》第 22 条规定："每个人，作为社会的一员，有权享受社会保障。"第 25 条规定："人人……在遭到失业、疾病、残疾、守寡、衰老或在其他不能控制的情况下丧失谋生能力时，有权享受保障。"《经社文权利公约》第 9 条也规定："人人有权享受社会保障，包括社会保险。"在上述规定的基础上，《消除对妇女歧视公约》第 11、12 和 14 条要求缔约国采取一切适当措施，保证妇女在男女平等的基础上享有社会保障的权利，取得各种保健服务，并保证农村妇女有权从社会保障方案中直接受益。

（二）妇女社会保障权的意义

对妇女来说，社会保障是她们生存与发展的重要保障，也是消除贫困和不平等的重要途径。在妇女的一生当中，会有各种形形色色的经历和大大小小的风险，社会保障与她们的生活息息相关。在儿童与少年时代，女孩可能会因为家庭贫困而辍学成为童工；成年以后，妇女有可能会因为失业而失去经济来源；生育和疾病会影响妇女的身体健康甚至使她们丧失工作能力；离婚和丧偶可能会导致她们的家庭因失去经济支柱而陷入困顿；当妇女年老的时候，她们还必须面对病痛与孤独。相对于男性而言，妇女也更容易遭受到不平等的待遇，或者更容易受到伤害，以至于陷入困窘的生活境遇。在世界的大部分地区，很多妇女从事着低收入和不稳定的工作，例如自给自足的农业劳动或者无报酬的家庭工作，她们几乎不享受任何的社会保障和社会福利。而当经济出现危机或者衰退的时候，妇女往往又是最容易下岗或者失业的群体，一旦如此，她们可能连最基本的生活水平都无法保障。另外，由于妇女特殊的生理特征，例如怀孕或生育，她们的健康和生命面临着更多的风险，需要更多的照顾和医疗保障；并且在此期间，妇女因需要休息而无法工作，如果在这个时期她们的生活得不到经济等各方面的保障，她们以及她们孩子的健康就会受到威胁。还有那些游离于主流社会之外的妇女，例如单亲妈妈、艾滋病妇女和留守妇女等，她们的利益往往被人忽略，处于被人遗忘的角落。

妇女社会保障权首先能给妇女提供基本生活的安全感，让她们在基本生活得到保障的前提下参与社会竞争，不至于因先天不足或生活无保障而生存困难，失去平等参与社会公平竞争的机会。对于那些遭遇灾祸、失业或疾病的妇女，社会保障系统可以为她们实行灾害救济、提供失业保险或失业救济以及提供医疗保障等等，保证她们的基本生活水平，帮助她们走出困境。更为重要的是，妇女的社会保障权中还有基于妇女自身特殊的生理特征而享有的权利，如生育保险权。这些保障不但能让妇女享受更加良好全面的医疗服务，也会让她们更加安心地工作，服务社会，同时和家人一起没有任何顾虑地悉心培育下一代。因此，当妇女面临失业、疾病、残疾、分娩、年老或家庭成员死亡而丧失工资收入时，当她们无钱求医、无力养家，尤其是赡养孩子与成年家属时，社会保障就是她们的安心丸，是妇女为了住有所居、病有所医、老有所养、贫有所济所应该享有的一项基本权利。

二、妇女社会保障权的内容

联合国以及国际劳工组织通过了一系列与妇女社会保障权有关的公约和文件，包括《经社文权利公约》、《消除对妇女歧视公约》、《社会保障（最低标准）公约》、《（社会保障）同等待遇公约》、《维护社会保障权利公约》和《保护生育公约》等。包括中国在内的许多国家也制定了保护妇女社会保障权的法律法规。根据有关国际和国内法律文件的规定，妇女的社会保障权主要包括以下八个方面的内容。

（一）医疗服务

患病是人们生活中不可预料的风险，患病治疗的高费用导致个人和家庭生活陷入困境也是常见的现象。现代生活给妇女的健康带来极大的威胁，她们不但更容易患乳腺癌、子宫肌瘤等疾病，还极可能遭受家庭暴力和性暴力对其身体带来的摧残。在一些农村和城市贫困地区，妇女缺少粮食，得不到足够的安全用水、卫生设施和燃料供应，而且住房条件不足。这些现象不但使妇女及其家庭负担过重，而且对她们的健康具有不利影响。更令人痛心的是，经许多国家研究表明，因为男女身体生理构造不同，女性比男性更容易感染艾滋病。再加上女性在性生活、社会地位、经济收入、受教育程度、社会角色扮演等方面多属于从属地位，造成了女性逐渐成为艾滋病感染的弱势群体，使艾滋病离女性越来越近。这些患有艾滋病的女性如果得不到社会的救助，她们很快就会在痛苦中孤独死去。

根据《经社文权利公约》第 12 条的规定，妇女有权享有能达到的最高的体质和心理健康的标准。《消除对妇女歧视公约》第 12 条也规定，妇女应该平等取得各种保健服务，包括有关计划生育的保健服务。因此，妇女在其整个一生当中，如果出现无论是何种原因引起的疾病，还是怀孕和分娩情况，都有权利享受国家为其提供的全面、高质量且能够承担得起的卫生保健服务。根据国际劳工组织通过的《社会保障（最低标准）公约》以及《医疗照顾和疾病津贴公约》等文件的规定，妇女在整个生病期间都应该得到医疗照顾，最少不得少于 26 周，如有需要还可以延长照顾时间。生病妇女至少有权享受包括接受普通医生治疗、专家治疗、获得必要的药品和必要的住院治疗等医疗照顾权利。怀孕分娩的妇女应该享有产前、分娩及产后的护理，获得必需的药物和必要时住院治疗等权利。国际劳工组织的《医疗和疾病津贴建议书》中还规定因病但并非完全不能正常工作的妇女，有权在工作期间获得必要的治疗。

另外，由于妇女特殊的生理结构以及她们身体所承载的生育功能，她们在性健康、生殖健康、艾滋病预防等方面需要更多的保健服务和定期检查，因此，妇女还有权获得预防、诊查和治疗妇女特有疾病的服务，以及获得性保健和生殖健康方面的教育和服务。

（二）疾病津贴

根据联合国经社文权利委员会第 19 号一般性意见，以及《社会保障（最低标准）公约》以及《医疗照顾和疾病津贴公约》的规定，除了获得医疗服务的权利，妇女一旦因生病或者怀孕、分娩不能工作而导致丧失经济来源的，还有权从国家获得一定的现金补助津贴，以帮助她们渡过丧失收入的难关。《医疗和疾病津贴建议书》规定不能工作的情况包括妇女不得不接受治疗性或预防性的医疗，因病被隔离，为康复而被医生监管以及处于康复休假期间。在这期间，妇女应该定期获得疾病津贴，并且最少不得少于 26 周，以保证妇女及其家人能维持基本生活水平，并不会因为缺乏资金而放弃治疗。

（三）老龄津贴及服务

随着世界人口老龄化的不断加剧，到 2050 年，全球将有 20 亿人超过 60 岁。由于男性老年人口的预期寿命低于女性老年人口，以及男大女小是普遍的婚姻模式，在庞大的老年人口大军中，女性的人数一般会多于男性。老年妇女面临的种种困境给她们的生活带来非常不利的影响。例如，无退休工资的老年妇女，如果没有配偶或配偶及成年子女的收入不稳定，她们就基本上没有生活来源。而许多生病的老年妇女由于付不起高昂的医药费而选择“大病化小，小病化了”，强忍硬撑或者听之任之。另外，老年女性的丧偶率高于老年男性，许多丧偶老年妇女生活孤单，无人照料。

联合国经社文权利委员会第 19 号一般性意见第 15 段指出，达到国家法律规定年龄的老年人应当享有国家提供的老年福利金、社会服务以及其他援助。老年福利金在许多国家是以养老保险的形式发放的。一般而言，当妇女达到了法律规定的老年年龄，并且从事某种劳动达到法定年限，就有权从国家获得一定的物质帮助或现金补贴。根据国际劳工组织《残疾、老年和遗属津贴公约》的规定，一般妇女最晚不得超过 65 岁就应该开始享有国家定期支付的老年津贴。重要的是，联合国经社文权利委员会第 16 号一般性意见强调指出，妇女与男子享有平等的强制退休年龄，妇女能够在公共和私营养老金计划中领取同等的津贴。

值得注意的是，许多妇女将其终生或其生命的一部分时间用于操持家庭，导致她们年老力衰时因为没有从事国家规定的能享有老龄福利金的工作而无法获得津贴补助。联合国经社文权利委员会第 6 号一般性意见第 20 和 21 段特别强调，各国应建立起非缴款性老龄津贴或其他援助，以帮助所有达到国家立法具体规定的年龄而没有任何收入的老龄人。鉴于妇女预期寿命较长，而且老龄妇女通常无缴款性养老金，这将使老龄妇女成为主要的受惠者。

除了得到经济上的帮助，老年妇女还有权得到适当的照顾。《联合国老年人原则》中特别强调，老年人有权利得到来自家庭和社区的照顾和保护；老年人有权利得到保健服务来预防或延缓疾病的发生；老年人有权利得到来自社会的法律服务以提高其自主能力；老年人有权利在适当程度上得到医院的照顾；老年人也有权利对照顾的方式和生活质量作出自己的选择。

（四）生育津贴及服务

现代职业女性既要从事社会劳动，又要担负起养育子女的任务。她们在怀孕、分娩、育婴期间，因部分或全部不能参加劳动而减少或失去收入，同时又需要增加医疗保健费用的支出。此外，她们不仅要在身体和精神上承受双重负担，甚至还可能因生育而有生命或伤残的危险。如果再让她们因为怀孕生育而失去工作，对她们而言是极大的不公平。由于生育是一种社会职能，需要全社会来共同承担责任，国家有义务筹措一定的资金，对生育期间的妇女给予一定的物质补偿和服务优待，使她们在生育子女时，能够保证正常的生活和医疗保健需要，并避免因生育而导致失业，从而解除女职工的后顾之忧，促进妇女平等就业。

《经社文权利公约》第10条明确规定："对有工作的母亲应给以给薪休假或有适当社会保障福利金的休假。"联合国经社文权利委员会第19号一般性意见中也指出，应该让所有妇女都享有带薪产假，其中包括那些从事非正规工作的妇女，并应在适当时期内向她们发放津贴。国家应该向妇女提供适当的医疗福利，其中包括酌情提供产前、分娩、产后护理，并在必要时提供住院期间的护理。国际劳工组织先后通过了《保护生育公约》、《保护生育建议书》以及它们的修订文件，规定了妇女享受最低标准的充分的生育保护。目前，世界上大多数国家也都根据自己的社会制度和经济实力，制定了相应的生育保护措施，以保障本国妇女的合法权益。妇女的生育保险权主要有以下几点。

1. 产假

2000年《保护生育公约》第4条和第5条规定，妇女应享受不少于14周的产假，这其中包括了6周时间的产后强制性休假。如果对于保护母婴健康是有必要的，例如出现流产和其他产前及产后并发症等情况，还可以延长产假的时间。而在因妊娠或分娩而引起患病、并发症或有并发症危险的情况下，经出示医疗证明，妇女有权在产假期之前或之后享受休假。

2. 生育津贴

《保护生育公约》第6条规定，因为生育而休假的妇女有权从国家获得现金津贴，以保证妇女能以适当的健康条件和适宜的生活标准供养自己及其孩子。这种津贴在数额上不得低于妇女原先的收入或收入的三分之二。生育津贴既可以包括医疗津贴，如产前、分娩和产后医疗护理，以及必要时的住院治疗费用，也可以包括其他的实物或现金津贴，如新生婴儿的全套用品或购买新生婴儿全套用品的费用，供应牛奶或提供哺乳期母亲的哺乳津贴等。

3. 母婴保护设施

《保护生育建议书》中规定女职工有权获得每个工作日至少一个半小时的哺乳时间，并应根据医疗证明准许调整哺乳时间的次数和长短。政府应该规定由社区或强制社会保险来筹措资金或至少给予补助，建立哺乳室或日托托儿所，最好就设在妇女从事工作的企业的外边，以方便妇女实施哺乳的权利。哺乳室和日托托儿所的设备和卫生条件以及日托托儿所工作人员的数量和资格应符合法律所规定的适当标准，并应符合主管当局的标准和接受其监督。

4. 就业保障

国际劳工组织《保护生育建议书》还规定，受雇的怀孕女职工只有在犯有严重错误、企业关闭或雇用合同终止等法律规定的情况下才能被解雇。在妇女分娩前后的合法缺勤时期内，她的工龄权利以及恢复与原工作或工资相同的工作权利应予保留。怀孕妇女有权拒绝从事有损于其本人或婴儿健康的工作，也有调换工作的权利。

（五）工伤津贴

不管是从事危险工作的妇女，还是从事一般性工作的妇女，都有可能随时遭遇危险和伤害，导致受伤、残疾甚至死亡。一旦发生这些不幸，这些妇女本人以及她们家人的生活水平可能就会大幅度下降。而那些靠丈夫挣钱养家的妇女，一旦丈夫因工失去劳动能力或者死亡，她们的生活也会陷入困境。联合国经社文权利委员会第 19 号一般性意见第 17 段指出，遭受工伤的妇女有权获得社会保障提供的医疗服务和现金补贴保障收入，而且这种享受福利的权利不应受到就业年限、投保时间或缴费数额的影响。那些因丈夫在工作中死亡而失去经济来源的妇女，也有权获得一定的津贴。

1952 年国际劳工组织《社会保障（最低标准）公约》规定，如果妇女在工作中发生了因工伤导致身体生病，或者因工伤丧失劳动能力并因此中断工资收入，或者由于工伤永久或暂时丧失劳动能力而完全丧失或部分丧失工资收入的情况，都有权获得工伤津贴。工伤津贴包括工伤医疗待遇、暂时丧失劳动能力津贴和永久完全丧失劳动能力津贴等。工伤医疗待遇包括门诊或住院的治疗、药物、护理、疗养、修复器械等项费用。所谓暂时丧失劳动能力是指受伤者正处在医疗期，尚未鉴定劳动能力丧失的程度。一旦作出鉴定或治疗超过一定期限仍需要继续治疗，就视为永久完全丧失或永久部分丧失劳动能力。根据 1964 年《工伤事故和职业病津贴公约》的规定，在这一段时间里，受伤妇女可以获得本人工资的 60%的津贴，支付期限一般为 26 周至 52 周。如果受伤妇女经鉴定为永久完全丧失劳动能力，她就可以获得永久完全丧失劳动能力津贴，主要是伤残抚恤金或伤残年金。该津贴属工伤长期待遇，国家一般是采取一次性支付的办法。另外，轻度伤残者有权获得永久部分丧失劳动能力津贴。丈夫因工死亡的妇女除了可以获得一般除丧葬费外的津贴外，还有供养亲属抚恤金或供养亲属津贴。

（六）失业津贴

劳动者有能力工作并且确实在寻找工作的情况下，如果无法得到适当的职业而丧失收入，而其家庭收入也低于法律规定的，就有权得到国家给予的定期津贴保护。1988 年国际劳工大会通过的《关于促进就业和失业保护的公约》第 6 条第 1 款规定，所有人不分种族、肤色、性别、宗教、政治见解、民族血统、国籍、族裔或社会背景、残疾和年龄，均享受平等的失业津贴待遇。

根据《关于促进就业和失业保护的公约》第 15 和 19 条等的规定，失业妇女获得的津贴数额一般为过去收入的 50％以上；或在法定最低工资或普通工人工资的 50％以上与基本生活费用的最低额之间进行选择，以其中最高者为准。等待支付津贴的期限一般为 7 天，最多不超过 10 天。原则上提供津贴的期限最长为 26 周，或者在任何 24 个月内不超过 39 周。失业保险不仅仅是为了保证失业妇女及其家人的基本生活，更重要的是，妇女可以将其中一部分津贴用于职业介绍和职业培训，以实现再就业。

联合国经社文权利委员会关于社会保障权的第 19 号一般性意见中强调，兼职工人、临时工、季节工、自雇人员以及提供家庭服务工作的人也应该得到失业保险的保护。因为在这些工人中，女性占了很大一部分比例，失业津贴将使这些妇女的生活得到基本保障。

（七）残疾津贴

据统计，全球现有 6.5 亿残疾人。在所有人类群体中，残疾人往往处于社会边缘，不被人们所重视，他们在实现个人潜能中受到生理、法律、社会的多方阻碍。2006 年联合国通过的《残疾人权利公约》特别指出，残疾妇女和残疾女孩在家庭内外往往面临更大的风险，更易遭受暴力、伤害或凌虐、忽视或疏忽、虐待或剥削，因此，各国应当对残疾妇女采取措施，确保她们充分和平等地享有一切人权和基本自由。

联合国经社文权利委员会第 5 号一般性意见中强调了社会保障对残疾人的重要性，认为“各国应确保向那些由于残疾或与残疾有关的原因而暂时丧失了收入或减少了收入，或得不到就业机会的残疾人提供适当的收入资助”。此外，资助还应尽可能涵盖负责照料残疾人的个人（其中大多数为妇女）以及残疾人的家庭成员，这些人由于从事照料工作而往往急需得到资助。

国际劳工组织1967年《残疾、老年和遗属津贴公约》第7条规定，国家应该向残疾人提供残疾津贴。残疾津贴也称为残疾保险，实际上是由政府提供的用于补偿残疾人和满足残疾人特殊需求的一系列社会福利制度安排。获得残疾津贴是残疾妇女的一项权利，主要包括残疾妇女生活津贴、护理照料津贴、医疗康复津贴、辅助器具津贴、交通通信津贴、住房和无障碍津贴、教育培训津贴、保险参保津贴等，涉及残疾妇女需求的各个方面。《残疾、老年和遗属津贴公约》第8和12条规定，残疾津贴应该在妇女永久丧失从事任何工作的能力期间，或者是在预期的康复期期满后仍未能恢复工作能力的期间内发放，或者直到被老龄津贴取代为止。

残疾津贴可以保证残疾妇女获得适足的生活水平，包括适足的食物、衣物、住房以及不断改善的生活条件。残疾津贴也可以给予残疾妇女良好的护理照料，以帮助她们尽快恢复身体健康。更重要的是，残疾津贴可以帮助残疾妇女与非残疾人一样积极参与社会生活，让她们过得更有尊严、更有价值。

（八）遗属津贴

联合国经社文权利委员会第19号一般性意见第21段还指出，享有社会保障或领取养老金权利的养家糊口的人去世以后，依据国家法律的规定，其遗属和孤儿在无法自立的情况下有从国家领取津贴的权利。因此，妇女在其丈夫去世而失去经济来源的情况下，有权从国家获得一定的津贴帮助。

三、尊重和保障妇女社会保障权的义务和责任

（一）国家的义务和责任

由于现代社会的高风险性与复杂性，单靠我们个人、家庭或者社会自发的慈善事业是无法有效抵御和预防所有的天灾人祸的。只有国家通过对社会保障资源的合理调动与组织，形成一种社会性的抵御生存风险能力，当某一个或者某些社会成员遭遇生存风险时，用集体的力量对其进行必要的救济和帮助，才可能使其渡过难关，获得最基本的生活保障。国家有着为遭受生存风险的社会成员提供安全保障的不可推卸的责任，也只有国家才有能力担此重担。因此，只有将社会保障通过法律变为所有人的基本权利，并确立为国家的责任和义务，才能真正地保障我们每个人的生存、发展和人格尊严。所以，国家对自身职责的认识和政府的承诺与履行，是妇女社会保障权实现的前提。同任何其他人权一样，国家对妇女社会保障权利负有三种类型的义务：尊重的义务、保护的义务以及实现的义务。

1. 尊重妇女社会保障权的义务

尊重的义务要求国家不得直接或间接地干预妇女社会保障权利的享有，也不得限制或者不准妇女平等享有适当的社会保障，更不能任意或无理干预那些由个人或法人团体设立的社会保障机构。

2. 保护妇女社会保障权的义务

保护义务要求国家应该按照本国参加的国际人权公约的要求以及本国接受的国际劳工组织的社会保障标准的规定，结合本国的实际情况，通过制定有效的立法和其他措施来保护妇女的社会保障权不受到任何个人、团体、公司等第三方的侵犯。立法除了要禁止第三方阻碍妇女享有同等机会参加由它们或他人经管的社会保障计划，或者规定不合理的参加条件外，还必须监督第三方依法为妇女缴纳社会保险费用，并将法律规定为雇员或其他受益者缴纳的保险费用转入社会保障制度的账户中。同时，国家也应审查法律法规中对于参加社会保障计划的各种限制，以免这些限制构成对妇女在法律上和实际上的歧视。另外，国家还需要健全社会保障法律制度的实施机制，纠正社会保障有法不依、执法不严的现象。一方面，对于那些违法行为，如雇主不依法为职工投保或者拖欠社会保险费，地方政府和部门挪用或侵占社会保险基金而使职工的养老金、医疗和失业救济金的支付出现困难等现象，国家能够切实地施以严厉的制裁措施；另一方面，国家要完善公民社会保障权受到侵犯时的法律救济制度和救济程序，使妇女的社会保障权真正成为实实在在的、现实中的权利。

3. 实现妇女社会保障权的义务

为了真正实现妇女的社会保障权，除了法律上的保护外，国家还应当积极发展社会经济创造财富，扩大社会保障的覆盖面。快速发展的经济和丰富的社会资源是妇女社会保障权得以实现的前提条件之一。经济的发展能保证妇女和她们的家庭获得相当的生活水准，包括足够的食物、衣服和住房，并能不断改进生活条件。经济的发展也能让国家有足够的财力物力改善环境卫生等各个方面的条件，预防、治疗和控制传染病、职业病以及其他疾病，并创造保证人人在患病时能得到医疗照顾的条件。国家应该研究所有可能资助社会保障的方法和措施，加强社会对话，促使民间社会和商业保险在提供社会保障方面发挥适当作用。同时，政府必须对社会保障管理部门进行严格监督管理，保持决策和投资的透明度，维持公众对社会保障的信任。国际社会要求各国保障人人都能享有最低的社会保障，但是享有最低的社会保障是远远不够的，国家必须努力完善适当的和全面的社会保障，并且将社会保障覆盖面扩大到每一位妇女，尤其包括那些处于社会边缘的妇女。

除此之外，国家应该采取措施，以便确保在参加社会保障计划方面进行适当的教育和宣传，特别是对农村地区和城市贫困地区以及少数民族地区的妇女进行教育和宣传，让更多的妇女了解并参与到国家制定的社会保障计划中来。

（二）雇主组织的义务和责任

雇主组织是妇女社会保障权的落实主体，因此也有责任分担一部分社会保障义务。雇主组织有义务为女职工按时办理各种社会保险登记，按时参加社会保险以及及时足额申报并支付部分或全部社会保险费。雇主组织尤其应该重视女职工的生育保险权。

雇主组织还应该为女职工创造卫生的工作环境，提供安全保护措施，预防工伤事故发生，减少和避免职业病的危害。如果女职工发生工伤，雇主组织必须采取措施使工伤职工得到及时救治，并支付按规定应由雇主组织支付的有关费用和提供工伤职工待遇。

（三）社会福利机构的义务和责任

社会福利机构是指国家、社会组织和个人举办的，为老年人、残疾人、孤儿和弃婴提供养护、康复、托管等服务的机构。社会福利机构的设置应当符合法律的规定和标准，相关管理和服务人员、医务人员应当具有相应的资格条件以及接受相关的培训。社会福利机构有义务依法履行职责，为服务对象进行服务，并保障他们的权利。如果社会福利机构违反国家有关法律、法规规定，将会接受行政处分，构成犯罪的要依法追究刑事责任。

第二节
妇女社会保障权在中国的确认和实现状况

一、中国立法对妇女社会保障权的确认

新中国的社会保障制度始于20世纪50年代初。1951年2月国家颁布的《中华人民共和国劳动保险条例》（简称《劳动保险条例》）奠定了中国社会保障法律制度的基础，该条例还对劳动妇女在工作过程中的社会保险作了相应的规定。但是，当时制定的是与计划经济体制相适应的社会保障法律制度，与今天社会主义市场经济下所需要的社会保障制度相距甚远。

当前，中国已经建立起了一套与市场经济体制相适应的社会保障制度，最大限度地向妇女及其他所有人提供各种社会保障。首先，我国《宪法》第14条、第44条和第45条对公民的社会保障权作了原则性规定。根据上述规定，我国又先后出台了一系列法律、行政法规和政策性文件。这些立法中有内容涉及妇女社会保障权的法律，也有专门论述具体的某项妇女社会保障权的法规规章。《妇女权益保障法》还独立设置“劳动和社会保障权益”一章，对妇女的社会保障权益作了专门规定。2010年通过的《社会保险法》在促进和保障妇女社会保障权益方面也具有重要作用。

根据以上这些法律法规规章的规定，我国妇女主要享有包括社会保险、生育保障、卫生保健、社会救助和社会福利等五个方面的社会保障权利。

（一）社会保险权

社会保险权是社会保障权的重要内容，是妇女在养老、失业、疾病、工伤、生育和丧失劳动力的情况下，向国家请求物质帮助的权利。因此，社会保险权具体又包括了养老保险、基本医疗保险、失业保险、工伤保险等权利。

1. 养老保险权

截至2008年，我国60岁以上老年人口达到1.5989亿，是世界上老年人口最多的国家。由于女性普遍比男性长寿，随着人口寿命的不断提高，中国女性老年人的比例将会不断上升。

让人人“老有所养”是我们国家发展的重要民生目标。我国的养老保险制度建立于20世纪50年代，在建立之初，养老保险制度只针对城镇职工。自20世纪80年代中期开始，政府开始在农村建立和推广养老保险制度。2009年，我国开始试点新型农村社会养老保险制度。至今，我国的养老保险制度已基本覆盖了所有社会成员，为实现人人“老有所养”打下了良好的基础。

根据《社会保险法》第10—22条以及相关法律的规定，从事全日制正式工作的女职工有权参加基本养老保险，基本养老保险费由用人单位和职工自己共同缴纳。而那些无雇工的个体工商户、未在用人单位参加基本养老保险的非全日制从业妇女以及其他灵活就业的妇女也有权参加基本养老保险，由她们自己缴纳基本养老保险费。从事全日制正式工作的女职工缴纳的基本养老保险费记入她的个人养老保险账户中；而其他非全日制从业妇女以及其他灵活就业妇女按照国家规定缴纳基本养老保险费的，养老保险费大部分进入基本养老保险社会统筹中，小部分进入妇女的养老保险个人账户之中。

当女职工达到法定退休年龄（女性干部55周岁，女性工人50周岁），并且个人缴费满十五年的，退休后可以按月领取基本养老金。达到法定退休年龄时累计缴费不足十五年的，可以缴费至满十五年，按月领取基本养老金；也可以转入新型农村社会养老保险或者城镇居民社会养老保险，按照国务院规定享受相应的养老保险待遇。参加新型农村社会养老保险的农村妇女，符合国家规定条件的，享受按月领取新型农村社会养老保险待遇。新型农村社会养老保险待遇也是由基础养老金和个人账户养老金组成。按照国务院《关于开展新型农村社会养老保险试点的指导意见》的规定，中国农民 60 岁以后能享受到国家普惠式的养老金。中央确定的基础养老金标准为每人每月 55 元，地方政府可根据实际情况提高基础养老金标准。

如果妇女或者其家人参加了基本养老保险的，妇女本人或者其他参保人因病或者非因工死亡的，其遗属可以领取丧葬补助金和抚恤金。妇女在未达到法定退休年龄时因病或者非因工致残完全丧失劳动能力的，可以领取病残津贴。所需资金从基本养老保险基金中支付。

根据《社会保险法》第 19 条以及《城镇企业职工基本养老保险关系转移接续暂行办法》的规定，如果妇女本人到其他地区进行就业，其基本养老保险关系随本人转移，缴费年限累计计算。这其中也包括在外地打工的女农民工。

2. 基本医疗保险权

根据《社会保险法》第 23—32 条的规定，女性职工有权参加职工基本医疗保险，基本医疗保险费由用人单位和职工按照国家规定共同缴纳。而无雇工的个体工商户、未在用人单位参加职工基本医疗保险的非全日制从业妇女以及其他灵活就业妇女也有权参加职工基本医疗保险，由个人按照国家规定缴纳基本医疗保险费。参加新型农村合作医疗的妇女，按照国务院有关规定缴费。

享受最低生活保障的妇女、丧失劳动能力的残疾妇女、低收入家庭 60 周岁以上的老年妇女和未成年人等所需个人缴费部分，由政府给予补贴。

参加职工基本医疗保险的妇女，达到法定退休年龄时累计缴费达到国家规定年限的，退休后不再缴纳基本医疗保险费，按照国家规定享受基本医疗保险待遇；未达到国家规定年限的，可以缴费至国家规定年限。

如果妇女本人到其他地区进行就业，其基本医疗保险关系随本人转移，缴费年限累计计算。

3. 失业保险权

相关研究表明，2003 年在总失业人口中，妇女占到了绝大多数，而女性的再就业比例低于男性；从平均失业持续时间来看，在近三年有过失业经历的范围内，女性的平均失业持续时间比男性长 2.46 个月。从失业人员的受教育状况看，不管是哪一级受教育水平的妇女，失业率都比男性要高。①

根据劳动部门的规定，年龄在 16—60 岁的男性，和年龄在 16—55 岁的女性都享有申请失业保险权，但是必须先进行失业登记。失业保险费由用人单位和职工按照国家规定共同缴纳。如果失业前用人单位和女职工本人已经缴纳失业保险费满一年，一旦女职工由于非本人意愿失业了，并且已经进行失业登记，并有求职要求的，就可以从失业保险基金中领取失业保险金。

《社会保险法》第 46 条规定，失业人员失业前用人单位和本人累计缴费满一年不足五年的，领取失业保险金的期限最长为十二个月；累计缴费满五年不足十年的，领取失业保险金的期限最长为十八个月；累计缴费十年以上的，领取失业保险金的期限最长为二十四个月。重新就业后再次失业的，缴费时间重新计算，领取失业保险金的期限与前次失业应当领取而尚未领取的失业保险金的期限合并计算，最长不超过二十四个月。

《社会保险法》第 47—49 条还规定，失业保险金的标准，由各省、自治区、直辖市人民政府确定，但不得低于城市居民最低生活保障标准。失业妇女在领取失业保险金期间，参加职工基本医疗保险，享受基本医疗保险待遇。在领取失业保险金期间死亡的，其遗属可领取丧葬补助金和遗属抚恤金。在领取失业保险金期间还可享受职业培训和职业介绍补贴。

4. 工伤保险权

我国的工伤保险制度始建于 20 世纪 50 年代，依据是《劳动保险条例》。虽然之后国家进行了一系列改革探索，但是工伤保险制度直到 2010 年才被《社会保险法》以法律的形式固定下来。

根据《社会保险法》第 33—43 条的规定，女职工有权参加工伤保险，工伤保险费全部由用人单位缴纳。如果女职工因工作原因受到事故伤害或者患职业病，且经工伤认定的，能享受工伤保险待遇；如果经劳动能力鉴定丧失劳动能力的，享受伤残待遇。如果女职工所在用人单位未依法缴纳工伤保险费，发生工伤事故的，由用人单位支付工伤保险待遇；用人单位不支付的，从工伤保险基金中先行支付，然后再由用人单位偿还。

如果妇女因工死亡，有权获得一次性工亡补助金，补助金标准为上一年度全国城镇居民人均可支配收入的 20 倍。如果妇女因工致残，除了有权获得一次性

① 谭琳主编：《2006—2007 年：中国性别平等与妇女发展报告》，社会科学文献出版社，2008 年版，第 87 页。

伤残补助金外，还能根据国家有关规定享受社会保险补贴。

（二）生育保障权

按照《妇女权益保障法》第 29 条规定，我国推行生育保险制度，并且建立健全与生育相关的其他保障制度。地方各级人民政府和有关部门应当按照有关规定为贫困妇女提供必要的生育救助。据此，生育保障权既包括生育保险权也包括生育救助权。

生育保险是在妇女因怀孕和分娩暂时中断劳动时，由国家和社会提供医疗服务、生育津贴和产假的一种社会保险制度。《社会保险法》第 53、55 条规定，生育保险费由用人单位按照国家规定缴纳，职工不缴纳生育保险费。生育保险待遇包括生育医疗费用和生育津贴。生育医疗费用包括生育的医疗费用、计划生育的医疗费用、法律和法规规定的其他项目费用。而当女职工享受生育产假、计划生育手术休假及法律和法规规定的其他情形时，可以按照国家规定享受生育津贴。生育津贴按照职工所在用人单位上年度职工月平均工资计发。而劳动部《关于女职工生育待遇若干问题的通知》第 2 条规定，女职工怀孕期间的检查费、接生费、手术费、住院费和药费由所在单位负担，产假期间工资照发。

《女职工劳动保护规定》第 8 条规定：女职工产假为九十天，其中产前休假十五天。难产的，增加产假十五天。多胞胎生育的，每多生育一个婴儿，增加产假十五天。女职工怀孕流产的，其所在单位应当根据医务部门的证明，给予一定时间的产假。该规定第 4 条还规定用人单位不得在女职工怀孕期、产期、哺乳期降低其基本工资，或者解除劳动合同。

生育救助是指地方各级政府及有关部门为切实保障贫困孕产妇的基本医疗需求，保障母婴平安，向贫困孕产妇提供的资金补助。目前，许多城市都出台了救助办法，详细规定了生育救助的对象、待遇和程序等。

（三）卫生保健权

《妇女权益保障法》第 28 条规定妇女享有卫生保健的权益。卫生保健权是妇女享有健康、卫生、高质量生活的前提条件。卫生保健权属于妇女的健康权之一，相关内容请参考“妇女的健康权”一章。

（四）社会救助权

社会救助权，即公民由于自然灾害或者其他社会、经济原因而陷于贫困，无法维持最低生活水平，基本生存受到威胁时，有从国家和社会获得物质帮助的权利。根据我国相关法律法规规章的规定，我国妇女享有生活救助、自然灾害救助以及一些专项救助和临时救助的权利。

持有非农业户口的城市妇女，如果与她共同生活的家庭成员人均收入低于当地城市居民最低生活保障标准的，有权根据《城市居民最低生活保障条例》享受城市居民最低生活保障以及低收入家庭专项救助，这些救助包括了低收入家庭医疗救助、教育救助、住房救助、司法救助等。在农村居住的妇女，如果其家庭人均年纯收入低于当地最低生活保障标准的，也有权根据《国务院关于在全国建立农村最低生活保障制度的通知》获得资金补助。而那些在农村居住，无劳动能力、无生活来源又无法定赡养、抚养、扶养义务人，或者其法定赡养、抚养、扶养义务人无赡养、抚养、扶养能力的老年、残疾或者未满 16 周岁的妇女，有权根据国务院通过的《农村五保供养工作条例》享受农村五保户供养救助，以保障她们获得吃、穿、住、就医、安葬和接受教育方面的权利。

当发生自然灾害时，根据《自然灾害救助条例》第 14 条、第 21 条等的规定，受灾妇女可以享有自然灾害救助的权利，获得食品、饮用水、衣被、取暖、临时住所、医疗防疫等应急救助，并且享有过渡性安置、居民住房恢复重建、冬春期间生活救助等权利。

对于那些流浪乞讨妇女或者遭遇意外事件而需要帮助的妇女，也有得到政府收容救助和其他帮助的权利。根据《城市生活无着的流浪乞讨人员救助管理办法》的规定，流浪乞讨妇女有从救助站获得食物、住处的权利，以及与其亲属或单位进行联系，和在突发疾病的情况下被送到医院救治的权利，并不用缴纳任何费用。

（五）社会福利权

社会福利权是指公民享受国家和社会出资举办的各种福利事业和发放的各种福利性补贴，以提高自身生活质量和满足精神需求的权利。在我国，社会福利既包括由国家举办的以所有人为对象的公益性事业，如文化、教育、娱乐和医疗保健等方面的各种设施，也包括由国家举办的以某一特定群体为对象的专门性福利事业，如为老人设立养老院，为孤儿设立孤儿院等，还包括国家发放的各种福利性补贴，如为城镇居民发放副食品价格补贴等。

根据《中华人民共和国老年人权益保障法》（简称《老年人权益保障法》）的规定，国家和社会应该采取积极措施，改善老年人生活、健康以及参与社会发展的条件，并明确要求各级政府应逐步增加对老年人福利事业的投入，满足老年人的福利服务要求。国家应当设立养老院、老年公寓等福利机构收养那些无家可归、无依无靠、无生活来源的老年妇女。国家还应该向老年妇女提供包括老年大学、老年人活动中心等文化娱乐性服务以及老年医院、老年人交友中心等生活和健康方面的服务设施，以满足老年妇女的精神文化需求。

根据《中华人民共和国残疾人保障法》（简称《残疾人保障法》）、《残疾人就业条例》等法律法规的相关规定，残疾妇女可以享受多项社会福利政策。例如，公共服务机构应当为残疾人提供优先服务和辅助性服务。残疾妇女搭乘公共交通工具，应当给予方便和照顾；其随身必备的辅助器具，准予免费携带。盲人可以免费乘坐市内公共汽车、电车、地铁、渡船。盲人读物邮件免费寄递。县级和乡级人民政府应当根据具体情况减免农村残疾人的义务工、公益事业费和其他社会负担。残疾妇女在就业方面也应当得到国家适当的税收减免和优惠照顾。

二、妇女社会保障权在中国的实现状况

改革开放以来，中国的社会保障事业得到了巨大的发展。全国财政对就业和社会保障支出从 1998 年的 596 亿元增长至 2007 年的 5 396 亿元①，增长了 9.05 倍。与此同时，社会救济和社会福利事业各项费用不仅绝对额在大幅增加，占财政支出的比例也在提高。随着“覆盖城乡居民的社会保障体系”建设步伐的加快，中国城乡女性在享有社会保障方面取得了突破性进展。

（一）妇女社会保险权的实现状况

《中国妇女发展纲要（2001—2010 年）》中，我国把保障妇女享有与男子平等的社会保障权作为妇女与经济发展纲要的第三个主要目标，进一步完善社会保障体系，积极推动在不同所有制经济实体就业的、不同收入层次的妇女按照国家规定参加社会保险，确保妇女在参与经济发展中接受有效服务。经过几年的发展，我国社会保障制度不断完善，各项社会保险覆盖范围继续扩大，参保人数和基金规模持续增长。例如，城镇居民医疗保险将女性比较集中的非正规就业者、家务劳动者纳入医疗保险范围，为非正规就业领域女性的健康提供了有效保障。2009 年 9 月国务院发布了《关于开展新型农村社会养老保险试点的指导意见》，至 2009 年年底有 27 个省、自治区的 320 个县（市、区、旗）和 4 个直辖市部分区县被列入首批新型农村社会养老保险试点②，包括女性在内的农村人口将享有国家普惠式的养老保障。与此同时，就业关联性的各项社会保险覆盖面逐步扩大，2009 年参加城镇基本养老保险、医疗保险、失业保险和工伤保险的人数均

① 资料来源：http：//news.163.com/08/0115/19/4297G86L000120GU.html，最后访问于 2011 年 8 月 23 日。

② 《2009 年度人力资源和社会保障事业发展统计公报》，http：//www.gov.cn/gzdt/2010-05/21/content_1611039.htm，最后访问于 2011 年 8 月 23 日。

比往年有较大增加；特别是全国参加生育保险人数为 10 876 万人，比上年末增加 1 622 万人。全年共有 174 万人次享受了生育保险待遇，比上年增加 34 万人次。①

（二）妇女社会救助权的实现状况

在国家有关部门的努力下，我国对妇女的社会救助水平在持续提高。《民政部发布 2009 年度全国民政事业发展统计报告》显示②，2009 年包括 947.7 万名妇女在内的 2 345.6 万城镇人口和包括农村妇女在内的 4 760.0 万农村人口得到了最低生活保障；全国城市低保平均标准为 227.75 元/人月，比上年提高 10.9%；全国农村低保平均标准 100.84 元/人月，比上年同期提高了 18.54 元，增长了 22.5%。城乡最低生活保障应保尽保的目标正在逐步实现。在农村五保供养方面，截至 2009 年年底，全国农村得到五保供养的人数为 553.4 万人，比上年同期增长了 0.9%。民政部还加强了对流浪乞讨精神病人、危重病人的救治工作。截至 2009 年年底，全国共有救助单位 1 488 个，床位 5.1 万张，其中救助管理站 1 372 个，床位 4.7 万张。全年救助城市生活无着的流浪乞讨人员 168.1 万人次，这其中也包括那些流浪乞讨的妇女。

近年来我国自然灾害频发，政府在大力抗灾救灾的同时，也在积极改革灾民救助制度，确立了国家灾害应急体系，基本形成全国救灾物资储备网络，以保证对包括女性灾民在内的受灾群众进行及时的救助。

（三）妇女社会福利权的实现状况

近年来，中国的社会福利事业稳步发展，取得了较大成效。《民政部发布 2009 年度全国民政事业发展统计报告》显示，截至 2009 年年底，全国各类收养性社会福利单位 40 250 个，比上年增加 573 个，收养 236.2 万人。全国共有各类社区服务中心 17.5 万个，其中综合性社区服务中心 10 003 个，比上年增加 130 个，其中提供住宿的综合性社区服务中心 674 个，不提供住宿的综合性社区服务中心 9 329 个；居委会社区服务站 5.3 万个，其他社区服务设施 11.2 万个。城市便民、利民服务网点 69.3 万个。社区志愿服务组织 28.9 万个。另外，2009 年中国福利彩票年销售 756.06 亿元，比上年增加 152.06 亿元，为社会福利和社会公益事业发展提供了资金支持。

---

① 《2009 年度人力资源和社会保障事业发展统计公报》，http：//www.gov.cn/gzdt/2010-05/21/content_1611039.htm，最后访问于 2011 年 8 月 23 日。

② 《民政部发布 2009 年度全国民政事业发展统计报告》，http：//www.gov.cn/gzdt/2010-06/10/content_1624699_2.htm，最后访问于 2011 年 8 月 23 日。

虽然我国在发展妇女保障权方面取得了不小的进步，但是仍然有一些问题亟待解决。目前争议最大的主要是同龄退休权问题。我国法律规定，我国男性和女性的退休年龄有五年的差距。男干部和男工人60岁退休，女干部55岁退休，女工人50岁退休。这项立法初衷是为了照顾和保护女性劳动者。但是自1997年《国务院关于建立统一的企业职工基本养老保险制度的决定》发布起，国家开始实行"社会统筹与个人账户相结合"的现代养老社会保险制度，养老金不再与工龄挂钩，而是与缴费年限挂钩。如此一来，妇女早退休会直接导致其养老保险的缴存年限短于男性，因此妇女个人账户余额比男性少，晚年所获得的养老金就比男性少，造成了对女性的不公。同时，这种不平等的退休年龄影响了女性素质和竞争力的提高，在发展机会方面对女性产生负面影响，使女性更早地被排斥出竞争市场，越来越多的女性在35—45岁之间就被淘汰下岗、内退，减少了其选择、发展的机会。①

另外一个值得重视的问题是女农民工和非正规就业女工的社会保障权的实现问题。由于我国之前在建立健全社会保障制度中的思路大多是以城镇户籍和正规就业为基础的，导致大部分女性农民工和非正规就业女工的社会保障权益非常容易被漠视和侵犯，不但一般的养老保险、工伤保险、医疗保险、失业保险不健全，生育保险的空缺也十分严重。不少女农民工因为负担不起生育费用，从不做孕检，导致生下来的孩子有遗传疾病或残疾。还有一些女农民工因为生育费用高，不顾危险要返回老家生养。2010年的《社会保险法》把农民工和非正规就业者纳入社会保障系统，对这一部分女性社会保障权的实现起到了极大的推动作用。

为了进一步保护和实现妇女的社会保障权，我国在社会保障政策中需要纳入社会性别视角，制定和完善妇女平等享有社会保障的相关法律政策，并对忽视和侵犯妇女平等权利的法律政策进行修订，例如，提高女性退休年龄，从而调整因女性工龄短而造成的退休待遇性别差异。这些政策和保障计划应该确保给所有妇女提供最低限度的必要福利，让她们至少获得必要的医疗服务、基本的住房、用水和环境卫生、食品以及最基本的教育，并增加妇女在整个生命周期内获得恰当、承受得起的和优质的保健、信息和有关服务。国家在完善立法时尤其应该注意妇女的多样性问题，关注农村妇女、残疾妇女和农民工妇女的特别需要，以便切实保护和帮助那些被边缘化的妇女个人和群体。

---

① 齐小玉：《社会保障制度：女性就业权和发展权的基本前提》，载《妇女研究论丛》，2001年第4期。

工伤医疗补助赔偿案①

案情简介

李英2006年1月1日到市区一家大型棉纺织企业上班，并与企业签订了为期四年的工作合同。2007年1月16日早晨，李英像往常一样出门上班。在离单位最近的路口，李英被车撞飞失去了知觉。等李英醒来后，发现自己已经躺在医院的病床上。李英的哥哥为妹妹垫付了住院治疗费用，并把李英接到自己家里休养。

李英在哥哥家住了一个多月后回到了自己家中，事故带来的后遗症开始显现。但由于厂里规定请假超过半年就解除劳动合同，李英不得不回到工厂上班。在这期间，滨城区劳动和社会保障局认定李英为因工受伤，经滨州市劳动能力鉴定委员会和中国残联残疾认证确认，李英为劳动功能障碍九级、"智力四级残疾"。即便如此，虽经过多次交涉，厂方依然拒绝为李英支付任何医疗费及工伤保险待遇等费用。

2007年12月26日，李英向市劳动争议仲裁委员会申请仲裁，要求厂方支付有关工伤待遇。厂方知道李英已经申请劳动仲裁后，开始使用各种"招术"迫使李英撤销仲裁申请。2008年3月26日，市劳动争议仲裁委员会作出仲裁裁决，裁令厂方给予李英相关工伤待遇。第二天，李英也接到了厂方与其解除劳动合同的决定。

为了讨回公道，李英向市法律援助中心求助。承办律师查阅了有关卷宗资料，向市劳动争议仲裁委员会提出申诉，请求依法撤销厂方作出的《关于解除李英劳动合同的决定》，并恢复申诉人的正常工作和此期间的正常工资及各项待遇。市劳动争议仲裁委员会以李英不服从厂方的正常工作安排，已严重违反了厂方规章制度，仲裁请求法律依据不足为由，裁决维持厂方作出的决定，并裁决厂方支付李英一次性工伤医疗补助金和一次性伤残就业补助金。这一仲裁结果让李英感觉十分不满，于是她诉至滨城区人民法院，请求撤销厂方作出的《关于解除李英劳动合同的决定》，并解除劳动合同；判令厂方支付赔偿金；为李英办理并缴纳医疗等社会保险；支付李英一次性工伤医疗补助金及一次性伤残就业补助金等。

---

① 改编自"找法网"：http：//china.findlaw.cn/laodongfa/laodongdongtai/15738.html，最后访问于2011年6月19日。

2009 年 6 月 12 日，滨城区人民法院作出民事判决：撤销厂方作出的《关于解除李英劳动合同的决定》；解除李英与厂方之间的劳动合同；厂方支付李英赔偿金、支付一次性工伤医疗补助金及一次性伤残就业补助金。一审结果出来后，厂方对一审判决撤销其《关于解除李英劳动合同的决定》不服，提起上诉。由于李英对工资待遇等问题的计算年限也存在异议，也提起上诉。四个月后，滨州市中级人民法院作出民事判决，维持一审的部分判决，判决厂方向李英支付赔偿金 35 378.36 元；支付李英工资损失 11 896.78 元，由厂方负担二审诉讼费。经过三年来的维权路程，李英终于拿到了能够接受的判决结果。

评析：

本案是典型的妇女工作权和社会保障权受侵犯的案件。根据《社会保险法》第 36 条以及《工伤保险条例》第 37 条的规定，职工因工作原因受到事故伤害或者患职业病，且经工伤认定的，享受工伤保险待遇。职工因工致残被鉴定为七至十级伤残的，只有在劳动、聘用合同期满终止，或者职工本人提出解除劳动、聘用合同的情况下用人单位才能解除合同，并且由工伤保险基金支付一次性工伤医疗补助金，由用人单位支付一次性伤残就业补助金。李英与棉纺织企业签订了为期四年的劳动合同，作为该单位的职工，发生工伤事故后，本应当享受工伤保险和单位支付伤残就业补助金的待遇，然而棉纺织企业不但不支付任何费用，还以“李英不服从正常的工作调动，拒不按公司安排上班”为由非法解除与李英的劳动合同，已经严重侵犯了李英的合法权益。因此，滨城区人民法院作出撤销厂方作出的《关于解除李英劳动合同的决定》，要求厂方支付李英赔偿金、支付一次性工伤医疗补助金及一次性伤残就业补助金的判决是较为公正合理的。

一般而言，劳动者是劳动关系中的弱势群体，而女性劳动者作为劳动者中的特殊群体，她们的权利更容易遭受到忽视和侵害。因此，当女性劳动者遭遇工作权和社会保障权被侵害的时候，应当像李英一样勇敢地用法律手段来维护自己的权益。

第六章

妇女的财产权

【导读】妇女的财产权是指妇女对其财产享有占有、支配、处分等权利。妇女财产权既是妇女生存和发展的基础，也是妇女获得尊严、独立和自由的物质保障。新中国成立之后，国家颁布了各项立法对妇女财产权予以确认，并在保障妇女平等地享有家庭共同财产权、夫妻财产权、土地财产权以及继承权方面取得了显著的成效。现实中，由于男尊女卑等封建思想、风俗的束缚，妇女财产权的实现仍然受到各种制约。为此，国家应该进一步通过立法、行政和司法途径落实对于妇女财产权的尊重、保障和实现。

第一节
妇女财产权的基本原理

一、妇女财产权的概念和意义

（一）妇女财产权的概念

财产权是以财产为客体的权利，是指对财产享有的占有、支配、处分等权利；而财产则是指具有使用价值或交换价值的东西或物品，它可能包括房屋、家庭用品、汽车、人身保险单、活期和定期存款、金钱、投资、股票、基金、债券、提单、专利、商标、版权等。20 世纪 60 年代以来出现的“新财产”概念，甚至将就业机会、养老金、伤残补贴、社会保险、失业救济等也纳入财产范畴。财产权既不同于经济学上的“产权”，也不仅仅是民法学上的“物权”或“所有权”。

财产权既是一项受到宪法保护的人权，也是一项民事权利。它既是一项公民和政治权利，也是一项经济、社会和文化权利。宪法所保障的财产权，是以国家与公民关系为基本调整对象，通过宪法对财产权的安排与分配来实现财产权的秩序化，实际上是赋予人们对私有财产权的法定资格，以对抗国家公权力的侵犯。民法所保障的财产权，调整的则是平等主体之间对于财产的权利关系，主要是指财产所有权，即对财产的占有、使用、收益和处分等方面的权利。因此，作为人权或者宪法权利的财产权和作为民事权利的财产权具有不同的内涵。

鉴于有关财产权的保障对于维护社会稳定、保障人们的自由与生存安全具有重要价值，国际性和区域性人权文件以及各国国内法都对财产权进行了规定。例如，《世界人权宣言》第 17 条对财产权进行了如下确认：“人人得有单独的财产所有权以及同他人合有的所有权。任何人的财产不得任意剥夺。”《欧洲人权公约第一议定书》规定：“每一个自然人或法人和平地享用其财产权。”《美洲人权公约》以及《非洲人权宪章》均规定了对财产权的保障。此外，各国宪法或法律、法规也对财产权作出了规定。如，《法国人权宣言》第 17 条宣明：“私有财产为神圣不可侵犯的权利。”我国《宪法》第 13 条规定：“公民的合法的私有财产不受侵犯。国家依照法律规定保护公民的私有财产权和继承权。”

妇女财产权是指每一妇女享有的取得、经营、管理、享用和处置财产的权利，包括财产所有权、债权、知识产权中的财产权利、继承权和股权等。妇女的平等财产权得到了《消除对妇女歧视公约》的明确承认。该公约不仅在第 15 条要求缔约国特别给予妇女签订合同和管理财产的平等权利，而且在第 16 条要求缔约国保证配偶双方在财产的所有、取得、经营、管理、享有、处置方面具有相同的权利。

(二) 妇女财产权的意义

对财产权的保障是维护社会稳定、自由与安全的重要因素，同时，财产权对于个人生存和发展亦具有重要意义，因此，保障妇女平等地享有财产权，有助于从根本上保障其获得生存和发展的权利。

1. 财产权是妇女生存和发展的基础

财产权是人的基本权利，它来自于人的天性和生存本能。人的生活离不开食物、物质条件，对财产的占用、使用等权利能够为妇女的生存提供物质基础，使其享有生存的安全感和自由支配生活的能力。在妇女的财产随时会被剥夺的情况下，妇女不仅无法维持体面的、有尊严的生活，更无法实现个人的生存价值，同时还会导致其他人权随之也被剥夺。而赋予妇女财产权不仅能够保障妇女的生存，还能通过促进妇女对财产权的享有进而使其得到在教育、健康以及社会保障等方面人权的享有和发展。因此，对于妇女财产权的保障，不仅是妇女生存和发展的基础，也是其人格得到充分发展、享有各项自由、全面实现各项人权的重要前提。

2. 财产权是妇女获得尊严、独立和自由的物质保障

经济学家布坎南曾经在《财产与自由》一书中说过，“个人的或者若干人的财产适于作为自由——完全独立于政治的或者集体的决策过程——的保证”。剥夺了一个人的财产权就等于剥夺了他/她的自由，使其失去了对自己的支配权。因此，只有拥有稳定的、受保护的个人财产权，妇女才有可能在其财产权所能提供的生存安全范围内，独立地、自由地安排自己的生活，不用再依附于家庭和遭受强制，才能不受到他人的束缚，不在乞讨和期望施舍中生活，从而有尊严地生活。拥有财产权可以使妇女成为一个独立的个体，而不再是家庭的附属物，并能够自由地享受人生，设计自己的人生规划，从而实现自我人生价值。妇女财产权的范围越广，受到的法律保护程度越高，其所能提供的安全保障就越高，妇女享有的独立与自由的程度也就越高。

3. 财产权是保障男女平等的前提条件

妇女的财产权是其平等地享有人权的基础。对妇女的歧视以及使妇女处于屈

从的、二等公民的地位，除了有社会、历史、宗教及传统文化等诸多因素，妇女经济地位的不平等也是造成男女不平等的最根本因素，而无财产权则是核心的原因之一。对妇女财产权的保障有助于提高妇女的经济地位，妇女只有在掌握财产权的前提下，才能在社会和家庭中享有自己的劳动所得，对家庭财产享有支配的能力，在经济地位提高的同时，进而推动参政权等一系列人权的切实享有。因此，保障妇女的财产权不仅能够提高妇女的经济地位，还能提高其社会和家庭地位，从而为实现男女平等打下坚实的基础。

综上所述，妇女的财产权构成了妇女人权的重要组成部分。妇女的人格独立、生命安全、意志和行为自由等关于妇女生存和发展的基本权利，都有赖于对妇女财产权的确认和保障。

二、妇女财产权的内容

妇女财产权是指妇女对其财产享有的占有、支配、处分等权利，它的内涵具有一般性财产权的应有之义。因此，对于妇女财产权的保障，强调的是对于妇女财产权的平等保障。妇女在享有财产权方面的弱势地位，导致妇女的财产权往往受到威胁和侵害，因此，对于妇女财产权的平等保障，应该针对妇女的弱势地位给予特殊保障，以纠正其因能力和资源的缺乏所带来的对财产权享有的不足。对此，《消除对妇女歧视公约》第 15 条第 2 款特别规定：“缔约各国应在民事事项[①]上，给予妇女与男子同等的法律行为能力，以及行使这种行为能力的相同机会。特别应给予妇女签订合同和管理财产的平等权利，并在法院和法庭诉讼的各个阶段给予平等待遇。”该公约第 16 条进一步规定：“配偶双方在财产的所有、取得、经营、管理、享有、处置方面，不论是无偿的或是收取价值酬报的，都具有相同的权利。”

具体而言，妇女财产权所保障的内容应包括妇女所有的财产权益，如财产的所有权、债权、知识产权中的财产权利、继承权、股权等，但是由于在某些领域妇女与男人对于财产权的享有并无任何性别差异，因此，对于妇女财产权的保障着重强调存在性别弱势的家庭共同财产权、夫妻财产权、土地财产权和继承权等权利的保障，这也是我国《妇女权益保障法》第 5 章有关财产权益所明确保障的权利内容。鉴于夫妻财产权将在“妇女的婚姻家庭权”这一章中进行研究，因此，本章不再赘述。

---

① 《消除对妇女歧视公约》中文本的原文是“公民事务”，英文本中对应的措辞为“civil matters”。从上下文可见，此处应为“民事事项”。

妇女的家庭共同财产权，主要是指妇女作为家庭成员，对其在家庭共同生活存续期间与其他成员共同创造、共同所得或独立取得但约定为共同所有的财产享有的所有权。这一财产权主要是指妇女在出嫁前对在其父母家因共同生活所创造的共同财产所享有的占有、支配和使用权。

农村妇女的土地财产权，主要是指农村妇女针对土地所享有的合法经济权益，包括农村妇女的土地承包权、宅基地使用权和征地补偿款分配权、股份分红及集体福利享有权等有关经济权益。其中，农村妇女的土地承包权是核心问题，它是指农村妇女作为具体经济组织的成员依照法律所应当享有的承包土地的权利。对此，《消除对妇女歧视公约》第 14 条第 2 款规定："缔约各国应采取一切适当措施以消除对农村地区妇女的歧视，保证她们在男女平等的基础上参与并受益于农村发展，尤其是保证她们有权……取得农业信贷，利用销售设施，获得适当技术，并在土地改革和土地垦殖计划方面享有平等待遇。"

妇女的继承权是指妇女依照法律的规定或者被继承人生前立下的合法有效的遗嘱而承受被继承人遗产的权利。妇女继承权主要包括如下内容：在确定法定继承人范围和继承顺序时，不因男女性别不同而有所差异，不因妇女的婚姻状况而有所差异，在代位继承上男女平等；正确划定遗产范围，保护丧偶妇女的夫妻财产权及其对丈夫遗产的继承权等。

三、尊重和保障妇女财产权的义务和责任

（一）国家的义务和责任

国家负有尊重、保护和实现妇女财产权的义务，有责任确保立法、行政和司法机构履行这三项义务。

尊重的义务，要求国家不得采取阻碍和限制妇女获得支配财产和从事财产处分等活动。不应基于各种对妇女的歧视原因，限制妇女获得支配和处分财产的平等机会、途径和资源。

保护的义务，要求国家采取行动防止个人和组织侵犯妇女的财产权，并对违法行为进行制裁。具体而言，国家有责任通过法律或采取其他措施，保障妇女获得财产的平等机会，阻止不良的社会传统和习俗侵害妇女的财产权并保护社会中各种脆弱和边缘的妇女群体。对此，国家应该制订和有效实施法律，同时修订法律当中歧视妇女的规定，从而保障妇女财产权的充分享有，并提供适当的法律程序对妇女的财产权给予适当的法律救济。

实现的义务，要求国家保障妇女平等地享有财产权，消除对妇女的歧视，促

进对妇女财产权的意识培养、教育和宣传，摒除男主女从的封建思想，为妇女享有财产权创立必要的社会、文化和法制环境，并为妇女享有财产权提供法律的、政策的和社会的基础和支持。此外，国家应当加强妇女参与土地等财产分配的决策过程，为其提供适当的咨询和救助，加强政府对土地分配政策的领导和监督，强化救济手段，充分发挥调解的作用，健全和完善土地仲裁制度和司法制度，从法律、行政、纪律等多方面采取措施，督促政府和司法机关等职能部门依法履行职责，平等保障妇女的财产权。

(二) 其他社会成员的义务和责任

国家之外的其他所有国内社会成员均负有尊重妇女财产权的义务和责任。包括父母、丈夫、兄弟姊妹、子女和其他家庭成员在内的任何个人，以及任何社会组织、企事业单位、团体都不得以任何方式妨碍或限制妇女依法取得、占有、支配和处分财产，侵犯或剥夺其财产权利，否则应当依法承担民事或刑事责任。

第二节
妇女财产权在中国的确认和实现状况

一、中国立法对妇女财产权的确认

在中国的历史上，妇女的财产权利曾长期被排斥，遭受了极端的漠视和侵害，妇女在经济上曾长期处于依附地位，没有财产所有权和继承权，没有独立的经济来源。尽管从五四运动以后，中国妇女的财产权得到了确立，但是妇女无法与男人平等享有财产权仍然是当时社会的主流。直到新中国建立后，各项法律不但删除了歧视妇女的规定，并且为保障妇女平等享有财产权提供了坚实的法律保障。

我国对妇女财产权保障的历史可以追溯到 1931 年 11 月 26 日中华苏维埃共和国中央执行委员会通过的《中华苏维埃共和国婚姻条例》及 1934 年 4 月 8 日颁布的《中华苏维埃共和国婚姻法》，两者开天辟地地以男女平等为原则，规定实行夫妻婚后劳动所得为家庭共有财产的财产制。新中国成立后，1950 年 5 月 1 日公布施行的《婚姻法》进一步确立了废除包办强迫、男尊女卑、漠视子女利益的封建主义婚姻制度，实行男女婚姻自由、一夫一妻、男女权利平等、保护妇女和子女合法利益的新民主主义婚姻制度。1980 年 9 月 10 日第五届全国人民代表大会第三次会议通过的《婚姻法》及2001年全国人大常委会对该法所作的修正进一步对妇女的平等财产权进行了保障。

除了《婚姻法》对妇女财产权的保障，《宪法》、《民法通则》、《妇女权益保障法》、《农村土地承包法》以及《继承法》都为妇女财产权的保障提供了法律基础。

关于妇女家庭共同财产权的保障，《妇女权益保障法》第31条规定："在婚姻、家庭共有财产关系中，不得侵害妇女依法享有的权益。"

关于农村妇女的土地财产权，《妇女权益保障法》第32条规定："妇女在农村土地承包经营、集体经济组织收益分配、土地征收或者征用补偿费使用以及宅基地使用等方面，享有与男子平等的权利。"第33条规定："任何组织和个人不得以妇女未婚、结婚、离婚、丧偶等为由，侵害妇女在农村集体经济组织中的各项权益。因结婚男方到女方住所落户的，男方和子女享有与所在地农村集体经济组织成员平等的权益。"《农村土地承包法》第6条规定："农村土地承包，妇女与男子享有平等的权利。承包中应当保护妇女的合法权益，任何组织和个人不得剥夺、侵害妇女应当享有的土地承包经营权。"第54条还规定，发包方如剥夺、侵害妇女依法享有的土地承包经营权，应当承担停止侵害、返还原物、恢复原状、排除妨害、消除危险、赔偿损失等民事责任。此外，《婚姻法》第39条规定："离婚时……夫或妻在家庭土地承包经营中享有的权益等，应当依法予以保护。"

关于妇女的继承权，《继承法》第9、10、12条规定："继承权男女平等。""遗产按照下列顺序继承：第一顺序：配偶、子女、父母。第二顺序：兄弟姐妹、祖父母、外祖父母。""丧偶儿媳对公、婆，丧偶女婿对岳父、岳母，尽了主要赡养义务的，作为第一顺序继承人。"《妇女权益保障法》第34、35条规定："妇女享有的与男子平等的财产继承权受法律保护。在同一顺序法定继承人中，不得歧视妇女。丧偶妇女有权处分继承的财产，任何人不得干涉。""丧偶妇女对公、婆尽了主要赡养义务的，作为公、婆的第一顺序法定继承人，其继承权不受子女代位继承的影响。"

二、妇女财产权在中国的实现状况

（一）妇女家庭共同财产权的实现状况

在中国，无论是城市还是农村都存在家庭共同财产制，子女在结婚前将收入作为家庭共同财产用于家庭生活，直到结婚才对这一部分财产进行分割。而农村的家庭共同财产制则更加普遍。在农村，子女结婚成家前，一般由父母组织其子女建立大家庭，同财共居。农村中按人口分配责任田，子女参与家庭共同劳动，他（她）们在此期间所得的财产用于家庭共同存续和发展，因此，成为了家庭共同财产权的主体。而农村家庭共同财产可能包括家庭共同成员居住的房屋、家具、种植的农作物和林木、饲养的牲畜、劳动生产工具及其他合法收入。农村家庭共同财产权的共有人在家庭共有财产关系存续期间，对共有财产享有平等的所有权，有权行使占有、管理、使用、收益和处分的权利。家庭共同财产权的终止主要是由于家庭成员结婚或死亡而导致的对共同财产的分割。

妇女对于家庭共同财产权的取得是以妇女作为家庭成员对家庭共同财产作出贡献，即将个人所得财产用于家庭共同生活为前提的。作为家庭共同财产权的主体，妇女有权利在共同生活期间对家庭共同财产共同占有、使用和支配，而在其出嫁后，则有权分割家庭共同财产。妇女的家庭共同财产权的实现状况在中国城乡之间存在较大的差别。在农村，由于重男轻女思想的存在以及养儿防老的习俗，农村妇女对家庭共同财产还不能平等地享有管理、收益和处分权，在分割家庭共同财产时也无法实现男女平等的权利。农村妇女对于家庭共同财产权的享有多表现为其离开父母家时所带走的“嫁妆”，这嫁妆无论大于还是小于其对家庭的贡献，肯定比其兄弟在分家时所获得的家产要少。而在中国农村，类似侵犯妇女家庭共同财产权的事情比比皆是。

近年来，随着中国社会的发展，家庭共同生活方式的变化，男女平等思想和女性财产意识的提高，以及国家对妇女土地财产权的保障力度加大，农村妇女的家庭共同财产权的享有和实现也出现了新的趋势。一方面，农村妇女外出打工人数增多，使原有的家庭共同生活方式被打破，妇女更多地直接支配了自己的劳动所得。另一方面，即使是实行共同财产制的家庭，由于妇女对养老义务的分担，以及个人独立财产意识的提高，农村妇女也越来越多地享受到了对家庭共同财产平等处分的权利和分割权。

在城市，很多家庭不再实行家庭共同财产制，而实行子女的财务独立制。在独生子女普遍存在的城市家庭里，妇女的劳动所得可能直接为自己所控制，即便用于家庭共同生活，其在出嫁时也可以得到较为公平的财产份额，甚至多于其贡献的财产。因此，妇女的家庭共同财产权得到了普遍提高。

（二）农村妇女土地财产权的实现状况

土地是农村妇女赖以生存的基本生产和生活资料。在中国，目前随着农村非农业化和进城务工人员的增多，农村地区形成了男工女耕的分工格局，女性成为我国主要的农业人口。在农业女性化的趋势下，对妇女土地财产权的保障，不仅有助于消除农村妇女的贫困，促进农村地区的男女平等，而且也影响到农业经济的发展和新农村的建设。

自1978年土地承包责任制实施以后，中国农村已完成了第二轮承包土地的分配和调整。依照户籍规则，农村妇女普遍获得了平等的承包地初次分配权，全国绝大多数地区都较好地贯彻了男女平等的法律原则。对中国东、中部十余省份组织的有关调查表明，绝大部分地区通行的办法是按照“户籍人口平均分地”。只有在东北和西北的个别地区，采取了“女劳动力和男劳动力有差别地承包集体土地”或按“预测人口”分地的办法。2002年对西部12个省份的有关调查中，有94.1%的受访农户认为“本村男女能够平等分地”，只有5.4%的受访农户回答是“男女分地不平等”，未回答的人占0.5%。同时，从农户回答“你有无承包土地”的结果可以知道，西部农村有91.6%的妇女获得了承包土地。① 因此，我国农村妇女在耕地分配上与男性成员有同等的权利，在土地初次分配上不存在明显的性别歧视。

但是，在婚丧嫁娶的过程中，妇女的土地财产权却受到了侵害。这主要表现为如下三种现象：第一，出嫁妇女在娘家的土地被强行收回，而在短时间内无法得到土地，而且全国有20%左右的出嫁妇女始终无法在夫家得到土地。第二，妇女一旦离婚，可能就意味着失去了原有的土地或者有关权益。有的是因为户口迁移丧失了原来在夫家的土地，有的则因为婚嫁而在夫家和娘家均没有土地。第三，丧偶的妇女同样受到歧视。在很多农村地区，丧偶妇女的土地财产权会受到极大限制，她们可能只能得到口粮田，而无法获得其他土地权益。如果丧偶的妇女再改嫁的话，则可能完全丧失原来在夫家的土地，因为很多村规民约规定寡妇只有在本村内再嫁才能保障自己的土地。离婚和丧偶妇女的土地财产权会随着婚姻状态的变化而再次受到侵害，使原有的无地问题集中凸现，导致这些妇女成为农村妇女当中最大的弱势群体。

针对上述妇女在婚嫁过程中丧失土地承包权的问题，中共中央办公厅和国务院办公厅于2001年5月8日联合下发了《关于切实维护农村妇女土地承包权益的通知》，以保障出嫁女、离婚和丧偶妇女的土地财产权。该通知规定：为了方便生产生活，妇女嫁入方所在村要优先解决其土地承包问题。在没有解决之前，出嫁妇女娘家所在村不得强行收回其原籍承包地。在实行“大稳定、小调整”的土地政策的地方，应在“小调整”时统筹解决加入妇女的土地问题；在实行“增

---

① 王景新：《中国农村妇女土地权利——意义、现状、趋势》，载《中国农村经济》，2003年第6期。

人不增地、减人不减地”土地政策的地方，则出嫁妇女原籍的承包土地应予以保留。离婚或丧偶后不在原居住地生活、其新居住地还没有为其解决承包土地的，原居住地所在村应保留其土地承包权，并由该妇女承担相应的税费义务。该通知在解决妇女因婚嫁而丧失土地的问题上发挥了至关重要的作用，但是由于其同样强调对于出嫁妇女原籍地承包土地的保障，因此依旧无法为出嫁妇女切实享有土地财产权提供全面的保障。这是因为，一方面，嫁出妇女面对自己的父兄不便主张土地承包权。另一方面，由于耕种不方便，妇女只能将承包土地使用权予以“让渡”，最终限制了妇女对土地财产权的实现。

如下数据可以大体反映中国农村妇女的土地财产权状况。中国科学院农业政策研究中心 2000 年对全国 6 个省份的随机抽样调查表明，将近 74％的被访农户认为新娶进的媳妇能够在夫家获得土地，数据基本与 1998 年持平，但是这个比例存在地区间的差异。2001 年全国妇联对全国 1 212 个村的调查发现，在没有土地的人群中，妇女占了 70％，其中，43.8％的妇女是因为结婚而失去土地。在所调查的村子中，有 35％左右的村不分给嫁给非农业户口男子的妇女土地承包田，46％的村不分给出嫁妇女宅基地，38.5％和 35.4％的村在土地入股分红和征地补偿费方面不给出嫁妇女相应的村民待遇。对于出嫁妇女，只有 2％的村会给她们保留原有的土地。随着土地承包期的延长，因婚嫁得不到土地的妇女占 23.1％。尽管相当多的妇女自信拥有一份土地产权，但是关于“农户户主男女主人比重”的调查表明，有 92.3％的农户是男性户主，只有 7.2％的家庭是女性户主，未回答的人占 0.5％。尽管承包土地经营权证书没有登记夫妻双方的名字，但仍有 38.7％的受访妇女认为土地“在自己的名下”。①

目前，尽管《农村土地承包法》、《婚姻法》等法律的颁布和实施有效地保障了农村妇女的土地财产权，但是土地政策的稳定性和婚迁妇女的流动性之间的冲突导致对妇女土地财产权的侵害仍是需要重视的问题。虽然我国的法律和政策在多数情况下能够基本保障妇女取得原始土地的权利，但是却不能为妇女在婚姻的迁移中提供持续的、切实的保障。这一问题反映了相关立法缺乏性别意识，现有土地财产权制度没有充分预见到妇女的特殊状况及其弱势地位。由于忽略“男娶女嫁”、“从夫居”的习俗以及男性作为家庭户主的普遍情况，妇女的土地财产权完全淹没在家庭利益当中，从而间接地排除了妇女对土地承包权的享有，造成农村妇女的土地权遭受侵害的状况普遍存在。而当农村妇女援用行政和司法途径维

① 张林秀、刘承芳：《从性别视角看中国农村土地调整中的公平问题》，载《现代经济探讨》，2005 年第 10 期。

护土地财产权时，却又遭遇到“此路不通”以及救济不利的困境。在农村妇女的维权案例中，有的会因为管辖权等原因而无法在法院立案，有的案件即使妇女胜诉了，执行效果也不尽如人意。考虑到土地公摊、历史延续等诸多因素以及可能涉及村民自治等多种问题，行政救济和司法救济在维护妇女土地权益方面都有巨大的局限性。

针对上述问题，近五年来，我国各级农业部门进一步加强了土地承包管理，为化解土地纠纷，保障农村妇女的土地财产权采取了种种措施。例如，北京、天津、上海、浙江等省（市）针对农村实际，采取确权确地、确权确利、确权确股等多种方式，把土地承包及相关权益落实到农村妇女及其子女。广东省以农村股份合作制改革为契机，将股份分配给村民，使出嫁妇女的土地财产权益得到较好的保障。① 总之，将土地承包权进一步物权化，使妇女在婚姻迁移过程中能够对其名下的土地享有真正的财产权，从而保障其应有的权益，是农村土地承包制等法律应该认真考虑的发展方向。此外，国家还应加强对土地分配中的村规民约的引导和监督，促使农村各地的土地分配政策具有前瞻性和合法性，并通过预留机动土地或者储备金等方式，来预防对妇女土地财产权的侵害或者在事后对有关侵权的受害者提供有效的救济和补偿。与此同时，应加大对妇女土地财产权的法律救济，依法审理、调处土地承包经营纠纷案件，严格执法，尽可能地保护农村妇女的土地财产权。

（三）妇女继承权的实现状况

在中国封建社会里，家庭财产只能由男性占有和继承，寡妇再嫁不得带走财产，出嫁的女儿也不能继承父母的遗产。我国现行法律明确规定妇女享有与男子平等的继承权，确立了妇女在财产继承方面享有与男子平等的地位，彻底否定了剥夺妇女继承权的封建宗法继承制度。这使妇女的财产权益得到法律保护，使妇女的社会地位得到提高。

但是现实中，特别是在农村，多数父母都与儿子生活在一起，儿子在父母生前要承担赡养义务，父母去世后，家庭财产自然由儿子继承。出嫁的女儿一般都住在婆家，平时虽对父母的生活也有照料，但一般都不与兄弟平分财产。尽管这一习惯随着妇女对赡养义务的承担而有所转变，但是传统观念与习俗对妇女继承权的影响依然是非常深刻的。

由于旧观念的影响，妇女继承权受到侵犯的现象时有发生。这主要表现为如下

---

① 中华全国妇女联合会、中国妇女研究会：《“北京＋15”中国非政府妇女组织报告（影子报告）》，2009 年 10 月。

三种问题：第一，剥夺女儿的继承权，尤其是剥夺出嫁女儿的继承权。由于受重男轻女封建思想的影响，尤其是在广大农村，人们普遍地认为，“嫁出去的女，泼出去的水”，女儿不应该继承父母的遗产。虽然这一做法可能从某种程度上体现了赡养义务与继承权相统一的传统习惯，但是它从根本上剥夺了妇女尤其是出嫁妇女的继承权。第二，寡妇的继承权受到侵害。尽管法律保障女方在丈夫去世后完全有再婚的自由，而且寡妇再嫁时，除带走个人的财产外，有权将她继承的一部分遗产带走，任何人不得加以干涉，如果未成年子女由她抚养，可将子女应得的一份遗产也带走，但是寡妇对财产的继承权往往受到夫家亲属的干涉。第三，对老年寡妇继承权的侵害。在一些农村地区，当丈夫去世后，某些老年妇女往往并不知道将自己的个人财产首先划出之后，再进行遗产分割，更无法谈及老年寡妇对已故丈夫财产的继承权。这样就导致了老年寡妇的财产权益受到侵害。

关于妇女的继承权问题，全国妇联开展的“第二期中国妇女社会地位抽样调查”表明，赞同出嫁女与兄弟平等继承家庭遗产的人达 25.7%，比十年前提高了 6.8 个百分点。其中女性为 23.6%，比十年前提高了 7.4 个百分点；男性为 28.1%，比十年前提高了 6.6 个百分点。此外，同意“寡妇再婚时应把财产留给前夫子女和家人”的占 46.9%。上述数据表明，对妇女继承权的保障还有待进一步改善。

对妇女财产权现状的考察和分析表明，男尊女卑、歧视妇女的封建思想、风俗以及村规民约限制了妇女财产权的享有和实现。尽管这种男女不平等的封建思想制约着所有妇女人权的发展，但是其对妇女财产权的影响却是最大的，因为妇女财产权的实现和享有更多地涉及家庭生活的私领域，而公权力及法律对家庭领域的干预和调整是受到限制的。而且，这种财产权领域的重男轻女思想不仅仅是一种个体的歧视，还是一种群体性歧视，甚至形成了村规民约，从而构成对妇女财产权的制度性、系统性和结构性歧视。因此，尽管我国《婚姻法》、《继承法》以及《农村土地承包法》等法律保障妇女平等的财产权，但是现实生活中，妇女对家庭共同财产权、夫妻财产权、土地财产权以及继承权的享有和实现仍然受到了极大的限制和侵害。此外，由于现有的某些财产权制度缺乏性别意识，没有充分预见到妇女的特殊状况及其弱势地位，造成了对妇女财产权保障的事实上的不平等，而法律途径又不能为妇女财产权提供十分完善的救济途径，因此，妇女财产权的保障还有待于进一步提高。对此，中国应该进一步加大男女平等原则的宣传和贯彻，加大对《农村土地承包法》、《婚姻法》、《妇女权益保障法》和《继承法》等法律和政策的宣传，提高妇女本人的财产权意识，使其了解国家法律赋予妇女的权利，学会运用法律武器维护合法权益，积极争取男女平等的财产权。与此同时，要提高国家机关及公众关于妇女财产权的意识，从而为妇女财产权的享有和实现提供一个良性的社会和法治环境。在加大男女平等原则宣传的同时，更要强调立法、行政和司法对男女平等原则的贯彻，国家机关应该加强对妇女财产权的立法保障，通过行政和司法途径对涉及妇女财产权问题的习俗和村规民约进行引导、审查和监督，并坚决剔除和纠正歧视妇女以及违反国家现行法律、法规的行为和做法，从而切实尊重、保障和实现妇女的平等财产权。

农村妇女土地补偿费纠纷案①

案情简介

原告徐华平是江苏省灌南县汤沟镇沟东村农民，于1985年2月与灌云东辛农场职工王比学结婚，婚后生育两子（分别取名为王大宝和王二宝）。徐华平婚后户口一直未迁出原籍。1990年灌南县统一调整土地时，被告沟东村委会分给徐华平及其大儿子责任田1.52亩，王二宝因属计划外生育未分地。1992年8月17日，江苏汤沟酒厂扩建，征用被告418.16亩土地，两原告的责任田也在征用范围内。被告在将土地补偿费分发给各农户时，以原告徐华平的丈夫属农村户口，原告应在其丈夫处分地为理由，仅发给徐华平及其大儿子青苗补偿费388.80元，而未发给土地补偿费、安置补助费合计10 181.60元，且没有安排徐华平就业，造成原告母子生活困难。后徐华平多次找沟东村委会要求给付土地补偿费，未果。为此，原告徐华平、王大宝于1992年10月29日向江苏省灌南县人民法院提起诉讼，要求被告给付土地补偿费等。灌南县人民法院审理认为：两原告户口一直在被告所在地沟东村，并在被告处分得责任田，现被告以原告徐华平丈夫也是农村户口为理由，确定两原告不应在本村分配责任田，无法律依据。被告将土地补偿费均分到农户，却截留了两原告的土地补偿费，显然违反了《民法通则》关于公平原则的规定。两原告土地被征用后，没有被安排就业，生活困难，应得到作为其生活补助的土地补偿费。依据《妇女权益保障法》第30条，《民法通则》第4条、第105条的规定，灌南县人民法院于1993年10月26日作出判决：被告灌南县汤沟镇沟东村委会于判决生效之日起10日内给付原告徐华平、王大宝土地补偿费、安置补助费10 181.60元。

① 祝铭山：《土地使用权纠纷（典型案例与法律适用）》，中国法制出版社，2003年版，第22页。

评析：

本案是一起农村村民委员会侵犯妇女财产权益而发生的土地补偿费纠纷案件。灌南县人民法院依法判决被告败诉，保护了原告妇女及儿子的土地财产权益。首先是原告应否在沟东村分得责任田。1992 年《妇女权益保障法》第 30 条规定："农村划分责任田、口粮田等，以及批准宅基地，妇女与男子享有平等权利，不得侵害妇女的合法权益。妇女结婚、离婚后，其责任田、口粮田和宅基地等，应当受到保障。"《民法通则》第 105 条规定："妇女享有同男子平等的民事权利。"《农村土地承包法》第 6 条规定："农村土地承包，妇女与男子享有平等的权利。承包中应当保护妇女的合法权益，任何组织和个人不得剥夺、侵害妇女应当享有的土地承包经营权。"第 54 条还规定，发包方如剥夺、侵害妇女依法享有的土地承包经营权，应当承担停止侵害、返还原物、恢复原状、排除妨害、消除危险、赔偿损失等民事责任。在本案中，原告徐华平婚后户口一直未迁出，其母子应在沟东村分得责任田。1990 年灌南县统一调整土地时，被告也实际分给两原告责任田 1.52 亩。被告以原告徐华平丈夫属农村户口而应在其丈夫处分责任田为由，拒绝发放土地补偿费，显然违背了上述法律规定，实际上是一种歧视妇女土地财产权的行为，因此，理应败诉。

第七章

妇女的人身权

【导读】妇女的人身权是妇女依法享有的、与其自身不可分离亦不可转让的没有直接财产内容的权利。妇女人身权是妇女享有的最基本也是最重要的人权之一，是维护妇女的自身价值和社会价值、保护妇女的一切权利的基础和前提。国际社会通过一系列国际条约和国际文件确认和保护妇女人身权，为妇女的人身权利的内容确立了国际标准。妇女的人身权包括生命权、健康权、人身自由权、人格尊严权、免受暴力权。我国宪法、刑法、民法、婚姻法、妇女权益保障法、行政法、劳动法、诉讼法等相关法律法规对保护妇女人身权作出了明确的规定。

第一节
妇女人身权的基本原理

一、妇女人身权的概念和意义

（一）妇女人身权的概念

人身权利是人格权和身份权的合称，又称人身非财产权，是指宪法和法律赋予公民的与其人身不可分离而又没有直接经济内容的权利。妇女人身权，乃是指妇女依法享有的、与其自身不可分离亦不可转让的没有直接财产内容的权利。

妇女人身权有狭义和广义之分。广义的妇女人身权是一个涉及妇女生存和发展空间安全，且带有人身性质的诸法律权利的集合概念，包括妇女的人格权和身份权等各项权利。人格权分为物质性人格权和精神性人格权。物质性人格权包括生命健康权、人身自由权等权利，精神性人格权包括姓名权、肖像权、名誉权、隐私权、荣誉权等人格尊严权利。身份权包括配偶权、亲权和亲属权等权利。狭义的妇女人身权是指妇女在法律范围内所享有的具有人身性质的权利与自由，它与财产权相对应，虽然不具有财产内容，却能引起财产关系的变化。它主要包括妇女的生命健康权、人身自由权与人格尊严权等。[①] 妇女的人身权利始于出生，终于死亡，与妇女的生命共存。除了法律有特别规定外，妇女人身权不得以任何形式转让，即不能出售、赠与和继承。即使妇女违反了法律规定，也只能追究其法律责任，不能任意地剥夺其人身权利或妨碍其权利的行使。同时，各种具体的人身权利也体现出不可分离性，如生命、健康、姓名、肖像、名誉、荣誉等权利的对象都和妇女的人身不可分离。

（二）妇女人身权的意义

妇女人身权是妇女享有的最基本也是最重要的人权之一，是维护妇女的自身价值和社会价值，保护妇女的尊严和安全的重要权利。妇女人身权是妇女与生俱来所固有的权利，始于出生，终于死亡，是妇女作为自然人所拥有的基本权利，是妇女赖以生存和发展以及享有其他一切权利的基础和前提。没有人身权，妇女的生命、健康、人格尊严得不到应有的尊重和保障，政治权利、受教育权利、劳

---

① 鉴于本书第八章“妇女的婚姻家庭权”涉及亲属身份权内容，为避免重复，本章中的人身权利采用狭义概念，主要是指人格权。

动权利、财产权利、婚姻家庭权利等其他各项权利都会失去依存，变得毫无意义。因此，妇女人身权是妇女人权中最基础、最本质的部分，是核心人权，具有至上性，应该得到最优先、最有力的保护。对妇女人身权的保护是法律最基本、最首要的任务。妇女享有与男性平等的人身权是“使人人享有平等、安全、自由、人格完整和尊严”的国际法原则普遍适用于妇女的必然结果。妇女人身权法律保护制度是否健全，妇女人身权是否得到基本的保障，是衡量一个国家是否具备最低限度的人权、法治和政治文明的标志。妇女与男性的不同身体构造所具有的人身特点，使女性更容易遭受来自不同性别、不同身份、不同阶层的各种人身侵害，比如拐卖罪、强奸罪、强迫卖淫罪等主要是针对妇女的犯罪。在法律体系中确认妇女的人身权利并给予特殊的保护，对于实现两性平等、消除对妇女的歧视具有非常重要的意义。

由于历史的原因，妇女是受压迫最重、受伤害最深的社会群体。人类自进入父系氏族社会之后，男性逐渐成为社会、家庭的统治力量。他们运用手中掌握的统治权力，借助生理上的强悍，为妇女设定了顺从、从属的性别角色和社会角色，妇女的生命贱如草芥，无任何保障。族长、家长、丈夫都有剥夺女性生命、限制其人身自由的权利。溺弃女婴、贩卖妇女、强迫妇女卖淫、剥夺与蔑视妇女人格尊严等行为在许多国家都曾经普遍存在。

近现代以来，随着女权运动的发展，为改变妇女附属于男性的现状，消除性别歧视，保护妇女儿童的人身权利，国际社会作出了巨大的努力。联合国通过《世界人权宣言》、《公民和政治权利公约》、《消除对妇女歧视公约》、《联合国打击跨国有组织犯罪公约关于预防、禁止和惩治贩运人口特别是妇女和儿童行为的补充议定书》、《消除对妇女的暴力行为宣言》、《在非常状态和武装冲突中保护妇女和儿童宣言》等一系列国际公约和国际文件，从禁止贩卖妇女、强迫妇女卖淫到禁止对妇女实施暴力、禁止溺杀女婴和产前性别选择等诸多方面逐步增强对妇女人身权的保护。《消除对妇女歧视公约》对妇女人身权的保护作出了一般性的规定，要求缔约各国承担在所有领域，特别是在政治、社会、经济、文化领域采取一切适当措施，包括制定法律，保证妇女得到充分发展和进步，其目的是为保障她们在与男子平等的基础上行使和享有人权和基本自由。

二、妇女人身权的内容

国际社会通过一系列国际条约和国际文件确认和保护妇女人身权，为妇女的人身权利的内容确立了国际标准。《世界人权宣言》申明不容歧视的原则，并宣布人生而自由，在尊严和权利上一律平等，且人人都有资格享有该宣言所载的一切权利和自由，不得有任何区别，包括男女的区别。根据这一原则，《消除对妇女歧视公约》、《消除对妇女的暴力行为宣言》等国际公约和国际文件都明确规定保护妇女的生命权、健康权、人身自由权以及人格尊严权、免受暴力权等人身权利。

(一) 生命权

妇女的生命权是以妇女的生命安全的利益为内容的一种人格权。生命权是法律赋予妇女的以性命维持和性命安全为内容的权利。世界上大多数国家均将生命权视作一项独立的权利。生命是妇女作为自然人存在的物质基础，也是妇女行使其他一切权利的前提。因此，生命的存在与生命权的享有是妇女的最高人身利益，法律以充分保护生命权为其重要目的。《世界人权宣言》第 3 条规定：人人有权享有生命、自由和人身安全。生命权是所有人权的基础。联合国人权事务委员会 1982 年 7 月 27 日第 378 次会议通过的一般性意见指出，《公民和政治权利公约》第 6 条第 1 款所阐明的生命权是甚至当社会紧急状态存在时也绝不允许减损的最重要权利。不得任意剥夺生命，这是极其重要的规定。1995 年第四次世界妇女大会《北京宣言》和《行动纲领》中明确指出："溺杀女婴和产前性别选择"是一种对妇女的暴力行为。歧视、虐待生女婴的妇女，强迫孕妇做产前性别鉴定，强制孕妇堕毙女胎，危害妇女和胎儿的生命权是男尊女卑、重男轻女、歧视妇女的传统陋习在现实生活中的表现。

生命是人的最高人格利益，生命权的基本内容就是维护生命的延续，保证生命的安全，也就是保护妇女的生命不受外来非法侵害，从而使妇女的生命按照自然界的客观规律延续。当妇女的生命权遭到不法侵害时，妇女可以采取正当防卫、紧急避险以及向司法机关提出保护请求等措施消除危险状况，维护自己的生命安全。

(二) 健康权

健康权是妇女依法享有的以保持其自身及其器官以至身体整体的功能安全为内容的人格权。身心健康是妇女生存和进行正常生活，参加工作、学习和社会活动的前提条件，也是妇女作为法律主体所应享受的基本利益。

《行动纲领》第 89 条规定：妇女有权享有能达到的最高身心健康的标准。享有这一权利对妇女的生活和福祉及参加公共和私人生活领域都至关重要。健康是指身体、精神和社会等方面完全健康的状态，而不仅仅指没有疾病或不虚弱。妇女的健康涉及她们的身心和社会福祉，除了生理因素之外，还由妇女生活的社会、政治和经济环境决定。《行动纲领》第106条（b）要求各国政府保护和促进妇女和女孩享有最高身心健康标准的权利，并将其列入国家立法，审查现有立法，包括保健法，必要时审查政策，以反映对妇女保健的承诺，并确保政策保护不论居于何地的妇女都能够享有平等的健康权利。

对妇女器质健康、生理健康或者是心理健康的侵害均构成侵害妇女的健康权。同时由于健康与妇女生命、身体的密切关系，侵害妇女身体、剥夺妇女生命的同时也构成对妇女健康权的侵害（有关妇女健康权的内容请详见本书第九章“妇女的健康权”）。

（三）人身自由权

妇女的人身自由权是指妇女有在法律允许的范围内按照自己的意志行动，其人身不受侵犯的权利。人身自由权是公民的基本人权和自由，是妇女应当享有的基本权利。《公民和政治权利公约》第9条规定：“人人有权享有人身自由和安全。任何人不得加以任意逮捕或拘禁。除非依照法律所确定的根据和程序，任何人不得被剥夺自由。”妇女的人身自由不受非法拘禁、逮捕、搜查和其他侵害，不得对妇女实施酷刑或残忍、不人道或侮辱性的待遇或惩罚。任何人不得拐卖、绑架妇女，不得强制妇女卖淫。

1949年12月2日由联合国大会第317号决议批准的《禁止贩卖人口及取缔意图赢利使人卖淫的公约》序言中明确指出：贩卖妇女儿童和经营卖淫业是犯罪行为。它蔑视人类的尊严和价值，危害个人、家庭和社会的幸福。公约规定：凡招雇、引诱或拐带他人使其卖淫，开设或经营妓院，知情而以租赁房舍或其他场所或其一部供人经营淫业者等，都应受到法律制裁。公约要求缔约国建立专门机构，负责打击这些犯罪行为。

《消除对妇女歧视公约》第6条规定：缔约各国应采取一切适当措施，包括制定法律，以禁止一切形式贩卖妇女和强迫妇女卖淫对她们进行剥削的行为。联合国消除对妇女歧视委员会第十一届会议（1992年）通过的第19号一般性建议第6段对贩卖妇女和强迫妇女卖淫作出了进一步的解释，认为贫穷和失业增加贩卖妇女的机会。除既有的贩卖妇女形式外，还有新形式的性剥削，例如性旅游，向发展中国家征聘劳工到发达国家去工作，安排发展中国家妇女同外国人结婚等。这些做法与妇女平等享有权利以及尊重其权利和尊严都不相容，它们使妇女特别容易受到暴力和虐待。贫穷和失业还逼良为娼，包括年轻少女。妓女尤其容易受到暴力，她们由于地位不合法，往往受到排斥。她们需要平等的法律保护，使她们不被强奸和受到其他形式的暴力。战争、武装冲突、占领领土等往往导致娼妓人数以及贩卖妇女和对妇女进行性攻击的行为增加。2000年《联合国打击跨国有组织犯罪公约关于预防、禁止和惩治贩运人口特别是妇女和儿童行为的补充议定书》对此有更具体的规定。

(四) 人格尊严权

人格尊严是人身权的重要内容。妇女的人格尊严是妇女作为独立的法律主体以独立的人格参与社会活动所享有的精神性利益，包括妇女的姓名权、肖像权、名誉权、荣誉权等权利。《世界人权宣言》首先提出，对人类家庭所有成员的固有尊严及其平等和不移的权利的承认，乃是世界自由、正义与和平的基础。《公民和政治权利公约》确认：公民权利和政治权利是源于人身的固有尊严及其平等而产生的。第17条规定："任何人的私生活、家庭、住宅或通信不得加以任意或非法干涉，他的荣誉和名誉不得加以非法攻击。人人有权享受法律保护，以免受这种干涉或攻击。"《消除对妇女歧视公约》第16条第1款第7项规定夫妻享有平等的姓名选择权。相较于其他权利，对于人格尊严权的具体内容，国际文件和国际公约涉及的较少。

(五) 免受暴力权

《世界人权宣言》和《公民和政治权利公约》确认人人享有生命健康权、人身自由与安全权、人格尊严权。据此，1993年《消除对妇女的暴力行为宣言》将基于性别的暴力界定为人权问题，特别是性别歧视和不平等问题。1995年第四次世界妇女大会《行动纲领》明确地把对妇女的暴力与人权和基本自由联系在一起，指出对妇女的暴力侵犯损害或者剥夺了妇女享有的人权和基本自由。对妇女的暴力是对妇女人权的践踏，特别是侵害了妇女的生命健康、人身自由和人格尊严，是性别歧视行为。《行动纲领》将对妇女的暴力行为作为12个重大关切领域之一，指出：对妇女的暴力行为是指公共生活或私人生活中发生的基于性别原因的任何暴力行为，这种暴力行为造成或可能造成妇女受到身心或性方面的伤害或痛苦，也包括威胁采取这种行为，胁迫或任意剥夺自由。因此，对妇女的暴力行为包括但不仅限于下列现象：(1) 家庭中发生的身心和性方面的暴力行为，包括殴打、对家庭中女孩的性虐待、与嫁妆问题有关的暴力、配偶强奸、切割女性生殖器官和对妇女有害的其他传统习俗、非配偶的暴力行为以及与剥削有关的暴力行为；(2) 一般社区中发生的身心和性方面的暴力行为，包括工作场所、教育机关和其他地方发生的强奸、性凌虐、性骚扰和胁迫、贩卖妇女和强迫卖淫；(3) 国家所施行或容忍的身心和性方面的暴力行为，不论在何处发生。

性骚扰是对妇女的暴力行为。联合国消除对妇女歧视委员会在其1989年第

12 号一般性建议中，要求缔约国在提交给委员会的报告中写入为解决工作地点的性骚扰而制定法律的情况。1992 年，联合国消除对妇女歧视委员会建议缔约国通过有效的法律措施，包括刑事制裁、民事制裁和赔偿办法，保护妇女不受任何类型的暴力，包括在工作地点的性攻击和性骚扰。第四次世界妇女大会《行动纲领》第 126 条（a）款要求各国政府、雇主、工会、社区和青年组织以及非政府组织酌情制订旨在消除所有教育机构、工作场所和其他地方的性骚扰和对妇女其他形式暴力行为的方案和程序。

对妇女的暴力行为给妇女的生活带来恐惧和不安全感，殴打、胁迫、贩卖妇女和强迫卖淫不仅侵犯了妇女的生命健康权，而且侵害了妇女的人格尊严。对暴力行为的恐惧，包括对性骚扰的恐惧，长期阻碍着妇女的流动性，限制了妇女的人身自由，限制她们获得资源和参加基本活动的机会，并最终阻碍实现男女两性之间的平等、发展与和平。

三、尊重和保障妇女人身权的义务和责任

（一）国家的义务和责任

国家有保护妇女人身权的义务和责任。对妇女人身权利给予尊重、保护并促使其实现是国家的义务与责任，这是国际社会达成的共识。《世界人权宣言》和《公民和政治权利公约》明确提出：人类家庭所有成员都享有平等的生命权、人身自由与安全权、名誉权、荣誉权等人格尊严的权利，这些权利作为所有人民和所有国家努力实现的共同标准，要通过国家的和国际的渐进的措施，使这些权利和自由在各会员国本身人民及在其管辖下领土的人民中得到普遍和有效的承认和执行。为达此目的，《消除对妇女歧视公约》要求缔约国应采取一切适当措施，以禁止一切形式贩卖妇女及意图赢利使妇女卖淫行为以及消除其他在有关妇女人身权方面的一切事项上对妇女的歧视。

国家有义务尊重妇女的人身权利。《公民和政治权利公约》要求对于妇女固有的生命健康权，国家应当给予充分的尊重和保障，未经法定程序，不得任意剥夺妇女的生命、人身自由和安全权利，不得对妇女施以酷刑或其他的残忍、不人道或有辱人格的待遇或刑罚。不得基于对妇女的歧视或限制剥夺妇女获得姓名权、名誉权、荣誉权等人格尊严的平等机会和途径，不得剥夺或者阻碍妇女参与有关涉及妇女生存权与发展权领域的决策机会和获取资源的机会。

国家对妇女人身权有积极保护和提供有效救济的义务。根据《消除对妇女歧视公约》和《行动纲领》的相关规定，国家有义务执行本国批准或加入的国际公

约和本国签署的国际法律文件；采取适当立法和其他措施，包括在适当情况下实行制裁，以禁止对妇女的一切形式的歧视；将保护妇女生命健康、人身自由、人格尊严与免受暴力的目标列入立法规范，尽力预防、调查及根据国家法律惩罚侵害妇女人身权的行为；审查其国内现有相关的立法和政策是否有利于保护妇女的人身权利，推行将社会性别观点纳入所有有关妇女人身权利的政策和法律中；完善保护妇女人身权利的法律制度，制定具有社会性别敏感性的具体措施和机制。采取一切适当措施，特别是在教育领域的措施，以改变男女的社会和文化行为形态，消除基于两性之间的自卑感或优越感和基于男女陈规定型作用、偏见、习俗及所有其他实践。为人身权利受到侵害的妇女提供渠道，使她们能够向司法机关申诉，并按照国家立法规定，让她们所受的伤害能够得到公正及有效的补救，并使妇女知道有权通过此机制寻求补救。

国家应采取措施禁止一切形式贩卖妇女及意图赢利使妇女卖淫的行为。《行动纲领》要求审查和加强 1949 年《禁止贩卖人口及取缔意图赢利使人卖淫的公约》以及其他有关文书的执行情况，并进一步指出，有效禁止贩卖妇女和女孩从事性交易是国际所关注的紧迫事项。在国际卖淫和贩卖网中利用妇女卖淫已成为国际有组织犯罪集团的一个重点。《执行〈北京宣言〉和〈行动纲领〉的进一步行动和倡议》第 70 条规定：各国政府应当采取措施，防止在这种国际交易中被牺牲的妇女和女孩遭受进一步暴力、意外怀孕和感染性传染疾病，包括 HIV/艾滋病。国家应当采取适当措施以解决根本问题，包括消除促成贩卖妇女和女孩并迫使她们从事淫业和其他形式的性交易、强迫婚姻和强迫劳动的各种外在因素，从而消除贩卖妇女活动，包括加强现有立法以进一步保护妇女和女孩的权利，并通过刑事和民事措施来惩处犯罪行为人。向受害者提供援助和保护并使其重返社会，起诉所涉包括中介在内的所有罪犯，以打击和消除一切形式的贩卖妇女和女孩行为。

国家应当采取一切措施使妇女享有能达到的最高身心健康的标准。《行动纲领》要求各国政府增加妇女在整个生命周期内获得恰当、担负得起且优质的保健、资料和有关服务；加强、促进妇女健康的预防性方案，采取对性别问题敏感的主动行动，以解决性传染疾病、HIV/艾滋病及性健康和生殖健康问题；促进关于妇女健康问题的研究并分发有关资料；增加资源，促进妇女健康和监测其后续行动。

《行动纲领》特别要求政府为初级保健和社会服务增加预算拨款，为二级和三级保健提供适当支助，特别重视女孩和妇女的生殖健康和性健康，并应将农村和城市贫困地区的保健方案置于优先地位。

国家应当采取一切措施预防和制止对妇女的暴力。《行动纲领》要求各国政府：通过和（或）执行并定期审查和分析立法，以确保其确能消除对妇女的暴力行为，并强调防止暴力行为的发生和起诉违法者；采取措施确保遭到暴力的妇女得到保护，取得公正、有效的补救办法，包括补偿和赔偿并治疗受害者，改造施加暴力者；颁布和执行立法，惩治对妇女施加暴力行径和行为的人，诸如切割女性生殖器官、溺杀女婴、产前性别选择及与嫁妆问题有关的暴力行为等，并大力支持非政府组织和社区组织扫除此种行径的努力。各级政府及相关机构应当在政府预算内拨出足够资源和调集社区资源为保护妇女的生命健康和使妇女免受各种暴力行为提供有力的财政保障。公检法司等执法机构应当有效执行国家立法及其他保护和预防措施，旨在消除对妇女的暴力行为，特别是一切形式的商业性性剥削，以及经济剥削，包括贩卖妇女和儿童、杀害女婴、为维护名誉而犯罪、激情犯罪等严重伤害妇女人身权的行为。

（二）其他社会成员的义务和责任

社区组织、法律援助机构、工会、妇女组织和其他非政府组织都有尊重和保护妇女人身权利的责任和义务。任何个人和组织都不得歧视受害妇女，对受害妇女采取排斥、冷漠等不公平的对待。

社区组织、法律援助机构、工会、妇女组织和其他非政府组织应当对遭受人身侵害的受害妇女提供庇护所等收容、救助场所，并提供医疗、心理、法律和其他咨询服务；要对妇女进行赋权教育、开展社会性别培训、宣传非陈规定型的男女形象，消除造成暴力的媒体表达；支持和倡导对妇女人身权利侵害行为对妇女影响的研究，包括性别统计，并要广泛传播研究成果。

社区组织、法律援助机构、工会、妇女组织和其他非政府组织应当与各级政府及相关机构加强沟通，密切配合，协助各级政府及相关机构打击贩卖、绑架妇女和强迫妇女卖淫的行为，解救被拐卖、绑架的妇女；提供救助措施帮助受害妇女回到社会，回到家庭，为她们制定辅导、康复和支助方案。制订旨在消除所有教育机构、工作场所和其他地方的性骚扰和对妇女其他形式暴力行为的方案和程序。

妇女出生在家庭、生长在家庭，对妇女人身权利的尊重和保护，家庭是非常重要的一环。对妇女的人身权利，其他家庭成员负有尊重和不侵犯其权利以及不妨碍其实现权利的义务，任何家庭成员必须尊重女性家庭成员的生命健康权、人身自由权和人格尊严权，为女性家庭成员提供有利于其成长和生活的家庭环境。

任何家庭成员不得贩卖或参与贩卖女性家庭成员，不得强迫女性家庭成员卖淫；不得虐待、遗弃女性家庭成员，不得对女性家庭成员实施家庭暴力。否则，将承担相应的法律责任。

第二节
妇女人身权在中国的确认和实现状况

一、中国立法对妇女人身权的确认

新中国成立后，党和国家非常重视运用法律手段消除对妇女的歧视，保护妇女人身权利，实现男女平等。经过几十年的不断发展和完善，一个立足中国国情和实际，具有中国特色的保护妇女人身权的法律规范体系已经形成。这个保护妇女人身权的法律规范体系以宪法为依据，以刑法、民法、婚姻法、妇女权益保障法、行政法、劳动法、社会法、诉讼法等相关法律为主干，由法律、行政法规、地方性法规等多个层次的法律规范所构成。

《宪法》是我国法律对妇女人身权给予确认和保护的依据和基础。《宪法》所确立的人身权保护原则包括：（1）法律面前人人平等。“任何组织或者个人都不得有超越宪法和法律的特权。”（第 5 条）“公民在法律面前一律平等。”（第 33 条）（2）人身自由不受侵犯。“公民的人身自由不受侵犯。任何公民，非经人民检察院批准或者决定或者人民法院决定，并由公安机关执行，不受逮捕。禁止非法拘禁和以其他方法非法剥夺或者限制公民的人身自由，禁止非法搜查公民的身体。”（第 37 条）（3）人格尊严不受侵犯。“公民的人格尊严不受侵犯。禁止用任何方法对公民进行侮辱、诽谤和诬告陷害。”（第 38 条）

我国现行民事法律有关妇女人身权保护的规定，集中体现在《民法通则》、《婚姻法》、《收养法》、《侵权责任法》等法律中，内容涵盖了妇女人身权的各方面。《民法通则》第五章第四节专门规定了各种人身权利，内容包括：生命健康权、姓名权、肖像权、名誉权、婚姻自主权、男女平等以及婚姻、家庭、老人、母亲受法律保护，并在法律责任部分规定了侵犯人身权的民事责任。

我国刑法专门设立了侵犯公民人身权利罪，对一些严重侵害公民人身权利的行为，追究其刑事责任。主要包括杀人罪，伤害罪，强奸罪，强制猥亵、侮辱妇女罪，非法拘禁罪，绑架罪，拐卖妇女儿童罪，侮辱罪，诽谤罪，干涉婚姻自由罪，重婚罪，虐待罪，遗弃罪等。刑法通过上述规定为打击侵犯妇女合法权益的犯罪提供了法律依据。

从我国宪法和法律的有关规定可见，国际人权文件确认的妇女的生命健康权、人身自由权、人格尊严权和免受暴力权等妇女人身权的内容在我国法律中均有规定，我国采取的是广义的人身权概念，有些规定比国际文件的规定更为具体，保护的力度更强。

(一) 生命健康权

我国妇女的生命健康权受法律保护。《民法通则》第 98 条规定："公民享有生命健康权。"《妇女权益保障法》第 38 条在对妇女的生命健康权进行一般性保护的同时，又针对现实生活中严重侵害妇女生命健康权的几种特定情形作出了禁止性的规定："妇女的生命健康权不受侵犯。禁止溺、弃、残害女婴；禁止歧视、虐待生育女婴的妇女和不育的妇女；禁止用迷信、暴力等手段残害妇女；禁止虐待、遗弃病、残妇女和老年妇女。"

歧视、虐待生育女婴的妇女和不育的妇女，是指因妇女生育女婴或不生育而对妇女实施的区别、排斥、摧残、迫害等行为，具体表现为冷漠、经常性的打骂、体罚、冻饿、强迫从事过重劳动以及性虐待等。用迷信手段残害妇女主要是指违法行为人利用迷信邪教或采用坑蒙欺骗的邪术对妇女进行残害，甚至诱奸、强奸妇女的行为。用暴力手段残害妇女主要是指用殴打、绳勒、刀砍、针刺等方式造成妇女伤害甚至致残的行为。虐待病、残妇女和老年妇女是指对共同生活的病、残妇女和老年妇女从肉体和精神上进行摧残迫害的行为，具体表现为经常性的打骂、体罚、冻饿、强迫从事过重劳动、限制外出活动等。遗弃妇女是指对于没有独立生活能力的病、残妇女和老年妇女负有赡养义务而拒绝赡养的行为，具体表现为拒绝提供或不愿提供衣食住行的条件，有病不给看病等。侵害妇女生命健康权的实质是在父权制文化的背景下，对女性的歧视与漠视，没有将妇女视为具有独立人格、享有独立人权的主体，而是将妇女视为传宗接代的工具，可以任意凌辱的客体。对于妇女的生命健康权，我国法律给予了强力的保护，规定了刑事责任、民事责任与行政责任。

首先，侵害妇女生命健康权构成犯罪的，应当承担刑事责任。根据《刑法》第 232 条的规定，用迷信、暴力等手段残害妇女构成杀人罪的，"处死刑、无期徒刑或者十年以上有期徒刑；情节较轻的，处三年以上十年以下有期徒刑"。根据《刑法》第 234 条的规定，构成伤害罪的，"处三年以下有期徒刑、拘役或者管制"，"致人重伤的，处三年以上十年以下有期徒刑；致人死亡或者以特别残忍手段致人重伤造成严重残疾的，处十年以上有期徒刑、无期徒刑或者死刑”。根据《刑法》第 236 条的规定，“以暴力、胁迫或者其他手段强奸妇女的，处三年以上十年以下有期徒刑。奸淫不满十四周岁的幼女的，以强奸论，从重处罚”。

根据《刑法》第 260 条的规定，虐待生育女婴的妇女和不育的妇女以及虐待、遗弃病、残妇女和老年妇女，构成虐待罪的，“处二年以下有期徒刑、拘役或者管制”，犯虐待罪，“致使被害人重伤、死亡的，处二年以上七年以下有期徒刑”。根据《刑法》第 261 条的规定，“对于年老、年幼、患病或者其他没有独立生活能力的人，负有扶养义务而拒绝扶养，情节恶劣的，处五年以下有期徒刑、拘役或者管制”。

其次，侵犯妇女生命健康权给妇女造成人身损害的，应当承担民事责任。《侵权责任法》第 16 条规定：“侵害他人造成人身损害的，应当赔偿医疗费、护理费、交通费等为治疗和康复支出的合理费用，以及因误工减少的收入。造成残疾的，还应当赔偿残疾生活辅助具费和残疾赔偿金。造成死亡的，还应当赔偿丧葬费和死亡赔偿金。”

再次，侵犯妇女生命健康权尚未构成犯罪的，应当承担行政责任。对于歧视生育女婴的妇女和不育的妇女行为，《妇女权益保障法》第 57 条规定由侵害人“所在单位、主管部门或者上级机关责令改正，直接负责的主管人员和其他直接责任人员属于国家工作人员的，由其所在单位或者上级机关依法给予行政处分”。对于殴打他人的，或者故意伤害他人身体的，根据《治安管理处罚法》第 43 条规定，“处五日以上十日以下拘留，并处二百元以上五百元以下罚款；情节较轻的，处五日以下拘留或者五百元以下罚款”。对于虐待家庭成员或者遗弃没有独立生活能力的被扶养人的，根据《治安管理处罚法》第 45 条的规定，“处五日以下拘留或者警告”。

（二）人身自由权

我国妇女的人身自由受法律保护。《妇女权益保障法》第 37 条规定：“妇女的人身自由不受侵犯。禁止非法拘禁和以其他非法手段剥夺或者限制妇女的人身自由；禁止非法搜查妇女的身体。”为了保护妇女、胎儿和婴儿的权利，《刑事诉讼法》对限制妇女的人身自由权还作出了特殊性的规定。该法第 65 条第 3 款规定：“患有严重疾病、生活不能自理，怀孕或者正在哺乳自己婴儿的妇女，采取取保候审不致发生社会危险性的”，可以取保候审。第 130 条规定：“检查妇女的身体，应当由女工作人员或者医师进行。”第 251 条规定：下级人民法院接到最高人民法院执行死刑的命令后，发现罪犯正在怀孕的，应当停止执行，并报请最高人民法院依法改判。

对现实生活中严重限制妇女人身自由的拐卖、绑架妇女，强迫妇女卖淫、组织妇女进行淫秽表演等行为，《妇女权益保障法》、《刑法》以及《治安管理处罚法》等法律法规都有针对性地作出了明确规定。

1. 关于拐卖、绑架妇女的规定

《妇女权益保障法》第39条规定："禁止拐卖、绑架妇女；禁止收买被拐卖、绑架的妇女；禁止阻碍解救被拐卖、绑架的妇女。"拐卖、绑架妇女以追求非法利益为目的，直接对妇女人身权利和其他权利进行严重侵害，社会影响极其恶劣，社会危害性极大。为了严厉打击拐卖、绑架妇女行为，保护妇女人身权益，我国刑法1997年修订时专门修改和增设了关于拐卖、收买妇女等罪名，提高了有关犯罪的量刑标准。

拐卖妇女是指以出卖赢利为目的，用欺骗、引诱、威胁、绑架等手段，拐骗、绑架、收买、贩卖、接送、中转妇女的违法犯罪行为。《刑法》第240条规定："拐卖妇女、儿童的，处五年以上十年以下有期徒刑，并处罚金；有下列情形之一的，处十年以上有期徒刑或者无期徒刑，并处罚金或者没收财产；情节特别严重的，处死刑，并处没收财产：(1) 拐卖妇女、儿童集团的首要分子；(2) 拐卖妇女、儿童三人以上的；(3) 奸淫被拐卖的妇女的；(4) 诱骗、强迫被拐卖的妇女卖淫或者将被拐卖的妇女卖给他人迫使其卖淫的；(5) 以出卖为目的，使用暴力、胁迫或者麻醉方法绑架妇女、儿童的；(6) 以出卖为目的，偷盗婴幼儿的；(7) 造成被拐卖的妇女、儿童或者其亲属重伤、死亡或者其他严重后果的；(8) 将妇女、儿童卖往境外的。"

绑架妇女，是指以勒索财物为目的或者将妇女作为人质，使用暴力、胁迫或者麻醉等方法强行掠走妇女，非法限制其人身自由的犯罪行为。根据《刑法》第239条第1款的规定，构成绑架罪的，应"处十年以上有期徒刑或者无期徒刑，并处罚金或者没收财产；致使被绑架人死亡或者杀害被绑架人的，处死刑，并处没收财产"。值得注意的是，如果以出卖为目的，使用暴力胁迫或者麻醉方法绑架妇女的，则以拐卖妇女、儿童罪论处。

收买被拐卖、绑架的妇女是指行为人不是以出卖赢利为目的，而是为"结婚"或者"收养"以金钱财物收买被拐卖、绑架的妇女的行为。在拐卖、绑架妇女的犯罪活动中，收买妇女的需要是拐卖妇女行为的原动力之一，买方市场的存在直接刺激和推动了拐卖妇女儿童行为的产生，因此我国刑法在严惩拐卖方的同时，对收买妇女的行为也予以制裁。根据《刑法》第241条第1款的规定，收买被拐卖的妇女、儿童的，处三年以下有期徒刑、拘役或者管制。收买被拐卖的妇女，强行与其发生性关系的，依照刑法强奸罪的规定定罪处罚。收买被拐卖的妇女、儿童，非法剥夺、限制其人身自由或者有伤害、侮辱等犯罪行为的，依照刑法有关伤害罪、侮辱罪的规定定罪处罚。同时构成上述情形的，按数罪并罚处理。收买被拐卖的妇女、儿童又出卖的，依照刑法拐卖罪的规定定罪处罚。收买被拐卖的妇女、儿童，按照被买妇女的意愿，不阻碍其返回原居住地的，对被买儿童没有虐待行为，不阻碍对其进行解救的，可以不追究刑事责任。

任何个人或者组织均不得阻碍对被拐卖、绑架妇女的解救。《刑法》第 242 条规定：以暴力、威胁方法阻碍国家机关工作人员解救被收买的妇女、儿童的，依照刑法妨碍公务罪的规定定罪处罚。聚众阻碍国家机关工作人员解救被收买的妇女、儿童的首要分子，处五年以下有期徒刑或者拘役；其他参与者使用暴力、威胁方法的，依照前款的规定处罚。协助转移、隐藏或者以其他方法阻碍国家工作人员解救被收买的妇女，未使用暴力威胁方法的，依照《治安管理处罚法》第 50 条的规定，“处警告或者二百元以下罚款；情节严重的，处五日以上十日以下拘留，并处五百元以下罚款”。

为了严厉打击拐卖、绑架妇女的犯罪活动，《妇女权益保障法》对各级政府、有关机构及其工作人员在解救被拐卖、绑架妇女的工作中的具体职责作出了明确规定。《妇女权益保障法》第 39 条第 2 款规定：“各级人民政府和公安、民政、劳动和社会保障、卫生等部门按照其职责及时采取措施解救被拐卖、绑架的妇女，做好善后工作，妇女联合会协助和配合做好有关工作。任何人不得歧视被拐卖、绑架的妇女。”各级人民政府对被拐卖、绑架的妇女负有解救的职责，解救工作由公安机关会同有关部门负责执行。负有解救职责的国家机关工作人员接到被拐卖、绑架的妇女及其家属的解救要求或者接到其他人的举报后，必须严格履行职责进行解救。对被拐卖、绑架的妇女不进行解救，造成严重后果的，构成不解救被拐卖、绑架妇女罪，根据《刑法》第 416 条第 1 款的规定，处五年以下有期徒刑或者拘役。负有解救被拐卖、绑架妇女职责的国家机关工作人员利用职务阻碍解救的，如阻止有关人员前往解救，给拐卖、绑架者出谋划策，为收买者转移被拐卖、绑架的妇女提供条件的，构成阻碍解救被拐卖、绑架妇女罪，根据《刑法》第 416 条第 2 款的规定，处二年以上七年以下有期徒刑，情节较轻的，处二年以下有期徒刑或者拘役。

对于因拐卖、绑架妇女给妇女造成人身损害的，应当根据《侵权责任法》第 16 条的规定承担侵权的民事责任。

2. 关于强迫妇女卖淫的规定

《妇女权益保障法》第 41 条规定："禁止卖淫、嫖娼。禁止组织、强迫、引诱、容留、介绍妇女卖淫或者对妇女进行猥亵活动。禁止组织、强迫、引诱妇女进行淫秽表演活动。"

卖淫、嫖娼特别是强迫卖淫，强制猥亵、侮辱妇女，严重侵害了妇女的人身自由和人格尊严，是我国法律严厉禁止、强力打击的违法犯罪行为。根据我国《治安管理处罚法》第 66 条规定："卖淫、嫖娼的，处十日以上十五日以下拘留，可以并处五千元以下罚款；情节较轻的，处五日以下拘留或者五百元以下罚款。"组织他人卖淫是指通过纠集、控制等手段，组织、诱骗妇女卖淫，从中牟利的行为。强迫他人卖淫是指采取暴力或暴力威胁等手段，违背他人意志迫使他人卖淫的行为。《刑法》第 358 条规定："组织他人卖淫或者强迫他人卖淫的，处五年以上十年以下有期徒刑，并处罚金"；情节严重的，"处十年以上有期徒刑或者无期徒刑，并处罚金或者没收财产"。引诱、容留卖淫是指以金钱、实物等手段诱惑他人卖淫并提供卖淫场所的行为。《刑法》第 359 条规定："引诱、容留、介绍他人卖淫的，处五年以下有期徒刑、拘役或者管制，并处罚金；情节严重的，处五年以上有期徒刑，并处罚金。"《治安管理处罚法》第 67 条规定："引诱、容留、介绍他人卖淫的，处十日以上十五日以下拘留，可以并处五千元以下罚款；情节较轻的，处五日以下拘留或者五百元以下罚款。"

强制猥亵、侮辱妇女是指以暴力、胁迫或者其他方法强制猥亵妇女或者侮辱妇女的行为。《刑法》第 237 条规定："以暴力、胁迫或者其他方法强制猥亵妇女或者侮辱妇女的，处五年以下有期徒刑或者拘役。"《治安管理处罚法》第 44 条规定："猥亵他人的……处五日以上十日以下拘留；猥亵智力残疾人、精神病人、不满十四周岁的人或者有其他严重情节的，处十日以上十五日以下拘留。"

组织妇女进行淫秽表演是指纠集、控制妇女当众跳脱衣舞、裸体舞、性交表演等淫秽性表演。《刑法》第 365 条规定："组织进行淫秽表演的，处三年以下有期徒刑、拘役或者管制，并处罚金；情节严重的，处三年以上十年以下有期徒刑，并处罚金。"《治安管理处罚法》第 69 条规定："组织或者进行淫秽表演的"，"处十日以上十五日以下拘留，并处五百元以上一千元以下罚款"。

（三）人格尊严权

妇女的人格尊严受法律保护。《民法通则》第 99—103 条对公民的姓名权、肖像权、名誉权、荣誉权、婚姻自主权作出了确权性的规定。《妇女权益保障法》第 42 条规定："妇女的名誉权、荣誉权、隐私权、肖像权等人格权受法律保护。

禁止用侮辱、诽谤等方式损害妇女的人格尊严。禁止通过大众传播媒介或者其他方式贬低损害妇女人格。未经本人同意，不得以赢利为目的，通过广告、商标、展览橱窗、报纸、期刊、图书、音像制品、电子出版物、网络等形式使用妇女肖像。”

妇女的人格尊严是妇女的意志自由和行为自由的统一，保护妇女人格尊严就是要尊重妇女的人格和社会价值，保障妇女的身心健康，保障妇女的人格独立和平等，确保妇女能够按照自己独立的意志从事社会活动并实现自身的价值。姓名权是妇女依法享有的决定、使用、改变自己姓名并排除他人侵害的权利，包括姓名决定权、姓名使用权、姓名变更权。《民法通则》第 99 条规定：“公民享有姓名权，有权决定、使用和依照规定改变自己的姓名，禁止他人干涉、盗用、假冒。”名誉权是妇女对自己在社会生活中获得的社会评价、人格尊严所享有的不可侵犯的权利，包括名誉保有权、名誉维护权、名誉利益支配权。《民法通则》第 101 条规定：“公民、法人享有名誉权，公民的人格尊严受法律保护，禁止用侮辱、诽谤方式损害公民、法人的名誉。”荣誉权是妇女对自己的荣誉称号所享有的不受他人非法侵害的权利，包括荣誉保持权、精神利益支配权、物质利益获得权以及物质利益支配权。《民法通则》第 102 条规定：“公民、法人享有荣誉权，禁止非法剥夺公民、法人的荣誉称号。”肖像权是指妇女通过各种形式在客观上再现自己形象而享有的专有权，包括形象再现权、肖像使用权和维护肖像完整权。《民法通则》第 100 条规定：“公民享有肖像权，未经本人同意，不得以赢利为目的使用公民的肖像。”隐私权是妇女享有的对自己的个人秘密和个人私生活进行支配并排除他人干涉的权利，包括生活安宁权、信息和生活情报的控制保密权、通信秘密权以及对隐私的利用权。侵害妇女的人格尊严权应承担刑事责任、民事责任、行政责任。

首先，侵害妇女的人格尊严构成犯罪的，应当承担刑事责任。根据《刑法》第 246 条的规定，“以暴力或者其他方法公然侮辱他人或者捏造事实诽谤他人”，构成侮辱罪或诽谤罪，“情节严重的，处三年以下有期徒刑、拘役、管制或者剥夺政治权利”。

其次，侵犯妇女生命健康权给妇女造成人身损害的，应当承担民事责任。《民法通则》第 120 条规定：“公民的姓名权、肖像权、名誉权、荣誉权受到侵害的，有权要求停止侵害，恢复名誉，消除影响，赔礼道歉，并可以要求赔偿损失。”《侵权责任法》第 20 条规定：“侵害他人人身权益造成财产损失的，按照被侵权人因此受到的损失赔偿；被侵权人的损失难以确定，侵权人因此获得利益的，按照其获得的利益赔偿；侵权人因此获得的利益难以确定，被侵权人和侵权人就赔偿数额协商不一致，向人民法院提起诉讼的，由人民法院根据实际情况确定赔偿数额。”第 21 条规定：“侵权行为危及他人人身、财产安全的，被侵权人可以请求侵权人承担停止侵害、排除妨碍、消除危险等侵权责任。”第 22 条规定：“侵害他人人身权益，造成他人严重精神损害的，被侵权人可以请求精神损害赔偿。”

再次，侵害妇女的人格尊严尚未构成犯罪的，应当承担行政责任。根据《治安管理处罚法》的规定：“（1）写恐吓信或者以其他方法威胁他人人身安全的；（2）公然侮辱他人或者捏造事实诽谤他人的；（3）捏造事实诬告陷害他人，企图使他人受到刑事追究或者受到治安管理处罚的；……（5）多次发送淫秽、侮辱、恐吓或者其他信息，干扰他人正常生活的；（6）偷窥、偷拍、窃听、散布他人隐私的”，“处五日以下拘留或者五百元以下罚款；情节较重的，处五日以上十日以下拘留，可以并处五百元以下罚款”。

对于以侮辱、诽谤等方式损害妇女人格尊严的，受害人有权向人民法院起诉，请求司法机关保护自己的权利。损害妇女人格，情节严重，构成犯罪的，被害人或人民检察院可以依法提起刑事诉讼，追究加害人的刑事责任；同时被害人可以提起附带民事诉讼，要求赔偿损失。

（四）免受暴力权

妇女有免受来自社会与家庭的身体上的暴力、精神上的暴力以及性暴力的权利。我国法律禁止拐卖、绑架、强奸、虐待、遗弃妇女等各类针对妇女的暴力包括家庭暴力[①]，妇女享有免受暴力的权利。为了更全面地保护妇女的人身权利，2005 年修正的《妇女权益保障法》增加了禁止性骚扰的规定。《妇女权益保障法》第 40 条规定：“禁止对妇女实施性骚扰，受害妇女有权向单位和有关机关投诉。”第 58 条规定：“违反本法规定，对妇女实施性骚扰或者家庭暴力，构成违反治安管理行为的，受害人可以提请公安机关对违法行为人依法给予行政处罚，也可以依法向人民法院提请民事诉讼。”

对妇女实施性骚扰是指违背妇女的意志，以肢体行为、语言、文字、音像、电子信息等方式实施的与性有关的侵权行为。[②] 广义的性骚扰是指发生在工作场所、公共场所等区域内的针对妇女的性暴力行为。根据严重程度可以分为一级性骚扰和二级性骚扰。一级性骚扰是构成犯罪的性攻击行为，如强奸、性虐待及猥

① 详见本书第八章“妇女的婚姻家庭权”相关内容。

② 对于“性骚扰”尚无全国性立法或司法层面的统一定义，本定义是目前理论界较为接受的一种。

亵等；二级性骚扰则包括一切不受欢迎的不适宜的具有挑逗性、猥亵性的言语和行为，如黄色笑话、黄色短信、触摸敏感部位、暴露性器官、展示色情图片、强行搂抱亲吻等。工作场所中的性骚扰是在工作场所以交换利益为目的，或以剥夺受害人现有的工作利益为要挟，违背受害人的意志而对受害人施以的性骚扰行为。主要发生在用人单位的上下级之间、同事之间、雇主与受雇人之间、受雇者之间以及服务者与服务对象之间，包括以肢体行为、语言、文字、音像、电子信息等方式实施的与性或性别有关的行为。工作场所中的性骚扰主要发生在“男上司”与“女下属”之间，体现了男女权力不平等的关系，这种关系导致了男性对女性的控制和歧视，是对妇女暴力行为的表现形式之一。遭受性骚扰的受害妇女可以向所在单位的人事、劳动关系管理部门、纪检部门或者工会投诉，也可以向单位的上级主管部门投诉，要求调查处理。受害妇女可以直接到案发地或者对方所在地的公安机关基层派出所报案，要求对行为人给予行政处罚，受害妇女也可以直接向人民法院起诉，要求行为人承担侵权的民事责任。

实施性骚扰构成强制猥亵、侮辱妇女罪的，应承担相应的刑事责任。《刑法》第 237 条规定：“以暴力、胁迫或者其他方法强制猥亵妇女或者侮辱妇女的，处五年以下有期徒刑或者拘役。”未构成犯罪的，应承担相应的行政责任。《治安管理处罚法》第 42 条规定：“多次发送淫秽、侮辱、恐吓或者其他信息，干扰他人正常生活的”，“处五日以下拘留或者五百元以下罚款；情节较重的，处五日以上十日以下拘留，可以并处五百元以下罚款”。第 44 条规定：“猥亵他人的，或者在公共场所故意裸露身体，情节恶劣的，处五日以上十日以下拘留；猥亵智力残疾人、精神病人、不满十四周岁的人或者有其他严重情节的，处十日以上十五日以下拘留。”因实施性骚扰给妇女造成损害的，按照《侵权责任法》第 20 条的规定承担侵权的民事责任。

二、妇女人身权在中国的实现状况

按照《消除对妇女歧视公约》等国际法律文件所确定的国际标准，我国妇女在生命健康权、人身自由权、人格尊严权等方面已经逐渐实现了与男性在法律上的平等，并通过一些特别措施得到了特殊保护，妇女人身权在现实生活中也基本实现了平等，但实践中仍然存在着危害妇女人身权的情况，需要进一步完善法律，提高执法人员的社会性别意识，强化执法力度。

在保护妇女人身权、反对性别暴力方面，我国政府各机构加强了责任意识，加大了行动力度，加大了跨部门合作及对民间组织的支持，取得了显著的成果。

近年来，全国公安机关连续开展打击拐卖妇女儿童的专项行动，建立了被解救妇女儿童中转、培训、康复中心。同时，公安和司法机关将打击拐卖妇女儿童犯罪确定为国际合作的重要领域，与有关国家签订了双边警务合作协议和刑事司法协助条约，共同开展“预防、打击拐卖妇女儿童犯罪”项目。2007 年 12 月，国务院批准了《中国反对拐卖妇女儿童行动计划（2008—2012 年）》。这是第一个国家级反拐工作指导文件，确定了中国五年反拐工作指导思想、目标任务、战略措施、具体措施与责任分工，成立了由公安部牵头、31 个部门组成的国务院反对拐卖妇女儿童行动工作部际联席会议。2009 年 3 月，公安部等 29 部委联合下发了《〈中国反对拐卖妇女儿童行动计划（2008—2012 年）〉实施细则》。同年，公安机关再次在全国开展打击拐卖妇女儿童犯罪专项行动，严厉打击拐卖妇女的犯罪活动。最高人民法院 2010 年年度工作报告显示，法院系统从严惩处拐卖妇女儿童的犯罪行为，全年共审结拐卖妇女儿童犯罪案件 1 924 起，判处罪犯 3 817 人，同比分别上升了 14.8%和 62.47%（《北京法制晚报》，2011 年 5 月 24 日要闻 A03 版）。

中国政府严厉打击强迫卖淫的行为。2000 年 7 月 7 日，国务院办公厅转发了公安部等部门《关于开展加强娱乐服务场所管理　严厉打击卖淫嫖娼赌博吸毒贩毒等社会丑恶现象专项行动意见的通知》（国办发〔2000〕48 号），对卖淫嫖娼、赌博、吸毒贩毒等黄赌毒行为采取“零容忍”的态度，在全国开展“加强娱乐服务场所管理，严厉打击卖淫嫖娼、赌博、吸毒贩毒等社会丑恶现象专项行动”。专项行动由公安部牵头，会同监察部、文化部、国家工商行政管理局联合组织开展。通过专项行动，有效遏制了各类案件、事故和卖淫嫖娼、淫秽色情表演、赌博、吸毒贩毒等社会丑恶现象以及赢利性陪侍活动。

中国政府致力于依法保障女婴和女孩的生存发展权利，遏制出生婴儿性别比偏高的现象。近年来，政府有关部门在全国范围内开展“婚育新风进万家”活动，深入宣传男女平等、生男生女一样好等新型婚育观。2003 年启动“关爱女孩行动”，提出“消除性别歧视要从怀孕抓起，倡导男女平等要从娃娃开始”，通过广泛深入的宣传教育，逐步建立有利于女孩及其家庭发展的利益导向机制，改变男女不平等的生育偏好，维护女孩的合法权益，努力提高女孩的家庭地位。

尽管中国政府和民间组织在保护妇女人身权利、反对针对妇女的暴力方面取得了明显进步，但对妇女人身权利的保护仍存在一些问题。2009 年 10 月发布的《“北京+15”中国非政府妇女组织报告（影子报告）》指出，由于中国正处于经济社会的转轨时期，社会矛盾比较集中和复杂，加之历史上男尊女卑观念的影响没有彻底消除，目前中国社会中家庭暴力、对女性的性骚扰现象仍不同程度地存在；强迫卖淫、被迫提供色情服务现象比较严重；流动妇女、农村留守妇女和女童、服务和娱乐场所工作的年轻妇女等，受性侵害比例较高。拐卖妇女儿童犯罪呈现出新特点：从强迫婚姻、非法收养，到强迫劳动、被迫卖淫、被迫乞讨等多种形式犯罪并发；跨地区、跨国境趋势明显，被拐卖妇女儿童呈现低龄化趋势等。溺弃、残害女婴的现象时有发生，出生婴儿性别比中男婴多于女婴的现象也没有得到根本性的遏制。

我国应当进一步完善维护妇女人身权利的法律，积极推动出台反对一切形式对妇女暴力的立法，也可以对已经多次论证过立法可行性和必要性的反对家庭暴力法、反对性骚扰法先行立法，解决现实生活中妇女的诉求。《中国妇女发展纲要(2011—2020年)》将严厉打击强奸、拐卖妇女和组织、强迫、引诱、容留、介绍妇女卖淫等严重侵害妇女人身权利的犯罪行为作为该纲要要实现的主要目标之一，并规定了“强化整治措施，加大监管力度，严厉查处涉黄娱乐服务场所，依法从严惩处犯罪分子。加大社会治安综合治理力度，鼓励群众对涉黄违法犯罪活动进行举报和监督。……坚持预防为主、防治结合，提高全社会的反拐意识和妇女的防范意识。加强综合治理，加大对拐卖妇女犯罪行为的打击力度。加强被解救妇女身心康复和回归社会的工作”等措施以确保目标的实现。为了有效预防和制止针对妇女的性骚扰，该纲要规定建立健全预防和制止性骚扰的法规和工作机制，加大对性骚扰行为的打击力度。用人单位应当采取有效措施，防止工作场所的性骚扰。

职场性骚扰案①

案情简介

29岁的刘仑是成都市高新区某高科技企业的人事经理。2008年3月11日，刚刚毕业的陈丹到该企业应聘文员一职，作为公司人事经理的刘仑参与了面试工作，并决定录用陈丹。第二天，正在单位上班的陈丹接到了刘仑要求陈丹下班后到其办公室进行工作面谈的电话。下班后，陈丹依约敲开了刘仑的办公室大门。几句寒暄之后，刘仑突然告诉陈丹：“我很喜欢你，你做我的女朋友吧?”陈丹坚决拒绝，说自己已经有男朋友了。面对陈丹的拒绝，恼羞成怒的刘仑强行将陈丹抱住，卡住陈丹的脖子，强行亲吻她。陈丹大声呼救，奋力反抗。此时，正在隔壁加班的另一部门负责人杨某听到呼救声后，

① 《成都判决国内首例因性骚扰获刑案件》，http://www.sina.com.cn，2008年7月15日，最后访问于2011年4月16日。

拨打 110 报警。赶到现场的警方将刘仑当场捕获。

当日，公安机关就对刘仑以涉嫌强制猥亵妇女罪刑事拘留。在公安机关的讯问中，刘仑坦言，从陈丹一进公司他就有和她谈恋爱的想法，并在遭到拒绝后不理智地强行拥抱、亲吻陈丹。陈丹因为被刘仑用手掌卡住颈部阻止她的反抗造成其软组织受伤。

法院审理后认为，刘仑采用强制的手段已经构成了强制猥亵妇女罪，并认为刘仑利用自己主管人事的权力，侮辱妇女，应当受到刑事处分。法院以强制猥亵妇女罪判处刘仑拘役 5 个月。宣判后，刘仑并没有对该判决提起上诉。

评析：

本案是 2005 年 12 月 1 日施行的《妇女权益保障法》对“性骚扰”首次立法后，国内第一桩因“性骚扰”而被处以刑罚的案件。本案的实质是刘仑的行为构成了职场性骚扰。本案中的刘仑作为单位的人事经理，是陈丹的领导，他利用上下级关系，将陈丹单独叫到其个人办公室，违背陈丹的意志，强行实施拥抱、亲吻等具有性要求、性含义的言词和行为，侵犯了陈丹的人格尊严和人身自由，符合发生在工作场所，违背妇女的意愿，并且实施了具有性含义的行为的职场性骚扰的构成要件。由于刘仑的性骚扰行为情节严重，已经构成了《刑法》第 237 条规定的强制猥亵妇女罪，法院以强制猥亵妇女罪判处刘仑拘役 5 个月，罚当其罪。

据中国职场性别歧视调查显示，大约每 25 个女性中就有一名女性遭遇过强行性行为。而当发生性骚扰后，只有 45.6%的被骚扰者会明确警告骚扰者，会向单位人事部门、工会或者管理者投诉的员工也仅占 34.3%，而选择司法诉讼和报警方式的比例均不到 1/5，但选择屈从和睁只眼闭只眼的却高达 54.4%，多数受害人都选择了隐忍或离职。[①] 陈丹在遭遇到性骚扰后大声呼救，同事听到后及时报警，警察迅速到场，并以涉嫌强制猥亵妇女罪刑事拘留了刘仑，是最终能够将刘仑绳之以法的重要原因。同时，如果陈丹认为刘仑的侵权行为给其造成了损害，还可以向陈仑提起附带民事诉讼，要求刘仑做出损害赔偿，包括物质损害的赔偿和精神损害的赔偿。

这个案例也充分说明，受害妇女在遭受职场性骚扰后如果能及时求助，保存证据，其权益是能够得到法律保护的。

---

① 骆倩雯：《性骚扰困扰六成职场女性》，载《中国妇女报》，2011 年 5 月 17 日。

第八章

妇女的婚姻家庭权

【导读】妇女的婚姻家庭权是妇女基于婚姻家庭成员的特定身份而产生，以身份权为基础所享有的人身权利和财产。妇女的婚姻家庭权是与妇女的生存权、发展权密不可分的基本人权，是妇女人权中最重要的内容之一。妇女在婚姻家庭中发挥了关键作用，是决定婚姻家庭稳定、和谐、幸福的重要因素，而妇女充分享有法律赋予的婚姻家庭权利，则是婚姻家庭关系和谐、稳定、幸福的重要保障。根据国际法律文件和我国法律的规定，妇女的婚姻家庭权包括婚姻自由权、生育权、监护权、已婚妇女个人发展的选择自由权、夫妻财产权等权利，妇女的婚姻家庭权受到法律的保护。

第一节 妇女婚姻家庭权的基本原理

一、妇女婚姻家庭权的概念和意义

（一）妇女婚姻家庭权的概念

婚姻家庭权是指基于婚姻关系、血缘关系、收养关系或其他亲缘关系而发生在亲属间的权利。妇女的婚姻家庭权是妇女基于婚姻家庭成员特定身份关系的存在而产生，以身份权为基础所享有的权利的总称，主要包括妇女在婚姻关系和家庭关系中的人身权利和财产权利。

婚姻家庭关系是具有自然属性并以性与亲情为特征的伦理关系，家庭是以婚姻、血缘和收养为纽带，以共同生活为目的联结起来的亲属团体。在这个亲属团体中，亲属之间有着固定的身份和称谓，并且具有法律上的权利义务关系。妇女在婚姻家庭中分别担任妻子、母亲、女儿、姐妹等不同身份，与其他社会关系相比，亲属的身份关系具有稳定性和长期性，妇女在婚姻家庭中的权利是由法律明确规定的，是法定权利。

（二）妇女婚姻家庭权的意义

家庭是社会的基本单位，是社会凝聚和社会融合的主要力量，所有的人都生活在家庭中，无论贫穷还是富有，无论已婚还是未婚，出生后都需要抚养教育，年老时都需要赡养照顾，即使社会物质极大丰富，血浓于水的情感交流、亲情相依的天伦之乐仍然是社会供养所无法替代的。婚姻至今仍然是维持人类社会繁衍发展的基本形式，家庭是人类生长和生活的重要场所，也是决定其生活幸福和生活质量的重要载体，因此，婚姻家庭权是与生存权、发展权密不可分的基本人权，当然也是妇女人权最重要的内容之一。妇女在婚姻家庭中发挥了关键作用，是决定婚姻家庭稳定、和谐、幸福的重要因素，而妇女充分享有法律赋予的婚姻家庭权利，则是婚姻家庭关系和谐、稳定、幸福的重要保障。

婚姻家庭作为人类最重要、最基础的社会关系和天然的基本的社会单元，它与社会的发展变革密切相连，社会的发展变革推动了婚姻家庭制度的发展演变，决定了婚姻家庭关系的发展方向。妇女在婚姻家庭中的地位及其所享有的权利也在随着社会制度、婚姻家庭制度的演变而不断发生着变化。

在父权制的宗法社会下，世界各国的妇女在婚姻家庭中长期处于无权地位，几乎在所有的国家都经历过妇女在家庭中既无人身权也无财产权的时代。妇女没有独立的人格，甚至没有完全行为能力，不能有独立的姓名、住所、工作、学习的权利，没有缔结婚姻和解除婚姻的自由，没有独立的经济收入，对夫妻财产和家庭财产没有管理权、收益权，更没有处分权。

近现代以来，随着女权运动的发展，为改变妇女在婚姻家庭中的无权地位，保护家庭、母亲和儿童的权利，国际社会作出了巨大的努力。联合国通过《世界人权宣言》、《公民和政治权利公约》、《关于婚姻的同意、结婚最低年龄及婚姻登记的公约》、《消除对妇女歧视公约》、《儿童权利公约》、《北京宣言》、《行动纲领》等一系列国际文件，对妇女在婚姻家庭中的权利作出了明确规定。例如，《公民和政治权利公约》第 23 条规定："家庭是天然的和基本的社会单元，应当受到社会和国家的保护。……只有经男女双方的自由的和完全的同意，才能缔婚。"再如，《消除对妇女歧视公约》第 16 条要求缔约各国采取一切适当措施，消除在有关婚姻和家庭关系的一切事项上对妇女的歧视，并特别应保证她们在男女平等的基础上享有相同的结婚和离婚的自由、相同的生育权、相同的抚养教育子女的监护权，享有人身自由权、管理和处分其个人与夫妻共同财产的权利。对于在许多国家存在的针对妇女的家庭暴力现象，联合国 1993 年和 1996 年分别通过了《消除对妇女的暴力行为宣言》和《家庭暴力示范立法框架》，这两个文件明确指出：家庭暴力是发生在家庭内部和人际关系中对妇女实施的特殊的性别暴力；家庭暴力构成对个人和社会的一种严重犯罪行为；针对妇女的家庭暴力是侵害妇女人权的社会问题，而不是私人问题和家庭事务。国家有必要采取一个结合了宪法、民事、刑事和行政的法律架构，来规定一系列法律措施和非法律措施，来预防家庭暴力，保护和支持受害人以及惩罚施暴者。

同时，国际社会注意到，几乎在所有的国家，妇女在家庭中都发挥着关键的作用，是维持家庭运转和稳定的重要力量，但即使在现代社会，妇女对家庭和社会的重要作用也没有得到足够的重视，她们的婚姻家庭权利没有得到很好的保护。2000 年《第四次世界妇女大会五周年执行〈北京宣言〉和〈行动纲领〉的进一步行动和倡议》指出：妇女在家庭中发挥关键作用；家庭是社会的基本单位，是社会凝聚和社会融合的主要力量，因此应当予以加强；家庭有权得到全面的保护和支助；妇女对家庭的福祉和社会的发展有着巨大的贡献，但这一点的重要性仍未得到充分承认或考虑；应当承认怀孕、生养及父母在家庭中的作用和培育子女的作用所具有的社会意义；对妇女的支助不足和对其家庭的保护和支助不够，影响到整个社会并减损实现两性平等的努力。

二、妇女婚姻家庭权的内容

国际社会通过一系列国际法律文件，为妇女的婚姻家庭权利的内容确立了国际标准。《消除对妇女歧视公约》第 16 条规定，缔约各国应采取一切适当措施，消除在有关婚姻和家庭关系的一切事项上对妇女的歧视，并特别应保证她们在男女平等的基础上有结婚自由权、离婚自由权、平等的监护权、生育权及对夫妻财产的使用、管理、处分权等。根据上述国际文件确立的标准，婚姻家庭权作为妇女的基本人权主要应当包括以下内容：

(一) 婚姻自由权

婚姻自由权是指当事人在法律规定的范围内，有依照自己的意志决定其婚姻状况的权利。婚姻自由包括结婚自由和离婚自由。结婚自由，是指婚姻当事人有依法缔结婚姻关系的自由。妇女具有选择配偶和自由缔婚的权利是其具有独立人格和自由权利的重要标志。是否结婚，与谁结婚，是妇女本人的权利，任何人无权干涉。自愿是实现婚姻自由的前提，当事人双方意思表示一致是婚姻成立的必要条件。只有经男女双方自由和完全的同意，才能缔婚。离婚自由，是指夫妻有依法解除婚姻关系的自由。当双方感情确已破裂，夫妻关系无法继续维持时，解除痛苦的婚姻关系，无论对双方或对社会都是幸事。同时，离婚是一项重要的法律行为，它关系到家庭的稳定、子女的幸福、社会的和谐。法律应为当事人慎重作出决定，为维持家庭的稳定设立离婚的法定条件，确立男女双方平等的夫妻财产分割、子女抚养的规定，为保障妇女的离婚自由提供救济途径。

婚姻不自由，特别是女性没有婚姻自由，是在漫长人类历史上各国普遍存在的现象。婚姻自由是新兴的资产阶级在反封建斗争过程中提出来的一项原则。资产阶级提出民主、自由、平等的口号，婚姻自由也被宣布为“天赋人权”。资产阶级取得政权后，把婚姻自由用法律的形式固定了下来。如法国 1791 年宪法和 1804 年民法典分别规定：“法律视婚姻仅为民事契约。”“未经合意不能成立婚姻。”这无疑是婚姻历史上的重大进步。从资产阶级革命到现在的数百年间，婚姻自由已成为世界大多数国家普遍认同的一项法律原则。

男女享有平等的婚姻自由权是国际人权文件所确认的最基本的人权之一。《世界人权宣言》第 16 条宣示：“成年男女，不受种族、国籍或宗教的任何限制，有权婚嫁和成立家庭。他们在婚姻方面，在结婚期间和在解除婚约时，应有平等的权利。只有经男女双方的自由的和完全的同意，才能缔婚。”《公民和政治权利公约》第23条在此基础上进一步规定："本公约缔约各国应采取适当步骤以保证缔婚双方在缔婚、结婚期间和解除婚约时的权利和责任平等。"《关于婚姻的同意、结婚最低年龄及婚姻登记的公约》第1条第1款也明确规定："婚姻非经当事人双方完全自由同意，不得依法缔结。"许多国家都有早婚和包办买卖婚姻的传统习俗，即使在现代，由于一些国家的结婚年龄低于成年年龄，早婚现象依然普遍存在。未达法定婚龄女童的早婚使她们不能表达或不能正确表达自己是否同意结婚的意思，任由父母包办婚姻。这不仅违反婚姻自由，也严重地影响妇女接受教育和参与就业的机会，是阻碍妇女获得社会资源、提高其家庭地位和社会地位的重要原因。《关于婚姻的同意、结婚最低年龄及婚姻登记的公约》要求缔约国应采取立法行动规定结婚的最低年龄。凡未满法定年龄，不得依法结婚。《行动纲领》要求各国政府"颁布和严格执行法律，确保在结婚前须经未来配偶自由和充分同意，此外颁布和严格执行最低法定同意年龄和最低结婚年龄的法律，必要时应提高最低结婚年龄"。

（二）生育权

生育权是指建立在生殖健康权基础上的两性生育权，即夫妻的共同生育权，是夫妻身份权的重要内容。生育权在国际文件中也称之为生殖权利，是指所有夫妇和个人均享有自由、负责地决定是否生育、生育次数、间隔和时间并获得相关信息和方法的基本权利，以及实现性健康和生殖健康方面相应标准的权利。

妇女生育权的实质是妇女所享有的生育自由权以及生殖健康权。在人类历史中相当长的时期内，尽管女性在生育的过程中扮演着十分重要的角色，承担了更多的痛苦和风险，但女性的社会与生理弱势地位决定了她们在生育问题上始终处于被动的地位，只有生育的义务，没有选择的权利，大多数的妇女只是被当做传宗接代、生儿育女的工具，得不到法律的保障和技术指导。随着社会的进步与人类的发展，避孕方法得到普及，女性有了更多的就业机会，妇女的生育权以及生殖健康问题也越来越受到国际社会的重视。1995年，参加第四次世界妇女大会的各国政府通过《北京宣言》，"明白确认和重申所有妇女对其健康所有方面特别是其自身生育的自主权，是赋予她们权利的根本"。《行动纲领》进一步明确了妇女的生育权是妇女的基本人权，指出她们有权在不受强迫、歧视和暴力的条件下自由和负责地控制与其性行为有关的事项以及对性保健和生殖保健作出决定，强调男女在性关系和生殖事项中关系平等，应该互相尊重、同意并愿意为性行为及其后果承担责任。生殖健康表示人们能够有满意而且安全的性生活，有生育能力，可以自由决定是否生育、生育时间和次数。男女均有权获知并能实际获取他

/她们所选定的，不违反法律的调节生育率方法，有权获得适当的保健服务，使妇女能够安全地怀孕和生育。

(三) 监护权

监护权是对缺乏自我保护和自我生活能力的无民事行为能力人、限制民事行为能力人的一种保护或照顾的权利，主要是指父母对未成年子女人身、财产以及其他一切合法权益进行保护和照顾的权利。其具体内容包括保护被监护人的身体健康和人身安全，管理和保护被监护人的财产，作为被监护人的法定代理人进行民事活动、参加诉讼，维护被监护人的其他合法权益。父母的监护权在现代社会虽然仍以权利相称，但实际上是一种具有义务性的权利，监护权的行使和监护职责的履行是完全一致的。

世界各国的亲子关系立法均沿着从家族本位到父权本位到父母本位再到子女本位的轨迹发展。在封建社会，父系尊亲属是未成年人的唯一合法监护人，母亲是没有监护资格的。现代意义上的监护制度确认了父母双方对子女均享有平等的权利和义务，抚养教育子女是父母双方的共同责任，母亲对子女享有独立的监护权，父亲不得任意剥夺母亲的监护权。《儿童权利公约》第 18 条强调监护权是父母双方的共同责任："缔约国应尽其最大努力，确保父母双方对儿童的养育和发展负有共同责任的原则得到确认。父母或视具体情况而定的法定监护人对儿童的养育和发展负有首要责任。儿童的最大利益应当是他们主要关心的事。"作为监护人的父亲和母亲，应当平等、合作，共同履行对未成年子女的监护职责，关爱和保护未成年子女的身心健康，照顾和料理未成年子女的生活，管理和保护未成年子女的财产，代理未成年子女进行民事活动，对未成年子女进行适当的约束和教育；未成年人的行为给他人造成损害的，父母应当共同承担民事责任。父母作为未成年子女监护人的资格，不因父母离婚而丧失，离婚后母亲仍然享有对子女的监护权。即使是在双方未缔结婚姻的情况下，非婚生子女的生父也应当承担抚养教育子女的责任。正如《消除对妇女歧视公约》第 16 条所规定的："不论婚姻状况如何，在有关子女的事务上，作为父母亲有相同的权利和义务。"联合国消除对妇女歧视委员会第十三届会议（1994 年）通过的第 21 号一般性建议中对此作出了进一步的要求："缔约国应确保其法律规定，不论父母的婚姻状况如何，也不论他们是否与子女共同生活，父母双方平等分担对子女的权利和责任。"

(四) 已婚妇女个人发展的选择自由权

已婚妇女在婚姻家庭中的个人发展的选择自由权主要是指妇女在结婚之后有选择姓氏，外出参加学习、工作和社会活动的自由权，丈夫及其他家庭成员不得干涉限制。已婚妇女在婚姻家庭中享有个人发展的选择自由权是针对传统社会妇女婚后从夫姓、只能在家从事家务劳动、相夫教子而没有参与社会活动、获取社会资源的权利而规定的，其法律规定的目的在于保障已婚妇女的姓氏选择权、职业选择权、受教育权、参加社会工作等社会活动参与权。夫妻享有平等的个人发展的选择自由权是夫妻法律地位平等的重要标志，是夫妻家庭地位平等的具体表现，是夫妻人身关系的重要内容，有助于促进夫妻关系平等和家庭成员的和睦。

联合国对于保障已婚妇女在婚姻家庭中的个人发展的选择自由权有一系列的规定。早在 1948 年通过的《世界人权宣言》就已经规定：人人有权工作、自由选择职业、享受公正和合适的工作条件并享受免于失业的保障，人人都有受教育的权利，人人有权自由参加社会的文化生活，享受艺术，并分享科学进步及其产生的福利。1966 年通过的《经社文权利公约》进一步强调缔约国要保证妇女与男子平等享有这些权利。男女平等的职业选择权、受教育权、参加社会活动的权利不因结婚而受到限制，无论未婚还是已婚，无论贫穷还是富有，无论社会的发展、科技的进步速度有多快，夫妻都应享有平等的社会活动参与权，妇女在婚后继续享有自主参加学习、工作和社会活动的自由权利，丈夫和家庭成员不得进行干涉。《消除对妇女歧视公约》第 16 条规定："夫妻有相同的个人权利，包括选择姓氏、专业和职业的权利。"但时至今日，在世界范围内，特别是在一些发展中国家，妇女外出学习、工作和参加社会活动的自由仍然受到丈夫和其他家庭成员的限制和干涉，而照顾子女、打扫房间、洗衣做饭等家务劳动则是限制妇女外出的重要原因。传统的家务劳动分工体系使得妇女无法从家庭中脱身或必须付出更多的劳动和更多的精力。有鉴于此，《行动纲领》第 179 条要求各国政府"制订政策，确保男女得以平等地自由选择全时和非全时工作"；"改变强调男女分工的观念，以宣传分担家务责任的概念，特别是分担照顾子女和老年人的责任"。要使妇女能够充分享有社会活动参与权，并通过夫妻双方以及家庭成员之间的协商沟通，促使夫妻和家庭成员在教育和培训、有酬工作、家务劳动、志愿活动和其他社会工作中平等均衡地分配时间并从中获益，最终促进两性关系的平等。

（五）夫妻财产权

财产权是指具有直接经济内容的民事权利，包括物权、债权、财产继承权、知识产权中的财产利益等权利。妇女在婚姻家庭中的财产权利，是指女性家庭成员对其个人财产、夫妻共同财产、家庭共同财产所享有的占有、使用、收益、处分的权利和对被继承人的遗产继承权。妇女在家庭生活中享有与丈夫平等的经济支配权、家庭事务管理决策权、家务劳动分担权。在现代社会以核心家庭为主的家庭模式中，家庭的财产关系以夫妻财产权为主，包括夫妻的个人财产、夫妻的共同财产以及未成年子女的财产。成年的未婚子女可以作为独立的单人家庭，享有其个人财产权。夫妻的财产权是与夫妻身份权相对应的，具有附随性，以身份关系的存在为前提，并为夫妻关系的存续提供物质保障。夫妻财产权是夫妻关系中的一个重要方面，也体现了夫妻在婚姻家庭关系中的地位。夫妻是否享有平等的财产权是夫妻地位是否平等的重要标志，是妇女人权的重要内容。

在人类历史相当长的时间里，妇女被规定为限制行为能力人，没有独立的财产权。女儿对父母的财产没有继承权，妻子对丈夫的财产没有继承权；已婚妇女对婚后的财产没有任何权利，即使是妻子的婚前财产也归丈夫或丈夫的家族所有，妻应顺从其夫，未经夫之许可，不得赠与、转让、抵押财物。20 世纪以来，随着西方国家工业化进程加快和女权运动的发展，各国家庭法明确规定妻子可以作为法定继承人享有对丈夫遗产的继承权，丈夫有扶养、扶助妻子的义务和责任；妻子的独立财产权受到法律保护，夫妻共同财产制和夫妻分别财产制逐渐成为夫妻财产制度的主流。在离婚分割财产时，一些国家明确规定要考虑妻子家务劳动的价值和各种无酬劳动的价值，即使采取夫妻分别财产制也要平均分割夫妻婚后增值的财产。

妇女在婚姻家庭中享有的财产权利多次被国际法律文件所确认。《消除对妇女歧视宣言》第 6 条规定：“妇女不论已婚未婚，在民法方面享有与男子平等的权利”，妇女有“取得、管理、享用、处分及继承财产的权利，包括婚姻存续期间取得的财产在内”。《消除对妇女歧视公约》第 16 条规定：“配偶双方在财产的所有、取得、经营、管理、享有、处置方面，不论是无偿的或是收取价值酬报的，都具有相同的权利。”联合国消除对妇女歧视委员会第 13 届会议（1994 年）通过的第 21 号一般性建议中强调：在分配婚姻财产时，要将经济贡献和非经济贡献同等看重。正是由于妻子哺育子女，照顾老年亲属以及从事家务职责的非经济贡献，才使得丈夫得以挣取收入，增加资产。[①]

（六）免受家庭暴力权

家庭暴力是指发生在家庭成员之间的造成身体、精神、性或财产上损害的行为。妇女享有免受家庭暴力的权利是指妇女无论是妻子、母亲、女儿都享有基于人身自由权、生命健康权和人格尊严权等基本人权而不受其他家庭成员对其实施的身体暴力、精神暴力、性暴力等暴力行为的权利。家庭暴力在世界各国普遍存

---

① 夫妻的其他财产权的内容请见本书第六章“妇女的财产权”。

在，而基于性别的针对妇女的暴力则是广泛存在的社会现象。对妇女的家庭暴力侵犯了妇女的人权和基本自由，是男权文化的产物，是因为男女权力不平等的关系而导致的男性对女性的控制与歧视，是迫使妇女对男性处于从属地位的重要社会机制之一。丈夫对妻子的暴力，父母对女童的暴力已经成为许多国家文化中的一部分，被社会所认可。中国的“三天不打，上房揭瓦”，“娶来的媳妇，买来的马，任我骑来任我打”的俗语就是这种文化的反映。对妇女的家庭暴力破坏、妨碍妇女享有基本的人权和自由，使受害妇女长期处于恐惧和不安全感之中，她们的人身自由受到限制，人格尊严得不到尊重，难以获得社会资源和参与社会活动。对妇女的家庭暴力是实现男女两性平等发展与和平共处目标的一个不能忽视的障碍。

针对这种制度性的男权文化下的暴力行为，国际社会从保护妇女人权的高度通过了一系列的国际文件，消除对妇女的家庭暴力已经成为国际社会共同的行动目标。1992 年联合国消除对妇女歧视委员会通过的第 19 号一般性建议，第一次明确地将性别暴力界定为针对妇女的、由于她是女性而实施的，或不合比例地影响到妇女的暴力。1993 年 12 月 20 日，联合国大会通过了《消除对妇女的暴力行为宣言》，明确将家庭暴力定义为在家庭内发生的身心方面和性方面的暴力行为。1996 年联合国人权事务委员会第 52 次会议通过的《家庭暴力示范立法框架》更明确具体地规定：所有这些由家庭成员对家庭中的妇女施加的以性别为基础的肉体上的、精神上的以及性的侵害行为，从简单的攻击到严重的肉体上的殴打、绑架、威胁、恐吓、强迫、盯梢、口头上的侮辱谩骂、强行或非法闯入住宅、纵火、损坏财产、性暴力、婚内强奸、因嫁妆或聘礼引起的暴力、女性生殖器残害、强迫卖淫、对家务工作者的暴力以及具有上述行为倾向的行为都可视为家庭暴力行为。

联合国通过一系列的国际文件明确了妇女问题是人权问题，针对妇女的家庭暴力是侵害妇女人权的社会问题，而不是个人问题、家庭隐私。联合国人权事务委员会通过的《家庭暴力示范立法框架》作为联合国标准守则，为各国制定家庭暴力防治法提供了重要的指导。国家“有必要采取一个结合了宪法、民事、刑事和行政的法律架构，来规定一系列法律措施和非法律措施，来预防家庭暴力，保护和支持受害人以及惩罚施暴者”。该示范立法框架全面规定了保护令、限制令等民事、刑事及其他救济措施，以预防和制止家庭暴力，切实保障家庭暴力受害者的权利。

三、尊重和保障妇女婚姻家庭权的义务和责任

(一) 国家的义务和责任

国家有尊重、保护家庭、保护母亲以及妇女的婚姻家庭权利的义务和责任。《世界人权宣言》和《经社文权利公约》均明确规定：家庭是天然的和基本的社会单元，应受到社会和国家的保护。《消除对妇女歧视公约》念及妇女对家庭的福利和社会的发展所作出的巨大贡献一直没有充分受到公认，又念及母性的社会意义以及父母在家庭中和在养育子女方面所负任务的社会意义，并理解到妇女不应因生育的任务而受到歧视，因为养育子女是男女和整个社会的共同责任，进一步强调了国家在保护妇女婚姻家庭权利事项上的责任，要求缔约国应采取一切适当措施，消除在有关婚姻和家庭关系的一切事项上对妇女的歧视。

国家有尊重家庭的价值、尊重妇女的婚姻家庭权利的义务和责任。对于妇女的私生活、家庭、住宅，国家应当给予充分的尊重和保障。不得基于对妇女的歧视或限制剥夺妇女获得婚姻自由权、生育自由权以及对子女监护权的平等机会和途径，不得剥夺或者阻碍妇女在结婚之后有选择姓氏，外出参加学习、工作和社会活动的自由权，获得个人发展和获取社会资源的机会。

国家对妇女的婚姻家庭权利有积极保护和提供有效救济的义务。根据《行动纲领》，国家有义务积极执行本国已经批准或加入的保护妇女婚姻家庭权利的国际公约和本国已经签署的相关国际法律文件；将保护妇女婚姻家庭权利的目标列入本国立法规范，审查现有相关的立法和政策是否有利于保护妇女的婚姻家庭权利，推行将社会性别观点纳入所有有关妇女婚姻家庭权利的政策和法律中；完善保护妇女婚姻家庭权利的法律制度，制定具有社会性别敏感性的婚姻家庭争议解决机制，对负责执行这些政策、法律和机制的工作人员，如执法人员、警察、司法、医疗及社会工作人员进行培训，增强他/她们的社会性别观念；为婚姻家庭权利受到侵害的妇女提供渠道，使她们能够向司法机关申诉，并按照国家立法规定，让她们所受的伤害能够得到公正及有效的补救，并使妇女知道有权通过此机制寻求补救；在政府预算范围内拨出足够资源和调集社区资源，以进行与消除对妇女的家庭暴力行为有关的活动，包括在所有适当级别实施行动计划的资源；向遭受家庭暴力的女孩和妇女提供经费充足的收容所和救助，并提供医疗、心理和其他咨询服务，在必要时提供免费或费用低廉的法律援助，并酌情协助她们取得谋生手段。国家有义务和责任推行积极鲜明的政策，保护婚姻家庭、保护妇女儿童的权利，将性别观点纳入所有政策和方案的主流，以便在作出决定之前，分析

对妇女和对男性的影响。

国家应当采取各种措施保证妇女婚姻家庭权利的实现。根据《国际人口与发展大会行动纲领》，各国政府应在住房、工作、保健、社会安全和教育方面制订重视家庭的政策，以便创造一种支持家庭的环境，同时考虑到家庭的各种形式和职能，支持有关父母作用、父母技能和儿童发展的教育方案。各国政府应提高其他有关方面发展能力，以便检测社会和经济、决定和行动如何影响到家庭福利、家庭内妇女地位以及家庭满足其成员基本需要的能力。应当支持和发展适当机制，帮助家庭养育儿童、赡养老年人、照顾残疾（包括因 HIV/艾滋病引起的残疾）的家庭成员，鼓励男女分担这些责任，支持数代同堂家庭的持续力。通过宣传、教育和立法等措施促进和鼓励妇女和男子平等参与家庭责任的所有方面，包括计划生育、育儿和家务。《第四次世界妇女大会五周年执行〈北京宣言〉和〈行动纲领〉的进一步行动和倡议》要求各国政府制订或加强各项政策和方案，支持妇女承担多种角色以各种方式对家庭的福祉作出贡献，承认怀孕和生育、抚养子女的社会意义，促成使男女能够兼顾工作和家庭责任并鼓励男子与妇女平均分担家庭和育儿责任的方案。

（二）家庭成员的义务和责任

妇女的婚姻家庭权利是妇女的人权。妇女作为婚姻家庭法律关系的主体，享有与男性平等的婚姻家庭权利，家庭中的男性成员负有尊重和不侵犯女性家庭成员的权利以及不妨碍其实现权利的义务，女性家庭成员作为母亲、女儿、妻子的权利受到法律的保护。1975 年《关于妇女的平等地位和她们对发展与和平的贡献的墨西哥宣言》第 5 条规定："男女在家庭里和社会上具有同等的权利和责任。在家庭里，应保证男女平等，因为家庭是社会的基本单位，也是培养人类关系的地方，男子应该更积极地、更有创造性地，而且更负责任地参加家庭生活，使家庭生活健全发展，以便妇女能够更多地参与社会的活动，并使夫妻双方都可以有效地兼顾家务和职业。"夫妻双方应当共同分担抚养教育子女的义务，分担煮饭、洗衣、清洁的家务劳动。家庭成员对妇女的婚姻家庭权利负担积极的义务，例如父母有抚养女儿的义务，即使夫妻双方离婚，也不免除任何一方对女儿的抚养义务；丈夫有扶养妻子的义务，在婚姻关系存续期间，夫妻之间不得通过协议免除丈夫对妻子的扶养义务；子女对母亲有赡养扶助的义务，赡养扶助是没有期限的，只要母亲需要赡养，子女都须尽赡养义务。扶养义务是一种作为，义务人须积极实施扶养行为，才能满足权利人生存的需要，对此义务，义务人不得抛弃、转让。义务人不履行或不当履行扶养义务，构成遗弃的，将承担相应的法律责任，在许多国家，遗弃都构成犯罪。同时，所有的家庭成员对于女性家庭成员都负有尊重和不侵犯其权利以及不妨碍其实现权利的义务。例如：不得侵犯和干涉妇女的婚姻自由权，不得任意剥夺和限制妇女对子女的监护权，不得强制妇女生育或歧视不生育或生育女孩的妇女，不得限制妇女参与社会活动的权利，不得对妇女实施家庭暴力，等等。

现代社会的婚姻家庭关系是依据法律而发生的，婚姻家庭成员的范围是具有权利义务的亲属，家庭成员之间的权利义务是由法律规定的，是法定的权利与义务。妇女的婚姻家庭权利是作为婚姻家庭法律关系的权利主体所应当享有的权利，对于妇女的婚姻家庭权利其他家庭成员负有法定的义务与责任。妇女的婚姻自主权、监护权、亲属权、受扶养权、夫妻共同财产所有权及其相应的财产管理权等人身权和财产权受到法律保护，婚姻家庭关系的相对义务人必须履行相应的义务，否则，将承担行政、民事、刑事等相应的法律责任。

社区组织、法律援助机构、工会、妇女组织和其他非政府组织都有尊重和保护妇女婚姻家庭权利的责任和义务。应当充分认识到妇女在家庭中的作用所具有的社会意义。为改变男女分工的传统观念特别是家务劳动分工体系而进行宣传教育，以提高对于男女平等和男女在家庭中非陈规定型的作用的认识，促进妇女享有婚姻自由权、生育自由权以及对子女的监护权，帮助妇女在结婚之后外出参加学习、工作和社会活动，以获得其个人发展和获取社会资源的机会。当妇女的婚姻家庭权利受到侵害时，要为她们提供庇护场所和心理辅导、婚姻辅导及法律援助。

第二节
妇女婚姻家庭权在中国的确认和实现状况

一、中国立法对妇女婚姻家庭权的确认

中国妇女的婚姻家庭权在法律上得到全面确认始自新中国颁布的第一部基本法——《婚姻法》。新中国成立之初，为了彻底废除半封建半殖民地社会束缚人们的枷锁，解放深受神权、族权、父权、夫权压迫的妇女，建设新中国，刚刚成立的中央人民政府根据起临时宪法作用的《中国人民政治协商会议共同纲领》，于 1950 年 5 月 1 日颁布了《婚姻法》。该法是新中国法制建设的开篇之作，标志

着一个新的时代的来临。1950 年婚姻法完成了彻底废除封建主义的婚姻家庭制度、建立新民主主义婚姻家庭制度的历史使命。一方面，该法破旧立新，彻底否定了以父权、夫权为主导地位的封建主义婚姻家庭制度，建立起崭新的保障婚姻自由、实行一夫一妻婚姻制度、男女享有平等的婚姻家庭权利、保护妇女儿童合法权益的婚姻家庭制度。另一方面，该法是中国妇女解放的重要里程碑，彻底废除了男尊女卑、三纲五常的封建伦理秩序，使妇女享有了独立的人身权利和财产权利，在法律上第一次获得了与男子平等的家庭地位和社会地位，推动了婚姻自由、男女平等、夫妻互敬互爱的新型婚姻家庭关系的建立，赋予了广大妇女走出家门参加学习参加工作的权利以及参加各种社会活动的自由，使妇女享有了与男子平等的劳动权利和财产权利，极大地解放和发展了社会生产力。它所确立的“婚姻自由、一夫一妻、男女平等、保护妇女儿童合法权益”四大原则在 1980 年《婚姻法》和 2001 年《婚姻法》修正案中不断得到重申，成为宪法男女平等原则的重要体现以及我国婚姻家庭立法的主旋律。

1980 年《婚姻法》颁布之后，我国立法机关和司法机关先后出台了一系列规范婚姻家庭关系的法律、法规和司法解释，逐步形成了以宪法和民法通则中的有关规定为依据，以婚姻法为主干，由收养法、继承法、妇女权益保障法、未成年人保护法、老年人权益保障法、婚姻登记条例等相配套，以其他部门法相关规范和不同效力层次的规范性文件以及最高人民法院的司法解释为补充的我国婚姻家庭法律规范体系，而男女平等、保护妇女的合法权益是这一法律体系中的重要原则和法律价值。

我国宪法将保护婚姻、家庭，保护公民的婚姻自由和妇女、儿童、老人的合法权益作为重要的公民基本权利原则。《宪法》第 49 条规定：“婚姻、家庭、母亲和儿童受国家的保护。夫妻双方有实行计划生育的义务。父母有抚养教育未成年子女的义务，成年子女有赡养扶助父母的义务。禁止破坏婚姻自由，禁止虐待老人、妇女和儿童。”

（一）妇女享有婚姻自由权

我国妇女的婚姻自由权受法律保护。《民法通则》明确规定保护妇女的婚姻自由权，其第 103 条规定：“公民享有婚姻自主权，禁止买卖、包办婚姻和其他干涉婚姻自由的行为。”第 104 条规定：“婚姻、家庭、老人、母亲和儿童受法律保护。”

婚姻自由是我国婚姻法的重要基本原则，1950 年《婚姻法》开宗明义规定：“废除包办强迫、男尊女卑、漠视子女利益的封建主义婚姻制度。”1980 年《婚姻法》和2001年《婚姻法》修正案均秉持了这一原则，明确规定实行婚姻自由，禁止包办、买卖婚姻和其他干涉婚姻自由的行为，禁止借婚姻索取财物。该法规定“结婚必须男女双方完全自愿，不许任何一方对他方加以强迫或任何第三者加以干涉”（第5条），同时明确规定了离婚的法定条件，确立了双方自愿离婚的行政程序和一方要求离婚的诉讼程序。

《妇女权益保障法》第44条规定：“国家保护妇女的婚姻自主权。禁止干涉妇女的结婚、离婚自由。”在我国，妇女享有与男性完全平等的婚姻自由权，双方均依法享有结婚自由和离婚自由；结婚时男女双方必须完全自愿，符合结婚的实质要件，履行法定结婚登记程序；结婚后夫妻双方享有同样的权利和义务；在婚姻关系存续期间，任何一方均有提出离婚的权利，无论双方登记离婚还是一方诉讼离婚均须符合法定条件，履行法定程序。离婚后，夫妻双方都有抚养子女、分割夫妻共同财产、清偿共同债务等权利义务。同时，为了保护妇女权益，实现法律上的实质平等，《婚姻法》和《妇女权益保障法》还规定了一些特别保护措施，例如：为了保障胎儿、婴儿和妇女的合法权益，这两部法律均规定在一定期限内限制男方的离婚请求权。《妇女权益保障法》第45条规定：“女方在怀孕期间、分娩后一年内或者终止妊娠后六个月内，男方不得提出离婚。女方提出离婚的，或者人民法院认为确有必要受理男方离婚请求的，不在此限。”

为了保障妇女的离婚自由，《婚姻法》规定了离婚救济制度，包括家务劳动的补偿制度、对困难一方的经济帮助制度以及离婚损害赔偿制度等。《婚姻法》第46条规定：因重婚、有配偶者与他人同居、实施家庭暴力或者虐待、遗弃家庭成员导致离婚的，无过错方有权请求损害赔偿。《妇女权益保障法》第48条规定：“夫妻共有的房屋，离婚时，分割住房由双方协议解决；协议不成的，由人民法院根据双方的具体情况，按照照顾子女和女方权益的原则判决。夫妻双方另有约定的除外。夫妻共同租用的房屋，离婚时，女方的住房应当按照照顾子女和女方权益的原则解决。”

为了保护婚姻自由，《刑法》第257条规定了暴力干涉婚姻自由罪：以暴力干涉他人婚姻自由的，处二年以下有期徒刑或者拘役。致被害人死亡的，处二年以上七年以下有期徒刑。

（二）妇女享有生育自主权

计划生育是我国的基本国策，也是婚姻法的重要原则。《婚姻法》第16条规定：“夫妻双方都有实行计划生育的义务。”夫妻双方应当根据具体情况，协商决定由何方实施计划生育的措施，实施计划生育的措施不仅仅是妻子单方面的义务。在计划生育原则的前提下，妇女的生育权在我国主要包括生育选择权、生育安全权和生育保障权。

妇女享有在法律规定条件下的生育选择权。《妇女权益保障法》第 51 条第 1 款规定："妇女有按照国家有关规定生育子女的权利，也有不生育的自由。"一方面，妇女有权依照国家法律和有关政策取得生育指标，生育子女，任何人不得无故刁难或强迫中止妊娠。另一方面，妇女享有不生育的自由，有权根据自身的健康和具体情况选择不怀孕或怀孕后堕胎。

妇女享有生育保健以保证生育安全的权利，包括安全分娩、获得产前产后保健、获得避孕节育技术和生殖保健服务权、避孕节育措施知情选择权、孕产期和哺乳期享有生殖保健服务权。《母婴保健法》第 2 条规定："国家发展母婴保健事业，提供必要条件和物质帮助，使母亲和婴儿获得医疗保健服务。"《人口与计划生育法》第 31 条规定："各级人民政府应当采取措施，保障公民享有计划生育技术服务，提高公民的生殖健康水平。"《人口与计划生育法》第 38 条规定："计划生育技术服务人员违章操作或者延误抢救、诊疗，造成严重后果的，依照有关法律、行政法规的规定承担相应的法律责任。"

妇女享有在生育期间获得物质帮助的权利。《妇女权益保障法》第 29 条规定："国家推行生育保险制度，建立健全与生育相关的其他保障制度。地方各级人民政府和有关部门应当按照有关规定为贫困妇女提供必要的生育救助。"

（三）母亲享有对未成年子女的监护权

我国《民法通则》第 16 条规定："未成年人的父母是未成年人的监护人。"未成年人的父母已经死亡或者没有监护能力的，才需要依法另行确定监护人。《妇女权益保障法》第 49 条第 1 款规定："父母双方对未成年子女享有平等的监护权。父亲死亡、丧失行为能力或者有其他情形不能担任未成年子女的监护人的，母亲的监护权任何人不得干涉。"

未成年子女的法定监护人是父母双方，父母双方享有平等的监护权。母亲作为具有完全民事行为能力的人，有担任未成年子女监护人的能力，她应当与父亲平等地享有监护子女的权利，承担抚养教育子女、管教和保护子女的责任。对未成年子女的监护权是妇女婚姻家庭权的重要内容，任何人不得非法剥夺或干涉母亲对子女的监护权。《婚姻法》第 21 条规定："父母对子女有抚养教育的义务；子女对父母有赡养扶助的义务。"第 23 条规定："父母有保护和教育未成年子女的权利和义务。在未成年子女对国家、集体或他人造成损害时，父母有承担民事责任的义务。"父母应对未成年子女承担监护职责，履行监护义务。监护人的监护权虽以权利相称，但实际上是一种具有义务性的权利，因此，监护既是权利也是责任，监护权的行使和监护责任的履行是完全一致的。作为未成年子女的父母，应当充分考虑未成年子女的利益，在涉及子女的抚养、教育、生活等问题上应当平等、协商、合作，共同履行对未成年子女的监护职责。该监护职责包括但不限于：供养和照料被监护人的生活，保护被监护人的身体健康，送未成年子女接受义务教育，管理和保护被监护人的财产，代理被监护人进行民事活动，对被监护人的行为进行适当的约束和保护，在被监护人合法权益受到侵害或者与他人发生争议时，代理其进行诉讼活动。被监护人对他人造成损害的，监护人应当承担赔礼道歉、恢复原状、损害赔偿等民事责任。

母亲对子女的监护权不受婚姻关系的影响。《婚姻法》第 25 条明确规定："非婚生子女享有与婚生子女同等的权利，任何人不得加以危害和歧视。"不直接抚养非婚生子女的生父或生母，应当负担子女的生活费和教育费，直到子女能独立生活为止。无论非婚生子女的生父是否另有婚姻，是否与非婚生子女共同生活，他都应当与非婚生子女的母亲平等分担监护职责，共同承担对非婚生子女的抚养教育义务。父母双方离婚后，父母与子女之间的关系不因父母离婚而解除，离婚时母亲与父亲对未成年子女享有平等的监护权。根据《婚姻法》第 36—38 条以及司法解释有关离婚后子女抚养方面的规定，哺乳期内的子女，以其母亲为监护人，有特殊情况的除外。哺乳期后的子女，应由父母双方协商决定。父母双方可以协议轮流担任监护人，一方对另一方监护的子女有探望的权利，另一方有协助的义务。如果父母双方因监护问题发生争执不能达成协议，由人民法院根据父母双方的具体情况和有利于未成年子女的原则判决。父或母探望子女，不利于子女身心健康的，由人民法院依法中止探望的权利；中止的事由消失后，父或母探望子女的权利可以恢复。

（四）已婚妇女享有个人发展的选择自由权

我国婚姻法和相关法律对妇女在婚后享有个人发展的选择自由权作出了明确规定。我国已婚妇女享有独立的姓名选择权以及选择职业、外出工作、参与社会活动的自由。

我国妇女享有独立的姓名选择权。姓名权是人格权的重要组成部分，是公民的一项重要的人身权利。妇女对自己的姓名享有独立的选择权，是有无独立人格、能否自由发展的标志。在中国封建社会，实行男娶女嫁，女子婚后加入丈夫的宗族，冠以夫姓，已婚妇女没有独立的姓名权。1950 年《婚姻法》明确规定：夫妻有各用自己姓名的权利。这一规定破除了中国几千年的封建文化传统，并为

1980年《婚姻法》和2001年修正的《婚姻法》所沿用。夫妻结婚后享有自己的姓名权，是男女平等的具体体现，也是夫妻在家庭中地位平等的体现。这一规定对于促进夫妻家庭地位平等和建立和睦幸福的家庭有着积极的意义。同时，婚姻法赋予当事人选择权，允许双方就姓名问题达成自愿合法的协议，无论选择夫姓或妻姓或其他姓氏均属合法。夫妻享有平等的姓名权还表现在确定子女的姓氏上，《婚姻法》第22条规定："子女可以随父姓，可以随母姓。"这一规定从法律上否定了子女只能随父姓的旧传统，在子女的姓氏确定上，体现了男女平等的精神。

我国已婚妇女享有选择职业、外出工作、参与社会活动的自由。中国封建社会的妇女受到"男主外女主内"、"三从四德"等封建礼教的束缚，婚后只能在家相夫教子，听命于丈夫，从事家务劳动。1950年《婚姻法》第9条规定："夫妻双方均有选择职业、参加工作和参加社会活动的自由。"1980年《婚姻法》和2001年修正的《婚姻法》更进一步明确规定："夫妻双方都有参加生产、工作、学习和社会活动的自由，一方不得对他方加以限制或干涉。"这一规定的立法目的在于保障妇女婚后享有的个人发展的选择自由权，特别是已婚妇女的职业选择权和社会活动参与权。丈夫或其他男性家庭成员应当尊重妻子或女性成员的这一选择自由权，履行不妨碍其实现权利的义务，不得通过实施限制或干涉行为侵犯女性家庭成员的权利。妇女享有个人发展的选择自由权是宪法保障妇女在政治、经济、文化、社会和家庭生活等方面与男子享有平等权利的具体体现，也是妇女的生存权和发展权实现的基础。

（五）妇女享有对夫妻共同财产的所有权

我国《妇女权益保障法》明确规定国家保障妇女享有与男子平等的财产权，并设专章对妇女的财产权作出了保障性规定（详见本书第六章"妇女的财产权"）。关于妇女享有的对夫妻共同财产的所有权，《妇女权益保障法》第47条规定："妇女对依照法律规定的夫妻共同财产享有与其配偶平等的占有、使用、收益和处分的权利，不受双方收入状况的影响。"妇女在家庭中享有与男子平等的财产权是妇女与男子享有平等的法律地位的体现，是妇女生存权和发展权的基础。我国的夫妻法定财产制为婚后所得共同制，在夫妻双方婚后对其财产状况未进行约定的情况下，均当然适用法定的夫妻共同财产制。我国《婚姻法》第17条规定："夫妻在婚姻关系存续期间所得的下列财产，归夫妻共同所有：（1）工资、奖金；（2）生产、经营的收益；（3）知识产权的收益；（4）继承或赠与所得的财产，但本法第18条第3项规定的除外；（5）其他共同所有的财产。""夫妻对共同所有的财产，有平等的处理权。”根据这一规定，我国的夫妻法定财产制是婚后所得共同制，即在婚姻关系存续期间，一方或双方所得的财产均属于夫妻共同财产，已婚妇女在婚后是否外出工作，是否有收入，或收入多寡都不影响她对夫妻共同财产享有平等的所有权。

夫妻双方有平等的经济支配权、家庭事务管理权。夫妻对婚后共同财产有平等的处理权是共有权的核心，夫妻在对共同财产行使处分权时，应平等协商，取得一致意见。夫妻对重大共同财产的处理须经双方同意，任何一方不得违背他方意志而擅自处分。2001年《最高人民法院关于适用〈中华人民共和国婚姻法〉若干问题的解释（一）》规定，夫妻对共同所有的财产有平等的处理权，是指夫或妻因日常生活需要而处理夫妻共同财产的，任何一方均有权决定。对于因日常生活所产生的法律行为的后果，双方负连带责任，即任何一方对日常生活所需范围内对共同财产所作的处分行为，都产生对内、对外效力。如妻子因购买食品、生活用品或治病所花费的医疗费用，丈夫应当支付，对此类费用所产生的债务，丈夫负有清偿的连带责任。对非因日常生活需要对共同财产作重要处理决定时，夫妻应平等协商，取得一致意见。他人有理由相信其为夫妻双方共同意思表示的，另一方不得以不同意或不知道为由对抗善意第三人。

在离婚分割夫妻共同财产时应当以男女平等为原则，适当照顾女方和抚养子女的一方，适当照顾无过错的一方。鉴于目前中国的房产在夫妻共同财产中的重要性，以及为解决离婚妇女的住房困难，《妇女权益保障法》第48条规定：“夫妻共有的房屋，离婚时，分割住房由双方协议解决；协议不成的，由人民法院根据双方的具体情况，按照照顾子女和女方权益的原则判决。夫妻双方另有约定的除外。夫妻共同租用的房屋，离婚时，女方的住房应当按照照顾子女和女方权益的原则解决。”

（六）妇女享有免受家庭暴力权

2001年进行婚姻法修正时，首次在国家的基本法中明确规定禁止家庭暴力。为了更好地保护妇女人权，2005年修正的《妇女权益保障法》第46条明令禁止对妇女实施家庭暴力：“禁止对妇女实施家庭暴力。国家采取措施，预防和制止家庭暴力。公安、民政、司法行政等部门以及城乡基层群众性自治组织、社会团体，应当在各自的职责范围内预防和制止家庭暴力，依法为受害妇女提供救助。”截至2010年年底，已有27个省、市、自治区出台了反家庭暴力地方性条例和政策，司法机关和有关部门也陆续出台了有关预防和制止家庭暴力的司法解释和文件。妇女享有免受家庭暴力的权利已经成为社会共识。

对妇女的家庭暴力摧残妇女的身心健康，侵犯她们的人格尊严，是对妇女生命健康权、人身自由权、人格尊严权等权利的侵害。《最高人民法院关于适用〈中华人民共和国婚姻法〉若干问题的解释（一）》规定，家庭暴力是指“行为人以殴打、捆绑、残害、强行限制人身自由或者其他手段，给其家庭成员的身体、精神等方面造成一定伤害后果的行为”。据此，目前我国司法实践中认定的对妇女的家庭暴力主要具有以下特征：第一，施暴者和受害妇女是同一家庭中的成员，往往是受害女性的丈夫。施暴者在家庭中处于强势地位，与受害妇女是控制与被控制的关系。第二，对妇女的家庭暴力的表现形式主要是针对妇女身体上的各种强暴行为，如殴打、捆绑、残害、强行限制人身自由等。第三，家庭暴力行为对受害妇女身体或精神上造成了一定的伤害后果。

根据我国婚姻法、妇女权益保障法、治安管理处罚法、侵权责任法、刑法等法律的规定，施暴者将根据情节轻重承担行政责任、民事责任和刑事责任。《婚姻法》第 43 条规定：“实施家庭暴力或虐待家庭成员，受害人有权提出请求，居民委员会、村民委员会以及所在单位应当予以劝阻、调解。对正在实施的家庭暴力，受害人有权提出请求，居民委员会、村民委员会应当予以劝阻；公安机关应当予以制止。实施家庭暴力或虐待家庭成员，受害人提出请求的，公安机关应当依照治安管理处罚的法律规定予以行政处罚。”《治安管理处罚法》第 43 条规定：“殴打他人的，或者故意伤害他人身体的，处五日以上十日以下拘留，并处二百元以上五百元以下罚款；情节较轻的，处五日以下拘留或者五百元以下罚款。”《侵权责任法》第 16 条规定：“侵害他人造成人身损害的，应当赔偿医疗费、护理费、交通费等为治疗和康复支出的合理费用，以及因误工减少的收入。造成残疾的，还应当赔偿残疾生活辅助具费和残疾赔偿金。造成死亡的，还应当赔偿丧葬费和死亡赔偿金。”实施家庭暴力构成杀人罪、伤害罪、强奸罪、侮辱罪、诽谤罪、重婚罪、虐待罪、遗弃罪的，行为人应承担相应的刑事责任。

二、妇女婚姻家庭权在中国的实现状况

根据《消除对妇女歧视公约》所确定的国际标准，我国妇女在婚姻自由权、生育权、监护权、个人发展的选择自由权、夫妻共同财产权、免受家庭暴力权等方面在法律上都享有了与男性平等的权利，并逐渐在现实生活中实现了基本平等，但也存在着一些需要改进的问题。应当进一步保障妇女的婚姻自由权，完善婚姻家庭法中的亲权制度，充分评估家务劳动的价值，有效保护妇女的夫妻共同财产权，构建预防和制止家庭暴力的法律体系，保障妇女免受家庭暴力权的

实现。

（一）婚姻自由权的实现状况

经过全社会长期共同的努力，我国妇女的婚姻自由权在很大程度上得到了保障和实现。由全国妇联和国家统计局2001年9月4日联合发布的《第二期中国妇女社会地位抽样调查主要数据报告》显示：男女两性的婚姻自主程度进一步提高。女性的初次婚姻“由本人决定”和“本人决定，征求父母意见”的比例共为61.5%，城镇女性为77.2%，农村女性为56.2%。青年妇女的婚姻自主程度更高，35岁以下城镇妇女达85.8%，农村为75.6%。完全由“父母决定”的比例，不论城乡、男女，都比十年前下降了很多。相对而言，农村比城镇下降明显，女性比男性下降更多。不过，由于封建传统观念的影响和各地经济文化发展的不平衡，在中国农村特别是比较偏僻落后的农村，还残存着少数包办买卖婚姻的陋习，借婚姻索取财物以及干涉老年妇女再婚的现象也时有发生。保障妇女的婚姻自由权利已经是全社会的共识，但仍需要加大宣传力度，完善社会保障制度，改变传统的婚俗习惯，切实执行法律的规定，保障老年妇女的婚姻自由权利和离婚妇女及其子女的权益。

（二）生育权的实现状况

新中国成立以来，中国妇女的生育自主权得到了保障。大多数的妇女已经可以同丈夫平等地商议生育问题，决定生与不生。中国妇女的生育健康受到国家的保护。中国政府十分重视并积极发展妇幼保健事业。各级政府都设有妇幼卫生管理职能部门，城乡逐级建立了妇幼保健院所。中国政府还积极改善乡（镇）卫生院接生条件，通过开辟孕产妇急救绿色通道、实行贫困孕产妇救助等措施，提高农村孕产妇住院分娩率，改善母亲安全状况。但是，农村妇女在计划生育中的知情选择权还有待进一步重视；偏爱儿子的传统观念和习俗在某些地区依然存在，对生育女孩妇女的偏见和歧视，使妇女的心理健康、营养、卫生服务利用都受到限制。中国政府正在采取加强宣传教育、改变社会观念、严禁在医学需要之外采用技术性胎儿性别鉴定和选择性人工流产，以及完善出生申报和统计制度等措施，逐步对上述问题加以解决。

（三）监护权的实现状况

我国从1950年《婚姻法》开始就明确规定父母双方都有抚养教育子女的义务。母亲对未成年子女的监护权随着妇女社会地位和经济地位的提高得到了比较充分的保障，在许多家庭中，母亲承担了主要的监护责任，包括对未成年子女日常生活的照料、思想品德的教育、行为举止的约束和管教以及对学业功课的辅导。但在现实生活中，对母亲监护权的保护尚存在问题：一是非婚生子女的生父对未成年子女的监护责任因为缺乏非婚生子女的准正和认领制度而经常缺位；二是离婚后的子女特别是低幼年龄的子女由母亲担任直接监护方的较多，但子女抚养费数额较低且难以执行，导致单亲母亲及其子女生活水平较之原有的双亲家庭明显下降①；三是承担了大量监护职责的母亲对家庭所作的贡献没有得到社会充分的认可，甚至成为阻碍其事业发展的原因。我国政府应当更加注重在考虑子女最大利益的前提下，鼓励由父母双方平等分担对子女的权利和责任，充分评估妇女承担监护责任对家庭、对社会发展的贡献，在社会的各项制度中加强对母亲和家庭的支助，进一步完善婚姻家庭法中有关亲权制度的规定。

（四）已婚妇女个人发展的选择自由权的实现状况

我国自 1950 年《婚姻法》颁布以来，在现实生活中绝大多数已婚妇女都自愿保留了原有的姓氏，已婚妇女享有独立的姓名权已经成为中国妇女享有独立法律地位的重要标志。同时，子女随父姓的旧习俗也有了变化，在中国城市，已有一些子女随母姓。但是，父系家族姓氏传承的观念并未退出历史舞台，子女出生后仍以随父姓为主。

新中国成立以来，广大的妇女走出家门，和男性一样参加生产、工作、学习和社会活动，女性在社会发展的过程中寻求个人的发展、掌握自己命运的独立自主意识有所增强。在第二期中国妇女社会地位抽样调查的被访问者中，有 88%的女性认为，如果配偶的收入足够高，或者家里有大量钱财，自己仍然会工作或劳动，持这一观点的城镇女性为 84.9%，农村女性为 89.1%。城镇在业妇女中，就业动机主要是“为了维持家庭和自己的生活”的有 73.8%，比 1990 年提高 20.1 个百分点；为“在经济上自立”和“获得更高收入”而工作的共有 52.6%，比 1990 年提高 11.6 个百分点；“希望充实自己的生活”的有 29.2%，比 1990 年提高了 10.4 个百分点。但我们也必须看到，仍有部分女性包括知识女性，将嫁给有钱人、在家做全职太太、不外出工作作为人生目标，“宁愿坐在宝马车里哭，不愿坐在自行车后面笑”。同时，由于传统观念的影响，家务劳动的主要承担者仍然是女性。第二期中国妇女社会地位抽样调查数据显示，与 1990 年相比，城乡男女两性每天用于家务劳动的时间均有不同程度的降低，但由女性为主承担家务劳动的格局仍未改变。有 85%以上的家庭做饭、洗碗、洗衣、打扫卫生等日常家务劳动主要由妻子承担。女性平均每天用于家务劳动的时间达 4.01 小时，

---

① 徐安琪：《关注单亲女性》，载《中国妇女报》，2003 年 4 月 29 日。

比男性多2.7小时。显然，传统的家务劳动分工体系分散了妇女的精力，使妇女实际上必须比男性付出更多的时间和更多的精力，限制了妇女的发展。考虑到妇女在家务劳动中所作出的贡献，《妇女权益保障法》第47条第2款规定：夫妻书面约定婚姻关系存续期间所得的财产归各自所有，女方因抚育子女、照料老人、协助男方工作等承担较多义务的，有权在离婚时要求男方予以补偿。但这一规定是以夫妻采取婚后双方所得财产分别所有的分别财产制为前提的，而我国实际采取分别财产制的夫妻数量很少，这一家务劳动的补偿制度在司法实践中适用范围过窄，绝大多数在家庭中从事主要家务劳动的妇女，在离婚时得不到补偿。这一制度的实际效用值得反思。我国应当通过制定相关的法律和政策，改变传统的家务劳动分工模式，促进男女平等分担家庭责任，特别是分担照顾子女和老年人的责任，以真正实现已婚妇女个人发展的选择自由权。

（五）夫妻共同财产权的实现状况

1950年《婚姻法》确立的法定夫妻共同财产制已经成为我国绝大多数夫妻所采纳的夫妻财产制形式，彻底改变了旧中国妻子婚后没有任何财产权利、家庭财产一切由丈夫做主的状况。根据第二期中国妇女社会地位抽样调查的数据，中国妇女的收入占家庭总收入的比例已由20世纪50年代的20%提高到40%，有的家庭特别是农村以妇女为主的专业户家庭，妇女收入的比例甚至高达60%至70%。经济的独立，使妇女赢得了对家庭重大事务的管理决策权。据抽样调查，在中国城乡，由夫妻共同决定家庭重大事务的家庭占58%以上，并且呈不断上升的趋势。有59.7%的被调查者认为双方均拥有对家庭事务的决策权，双方在日常生活中共同协商，讨论决定家庭事务。① 但我们也必须看到，在盖房、买房、投资、贷款等重大家庭事务中仍以丈夫决策为主，81%的住房以丈夫的名义登记，存款登记在丈夫名下的也占到69.3%。② 重大家庭事务的决策权是夫妻对婚后共同财产享有平等权的核心。在现行法律中，对妇女的夫妻共同财产所有权的保护仍有需要完善之处，婚姻法、妇女权益保障法、物权法、银行法等各项法律法规需要统合、协调，以确保妇女对夫妻共同财产知情权的实现，进而能够真正行使对夫妻共同财产的管理权和处分权。

（六）免受家庭暴力权的实现状况

自2001年修正后的《婚姻法》规定禁止家庭暴力以来，反对家庭暴力已经

① 郑丹丹：《日常生活与家庭权力》，载蒋永萍主编《世纪之交的中国妇女社会地位》，当代中国出版社，2003年版，第292页。

② 佟新：《嵌入在公私领域之间的性别身份关系》，载蒋永萍主编《世纪之交的中国妇女社会地位》，当代中国出版社，2003年版，第28—29页。

成为全社会的共识。2008 年 7 月 31 日，全国妇联联合中宣部、最高人民检察院、公安部、民政部、司法部和卫生部，下发了《关于预防和制止家庭暴力的若干意见》，对各地各部门开展预防和制止家庭暴力工作作出了统一的规范性指导。《国家人权行动计划（2009—2010 年）评估报告》认为中国反对针对妇女的家庭暴力工作进一步加强。27 个省（自治区、直辖市）出台了预防和制止家庭暴力的专门法规，许多地方公安机关在“110”报警网络提供了家庭暴力报警服务。有条件的地方法院设立了维权合议庭和反家暴合议庭，部分法院开展了家庭受害者人身保护令试点工作。应该说中国已经初步形成了多机构合作预防和制止家庭暴力的模式。尽管中国的反对家庭暴力工作已经取得了重大进展，但预防和制止家庭暴力并非能一蹴而就。目前，在我国，家庭暴力依然存在。调查显示，我国的家庭暴力发生率高达 29.7%—35.7%，且受害人多为妇女、儿童和老人。2004—2008 年间，我国妇联系统受理的家庭暴力投诉年均达 4 万至 5 万件，占全部投诉的十分之一，并且仍有增长的趋势。[①] 2007 年的一项对 31 个省市农村家庭暴力现状的调查显示，农村家庭暴力现象依然严重，有 62.02%的被调查者表示，近两年来其所在居住地的村发生过家庭暴力。[②] 目前，与禁止家庭暴力有关的基本法律的规定仍然过于原则性，缺乏体系化和可操作性，而地方性法规的位阶过低，其规定无法超越上位法，在反对家庭暴力的司法实践中陷入取证难、认定难、救助难，追究法律责任更难的窘境。因此，应当制定全国性的专门的预防和制止家庭暴力法，明确界定家庭暴力的定义、范围，建立多元化的社会干预机制和家庭暴力防治体系，确立民事保护令制度，制定有利于保护受害者的证据规则，合理分担证据责任，构建系统的家庭暴力法律责任体系。《中国妇女发展纲要（2011—2020 年）》将预防和制止针对妇女的家庭暴力作为未来十年要实现的目标之一，明确规定要推动预防和制止家庭暴力的立法进程；加强宣传教育，增强全社会自觉抵制家庭暴力的意识和能力，提高受家庭暴力侵害妇女的自我保护能力；完善预防和制止家庭暴力多部门合作机制，以及预防、制止、救助一体化工作机制。

---

① 《全国妇联副主席陈秀榕：反家庭暴力应列入立法》，http：//news.jcrb.com/jxsw/201103/t20110308_50770，最后访问于 2011 年 8 月 1 日。

② 陈苇、倪丹：《我国农村家庭暴力调查实证研究》，载夏吟兰等主编《婚姻法学专题研究》（2007 年卷），中国人民公安大学出版社，2008 年版。

家庭暴力案件[①]

案情简介

王某因对妻子李某生育女儿不满，经常对其拳脚相加。2007年的一天，王某与妻子李某因女儿的土地收益分配金问题发生口角，殴打妻子。李某打110报警后，警察迅速到场，将李某送至医院治疗并做伤情鉴定。法医经过鉴定后确认王某将李某左侧第10、第11根肋骨打致骨折，已经构成轻伤。人民检察院依法以王某构成轻伤害向人民法院提起公诉。在庭审过程中，李某提起附带民事诉讼，要求王某赔偿各项经济损失共计人民币6千元。法院经审理后认为：被告人王某对妻子实施家庭暴力，因琐事殴打其妻，致人轻伤的行为侵犯了公民的人身权利，已构成故意伤害罪。同时，被告人王某对因其犯罪行为给被害人造成的医疗费、交通费、误工费等各项经济损失，应依法予以合理赔偿。判决：(1) 被告人王某犯故意伤害罪，判处有期徒刑十个月，缓刑一年。(2) 被告人王某赔偿李某医疗费、误工费、交通费等经济损失人民币1 885.4元。

评析：

本案是典型的严重家庭暴力案件。我国婚姻法规定，家庭暴力的受害人，可以依照刑事诉讼法的有关规定向人民法院自诉；公安机关应当依法侦查，人民检察院应当依法提起公诉。在这个家庭暴力案件中，人民警察在李某报警后及时到现场制止家庭暴力，并马上将李某送至医院治疗并做伤情鉴定，获得了重要的证据。对于证据确凿、已经构成轻伤害的案件，人民检察院依法提起了公诉，人民法院根据《刑法》第234条“故意伤害他人身体的，处三年以下有期徒刑、拘役或者管制”的规定判决被告人王某犯故意伤害罪，判处有期徒刑十个月，缓刑一年，并依据《民法通则》的规定判决被告人承担侵权的民事损害赔偿责任。在这起案件中，之所以能够及时保护受害者，追究施暴者的法律责任，关键在于公安机关的及时介入，迅速出现场，没有将家庭暴力案件视为家庭纠纷而不采取果断的措施。由于出警及时，制止了暴力行为的进一步升级；将受害人及时送至医院治疗，防止了伤情的恶化，让受害人感受到了人民警察的人文关怀和来自社会的支持；同时医院的伤情鉴定固化了证据，为追究施暴者的法律责任提供了重要的

① 北京市妇女联合会编写：《北京市妇女维权案例集》（未刊本），北京市妇联“五五”普法教育丛书，第100页。

证据材料。

免受家庭暴力是妇女的人权，任何人都无权基于任何理由对妇女施暴。妇女在遭受家庭成员的暴力时，有权向亲属求助，也有权向社会求助。当地的居委会、村委会、派出所、妇联、当事人所在单位都有劝阻、制止、调解的责任。公安、民政、司法行政等部门应当在各自的职责范围内依法为受害妇女提供切实可行的救助。如果我们社会的每一个人都对家庭暴力说“不”，每个相关机构都认真履行自己的职责，不以“清官难断家务事”为搪塞的理由，我们相信家庭暴力终将远离家庭。

第九章

妇女的健康权

【导读】妇女的健康权是指妇女享有能达到的最高的体质和心理健康的标准的权利。妇女的健康不仅涉及她们的身心和社会福祉，而且对她们参加公共和私人领域的生活至关重要，妇女健康权的实现直接反映了妇女的生存状况和基本人权的实现水平。新中国成立后，我国妇女的健康权受到了国家的高度重视，形成了多层次的法律保护体系，实践中，妇女的寿命、营养、生殖健康以及获得医疗资源的状况得到了极大的提高。面对现实中仍然存在的男女不平等的现象，国家应该进一步落实《妇女权益保障法》等法律和妇女发展纲要，全面提高妇女的健康水平和状况。

第一节
妇女健康权的基本原理

一、妇女健康权的概念和意义

（一）妇女健康权的概念

妇女健康权是指每一妇女享有的能达到的最高的体质和心理健康的标准的权利，包括控制自己健康和身体的权利，免受酷刑或未经同意的强行治疗和试验的权利，参与健康保护制度的权利，获得充足的安全食物、营养、住房、安全饮水、适当的卫生条件、健康的工作条件和环境、医疗保障等权利，以及获得与健康有关的教育和信息的权利。

健康权与适当生活水准权，工作权，受教育权，人身自由与安全权，免受酷刑和其他残忍、不人道和有辱人格的待遇或处罚的权利等其他人权相互依赖，密切相关。《经社文权利公约》、《消除种族歧视公约》、《消除对妇女歧视公约》、《儿童权利公约》等国际人权公约，《欧洲社会宪章》、《非洲人权宪章》、《美洲人权公约关于经济、社会和文化权利领域的附加议定书》等区域人权公约，以及各国宪法或法律、法规均对健康权给予了不同程度的保障。其中，《消除对妇女歧视公约》第 11 条明确要求缔约国保证妇女在工作条件中享有健康和生育机能的保障，并对怀孕期间从事确实有害于健康的工作的妇女给予特别保护。

（二）妇女健康权的意义

健康权对于妇女维护个人尊严、全面享有人权具有重要的意义。妇女健康权的重要意义主要表现在以下几个方面：

第一，妇女健康权是妇女享有一切人权的基础。健康是指身体、精神等方面完全健康的状态，妇女的健康不仅涉及她们的身心和社会福祉，而且对她们参加公共和私人领域的生活至关重要，忽视妇女的健康权不仅会严重影响她们的正常生活，还会限制其获得教育、经济和政治权利的机会。因此，妇女的健康权是妇女生存和发展的基础。由于男女之间的不平等等障碍因素，造成妇女的健康权受到忽视，致使妇女的营养水平、就医水平和健康水平都与男性具有较大差距，女婴和孕龄妇女的死亡率和老年妇女的残疾率均高于男性，这一状况严重影响了妇女的生命权及其他各项人权的行使，因此，保障妇女健康权具有重要性及迫切性。

第二，妇女健康权的实现直接反映了妇女的生存状况和基本人权的实现水平。妇女的健康权与妇女生活的各个方面密切相联，它包括妇女对饮食、安全饮水的获得，对适当的住房、工作环境、基本卫生条件以及医疗资源的获得等多方面的能力和机会。因此，妇女健康权的保障涉及多项妇女人权的保障。妇女的健康权不仅受到生物因素的影响，而且更多地受到经济地位、政治、文化、环境、家庭、职业、性别、地域和民族等因素的影响。它既是一项基本人权，也是一项系统性的人权。因此，妇女的健康权是妇女人权实现水平的综合体现，也是妇女生存和发展的基石。

第三，妇女担负着人类繁衍的重任，妇女的健康权关系到整个人类的未来，妇女是国家、民族和社会发展的希望。马克思指出："社会的进步可以用女性（丑的也包括在内）的社会地位来精确地衡量。"妇女的社会地位，不仅体现为其在经济社会发展中发挥着"半边天"的作用，而且体现在其承担着孕育后代、繁衍民族的神圣使命。妇女健康是社会和经济可持续发展的重要因素。没有妇女的贡献，人类的生存与发展将无法实现和延续，而妇女的这种贡献往往以牺牲自身的健康为代价。妇女的健康既是妇女全面发展的基础，也直接关系到出生人口的素质和人类发展的未来。基于这个原因，妇女的健康权一直作为国际公认的衡量一国国民健康水平和社会经济发展程度的重要指标。妇女健康在社会发展中具有战略地位和重要基础作用。因此，保障妇女的健康权是一个重大的公共卫生问题和社会问题，同时也是卫生事业优先发展的重要领域。

二、妇女健康权的内容

根据《经社文权利公约》对健康权的规定，妇女健康权的内容首先包括该公约第 12 条所规定的所有权利：第一，产妇的生育健康权。这项权利是指孕产妇有权得到生育卫生服务，包括实行计划生育、产前和产后保健、紧急产科医疗服务以及获得相关知识和所需的资源。第二，享有健康的自然和工作场所环境的权利。这项权利主要是指妇女有权平等享有健康的自然环境和工作环境，免受有害健康的物质的威胁，有权在职业事故和疾病方面得到防护和预防措施。此外，此项权利还包括妇女有权平等地获得安全和洁净的饮水、适当的住房、基本卫生条件和工作条件、必要的劳动保护。第三，预防、治疗和控制疾病的权利。该项权利主要是指妇女有权享受包括性疾病在内的传染病、职业病和疾病的教育、免疫和控制计划，在发生威胁健康事故和流行病及类似健康危险的情况下，得到平等的救治和人道主义援助。第四，享受卫生设施、货物或服务的权利。这项权利是指妇女有权自身体和精神方面得到平等的、及时的或者是定期的医疗、卫生保健服务及卫生教育，其中包括有权得到必需的药品、治疗和康复以及参与医疗保险制度等。《消除对妇女歧视公约》第12条特别强调了妇女保健的权利，特别是孕妇的医疗保健权。该条规定："1. 缔约各国应采取一切适当措施以消除在保健方面对妇女的歧视，保证她们在男女平等的基础上取得各种保健服务，包括有关计划生育的保健服务。2. 尽管有本条第1款的规定，缔约各国应保证为妇女提供有关怀孕、分娩和产后期间的适当服务，于必要时给予免费服务，并保证在怀孕和哺乳期间得到充分营养。"

除此之外，从第四次世界妇女大会《行动纲领》等国际文件可见，妇女健康权还包括如下内容：第一，免受家庭暴力的权利。免受家庭暴力是妇女享受健康权的重要内容。该权利在"妇女的婚姻家庭权"一章中已经有所研究，在此就不再赘述。第二，生殖健康权。《行动纲领》第94段指出，生殖健康是指"生殖系统及其功能和过程所涉一切事宜上身体、精神和社会等方面的健康状态，而不仅仅指没有疾病或不虚弱。因此，生殖健康表示人们能够有满意而且安全的性生活，有生育能力，可以自由决定是否和何时生育及生育多少。最后所述的这一条件意指男女均有权获知并能实际获取他们所选定的安全、有效、负担得起和可接受的计划生育方法，以及他们所选定的、不违反法律的调节生育率方法，有权获得适当的保健服务，使妇女能够安全地怀孕和生育，向夫妇提供生育健康婴儿的最佳机会"。妇女的生殖健康应该涵盖女性生命周期的各个阶段，它不只是同妇女生育相关的健康状态，它还包括青少年女性与老年妇女的生殖健康需求。因此，《经社文权利公约》第12条所规定的生育健康是生殖健康的重要组成部分。

总结国际人权文件对妇女健康权的解释，妇女的健康权实际上包括两方面的内容。第一，是妇女作为人，与男人一样平等地享受健康权的各项自由和权利。妇女的健康权应该涵盖健康权的所有范畴，并与男人平等地得到各项保障。对于这类健康权的保障重点，旨在消除妇女的弱势地位，提高妇女获得健康资源的机会和能力。第二，是妇女作为女人，基于特殊的生理现象而应该得到特殊保护的健康权利，主要涉及妇女在月经期、孕产期和哺乳期得到特殊保护的权利和生殖健康权等。①

在传统的理解中，妇女的健康权几乎等同于妇女的生殖健康权，并将妇女的卫生保健问题更多地局限于生育方面，但是根据世界卫生组织新的健康定义以及

---

① 尽管妇女在月经期、孕产期和哺乳期的劳动保护属于重要的妇女健康权的内容，但是由于这一问题在"妇女的工作权"一章中已经有所介绍，因此不再是本章的讨论重点。

保障妇女健康权的各种国际性文件，妇女的健康权无论是从权利主体还是内容方面都得到了进一步的扩展。从主体上讲，妇女健康权的主体包括所有的女性，它的保障范围不仅包括孕产期的妇女和职业妇女，还应该包括所有年龄阶段和生理阶段的女性。妇女的健康权强调的是妇女整个生命周期的健康，处于生命周期各个不同阶段的妇女的生命和健康都应该受到关注和照顾，都应该纳入妇女健康权的保障范围。从内容上讲，妇女的健康权不仅指卫生医疗保健权，还涉及与妇女社会生活相关的各个方面的健康权。对于妇女健康的界定脱离了以往医学式的狭义定义，而从传统的妇幼保健医学模式转向政治、经济、文化等社会发展模式。新的妇女健康概念已经将健康扩展到妇女的身体、心理和社会生活的各个方面。它使人们认识到，贫困、营养不足或过剩、各种精神压力造成的心理危机、失业、社会制度和社会角色分工、家庭暴力和社会暴力、文化传统等因素都是影响妇女健康的重要因素，妇女健康权应放置到经济、社会和文化权利，甚至是公民和政治权利等整个人权的大背景下进行保障，因此，妇女健康权的主体范围和内容得到了极大的扩充。对妇女健康权的保障可能涉及医疗资源的享有，适当生活水准权中的水权、食物权和住房权，还可能涉及家庭暴力等与妇女健康权密切相关的诸多内容。

三、尊重和保障妇女健康权的义务和责任

（一）国家的义务和责任

国家必须尊重、保护和实现妇女的健康权，有责任确保立法、行政和司法机构履行这三项义务。

尊重的义务。它要求国家不得阻碍妇女为寻求健康而采取的行动，不应基于各种对妇女的歧视原因限制妇女获得医疗救治和保健服务的平等机会和途径，不得剥夺或者阻碍妇女参与卫生和健康领域的决策机会和资源，不应限制妇女得到避孕和其他保持性健康和生育卫生用品的途径，不应向妇女提供错误的健康信息等。

保护的义务。它要求国家采取行动防止个人或组织侵害妇女的健康权，并对违法行为进行制裁。具体而言，国家有责任通过法律或采取其他措施，保障妇女获得卫生保健服务的平等机会，监督和保证妇女从卫生部门所获得的保健服务的质量和水平；阻止有害的社会传统习俗及性暴力残害妇女健康；保护社会中的各种脆弱和边缘的妇女群体。对此，国家应该制订并有效实施法律，拟订政策，对侵害妇女健康权的行为给予适当的制裁。此外，各国有义务为处境特别困难的妇女提供医疗和保健服务。

实现的义务。它要求国家有义务最大限度地利用现有资源，采取适当的社会、经济、政治和法律等措施，以确保妇女实现健康权利。健康权虽然并不意味着国家有义务确保每一个人的健康，但是却意味着国家必须尽最大能力采取一切措施来保障个人的健康权。这项义务要求国家在有关政策和法律制度中充分承认妇女的健康权，并制定实现妇女健康权的详细计划。具体而言，国家必须保证为妇女提供卫生保健服务，保证妇女能够平等地获得基本健康要素，如富有营养的安全食物和清洁饮水、基本的卫生条件和适当的住房及生活条件。公共卫生机构和基础设施应向妇女提供性和卫生保健教育和服务。在妇女保健方面，提供足够数量的卫生设施和合格的医疗人员并注意到妇幼保健事业的均衡分布。此外，保障妇女能够平等地享有社会健康保险制度，促进妇女保健卫生事业的研究、教育和宣传，加强对妇女工作条件的监督，消除危害其健康的各项威胁。采取合理的措施预防和治疗妇女疾病，如性病、艾滋病等，并确保所有的女性平等获得性知识教育。此外，针对残疾妇女、贫困妇女等妇女群体中的弱势群体，在她们依靠自身的力量无法实现健康权的情况下，国家应通过掌握的手段，满足其对健康权的需求。

综上所述，国家在保障妇女健康权方面，不仅包括提供及时和适当的卫生保健，而且也包括提供享有健康权所需的基本条件。分析上述各项义务与责任，国家在保障妇女健康权方面有以下需要强调的侧重点。

第一，消除妇女享有健康权的歧视和障碍，确保妇女获得实现健康权的各种机会、能力和资源，使其平等地享有健康权。消除歧视的前提在于国家及相关决策者能够认识到男女之间在健康权方面存在的差别。这些差别有的在于妇女有别于男子的生理因素，可能导致她们因为特殊的身体结构和生理期间需要特殊的照顾，有的则在于经济和社会因素导致妇女在实现健康权方面的弱势地位。例如，男女在家庭和工作场所中的不平等权利关系可能消极地影响妇女的营养和健康，妇女可能遭受各种形式的暴力，从而影响其健康。妇女一旦丧失住房更加容易受到暴力和性侵犯，妇女因为就业困难使其获得医疗资源及社会保障的机会及能力低于男性。为了消除对妇女的歧视，必须制定和执行综合性国家战略，在妇女的整个一生中促进她们的健康权。为此，国家必须清除所有影响妇女获得卫生服务、教育和信息的障碍，积极采取预防、促进和补救行动，并在必要时给予妇女适当的特殊保障，以消除其在实现健康权方面遇到的各种障碍，弥补其由于社会、经济地位等因素的影响所带来的不利处境。

第二，强化对妇女的特殊保护，使其基于性别而具有的特殊生理特征得到适当的保护。这类保护主要包括两个方面：一个是针对妇女有别于男人的体质以及对月经期、孕产期和哺乳期的妇女给予的特殊劳动保护，旨在保障妇女免受劳动伤害，并给予妇女在孕产期等生理期间适当的休息权。另一个是针对妇女的保健，既包括孕产妇的保健也包括针对妇女终生的保健。国家还应该将性别观点置于影响妇女保健的各项政策和方案的核心之中，应确保所有妇女普遍享受能够负担得起的各种优质保健，并确保妇女在接受保健服务时机会均等，其隐私权、知情同意权和选择自由权等各项人权得到尊重。

此外，国家在保护妇女健康权时应该确保实现如下要素：可利用性（availability）、可获取性（accessibility）、可接受性（acceptability）、品质（quality）。可利用性是指缔约国必须为妇女提供充足的和行之有效的健康设施、商品和服务。可获取性是指医疗卫生等健康设施、商品和服务必须是在经济上能够承担和在地理上方便妇女不受歧视地使用。可接受性是指所有的健康设施、商品和服务在遵守医学道德并符合文化习惯的同时，应照顾性别和生命周期的要求，并且能够尊重妇女的隐私和改善其健康状况。具体而言，就是在向妇女提供这类服务时，确保她们完全知情并同意，维护她们的尊严，为其保密并体谅她们的需要和看法。品质是指向妇女提供的健康设施、商品和服务必须是从科学和医学上讲是合理的，并具有良好的品质，包括具有较高职业技能的医务人员、获得科学认证的合格药品和医院设备、安全和可饮用的清洁水等。

（二）其他社会成员的义务和责任

国家之外的其他所有国内社会成员均负有尊重妇女健康权的义务和责任。妇女的家庭成员和其他任何个人以及任何社会组织、企事业单位、团体都不得以任何方式妨碍或限制妇女以适当方式获得维持健康所需要的各种条件，或以任何理由和方式损害妇女的身心健康。此外，疾病或伤残妇女的家庭成员有义务帮助其恢复健康，老年妇女的家庭成员有义务帮助其维持健康。在法律有规定的情况下，妇女所在单位也应以适当方式帮助因工患病或致残的妇女康复。因不履行法定义务而侵犯妇女健康权的个人和单位，应当依法承担民事或刑事责任。

第二节 妇女健康权在中国的确认和实现状况

一、中国立法对妇女健康权的确认

健康权作为一项基本权利是社会发展的结果，妇女的健康权作为一项基本人权被关注，更是社会文明进步的表现。我国改革开放30多年来，妇女的健康权受到了国家的高度重视。国家通过制定一系列法律、法规和政策，为妇女健康权提供了有效的保障，形成了包括宪法和民事、经济、行政、社会、刑事等法律在内的多方面、多层次的法律保护体系。在保障妇女健康权的法律体系当中，有将妇女作为与男子平等的普通主体予以保护的法律法规，也有将妇女作为特殊主体专门针对其健康权进行保障的特别法。

从宪法保障的角度来看，《宪法》第21条规定："国家发展医疗卫生事业，发展现代医药和我国传统医药，鼓励和支持农村集体经济组织、国家企业事业组织和街道组织举办各种医疗卫生设施，开展群众性的卫生活动，保护人民健康。"《宪法》第48条同时强调了"中华人民共和国妇女在政治的、经济的、文化的、社会的和家庭的生活等各方面享有同男子平等的权利"。从民法保障的角度来看，《民法通则》第98条规定了"公民享有生命健康权"，并在第119条规定："侵害公民身体造成伤害的，应当赔偿医疗费、因误工减少的收入、残废者生活补助费等费用；造成死亡的，并应当支付丧葬费、死者生前扶养的人必要的生活费等费用。"从刑法和刑事诉讼法保障的角度来看，《刑法》除了规定故意伤害罪、过失致人重伤罪、强迫职工劳动罪以及虐待罪等罪名来保障个人的健康权等权利之外，还规定了强奸罪、强制猥亵和侮辱妇女罪等罪名来惩罚有损妇女健康权和人身权等权利的行为。《刑事诉讼法》特别规定了对怀孕及哺乳期妇女采取取保候审的做法，以照顾妇女及儿童的健康权。从经济法保障的角度来看，《中华人民共和国消费者权益保护法》（简称《消费者权益保护法》）规定了经营者提供的商品或者服务应符合保障人身、财产安全的要求。对于可能危及人身、财产安全的商品和服务，生产方和经销方负有作出说明、警示和报告的义务，并对商品或者接受服务造成消费者或者其他受害人人身伤害的，承担相应的民事和刑事责任。《劳动法》除了规定劳动条件等保护个人的健康权之外，特别规定了对妇女特殊的劳动保护。该法第58条规定："国家对女职工和未成年工实行特殊劳动保护。"第59条规定："禁止安排女职工从事矿山井下、国家规定的第四级体力劳动强度的劳动和其他禁忌从事的劳动。"第60条规定："不得安排女职工在经期从事高处、低温、冷水作业和国家规定的第三级体力劳动强度的劳动。"第61条规定："不得安排女职工在怀孕期间从事国家规定的第三级体力劳动强度的劳动和孕期禁忌从事的活动。对怀孕七个月以上的女职工，不得安排其延长工作时间和夜班劳动。"第62条规定："女职工生育享受不少于九十天的产假。"第63条规定："不得安排女职工在哺乳未满一周岁的婴儿期间从事国家规定的第三级体力劳动强度的劳动和哺乳期禁忌从事的其他劳动，不得安排其延长工作时间和夜班劳动。"除此之外，从社会医疗保障的角度来看，城镇职工医疗保障制度、新型农村合作医疗保障制度以及城镇居民医疗保障制度的建立和实施对于加强妇女健康权的保障具有至关重要性。其中，《企业职工生育保险试行办法》则为妇女的生殖健康提供了特别的医疗保障。专门保障妇女权益的法律也对妇女健康权作出了明确规定。《妇女权益保障法》第26条规定："任何单位均应根据妇女的特点，依法保护妇女在工作和劳动时的安全和健康，不得安排不适合妇女从事的工作和劳动。妇女在经期、孕期、产期、哺乳期受特殊保护。"第38条规定："妇女的生命健康权不受侵犯。禁止溺、弃、残害女婴；禁止歧视、虐待生育女婴的妇女和不育的妇女；禁止用迷信、暴力等手段残害妇女；禁止虐待、遗弃病、残妇女和老年妇女。"第51条规定："妇女有按照国家有关规定生育子女的权利，也有不生育的自由。育龄夫妻双方按照国家有关规定计划生育，有关部门应当提供安全、有效的避孕药具和技术，保障实施节育手术的妇女的健康和安全。国家实行婚前保健、孕产期保健制度，发展母婴保健事业。各级人民政府应当采取措施，保障妇女享有计划生育技术服务，提高妇女的生殖健康水平。"为了给予母亲和婴儿的健康以特殊的保障，《母婴保健法》等法律和法规还对婚前保健、孕产期保健、婴幼儿保健作了明确具体的规定，从而促进了优生优育和妇女的生殖健康。

二、妇女健康权在中国的实现状况

（一）妇女的寿命和营养状况

妇女的平均预期寿命是妇女健康水平的综合反映。随着妇女健康水平和保健服务水平的提高，中国妇女的寿命逐步得以延长。中国妇女平均预期寿命在

1990 年为 70.49 岁，2000 年为 73.33 岁，2007 年达到 74.1 岁。[①] 这一发展趋势表明，从 20 世纪 70 年代以来，随着中国经济和社会医疗保障制度的发展，妇女地位的不断提高以及医疗条件的改善，妇女健康权的实现得到了更好的保障。尽管如此，我国仍然存在着两性死亡率的性别差异。这主要表现为中国的女婴死亡率和育龄妇女的死亡率均高于男性。此外，妇女预期寿命与社会经济发展水平高度相关。根据卫生部《2005 中国卫生统计年鉴》的统计，2000 年，贵州省人口的平均预期寿命比上海市人口的平均预期寿命低 12.18 岁，贵州省女性的预期寿命比上海市女性的预期寿命低 12.47 岁。

妇女的营养状况极大地影响着妇女的健康水平。在中国，由于历史遗留下来的传统观念的影响，重男轻女的现象依旧存在，因此，在家庭中，食物分配在男女之间存在着差别，男性往往会获得更多的食物和更多的营养。近年来，随着中国经济的发展和人民生活水平的提高，食物分配上的性别差异逐渐在消失，营养不再成为影响妇女健康的最主要的因素。但是，重男轻女的传统观念依旧影响着妇女对营养的摄入，从而影响着妇女的身体健康。例如，老年妇女的骨质疏松症患病率以及农村老年妇女的贫血患病率高于其他各年龄组人群的问题，就从一定程度上说明了妇女对膳食营养摄入不足的情况。

上述情况表明，尽管中国人的平均预期寿命和营养状况普遍得到了提高，但是性别差距依然存在。

（二）妇女的生殖健康状况

以妇女为中心的生殖健康问题之所以受到世界范围内的普遍关注，是因为妇女的健康权长期被不公正地忽视，使妇女生殖健康受到严重的威胁。新中国成立以来，妇女生殖健康一直是受到关注的问题。我国从 20 世纪 50 年代起就大力推广普及妇幼保健工作及对妇女提供避孕技术指导，20 世纪 70 年代实行以计划生育为主题的人口发展战略后，开始广泛推行生育保健的指导与服务，以及保证妇女安全怀孕与分娩、母婴健康、优育优教等工作。1995 年，中国政府从重视妇女的生殖健康权利出发，启动计划生育优质服务项目，以育龄妇女的需求为中心，开展各项生殖保健活动和服务，其中包括改善妇女生育健康的措施，加强妇女产前、产后服务以及有关避孕知识、避孕药具和技术的服务，并将重视性健康、性病防治与计划生育相结合，积极开展性知识教育。通过上述保障妇女生殖健康的种种措施，中国在降低妇女的孕产风险、孕妇和婴儿的死亡率，提高人口

① 国务院新闻办举行的新闻发布会上发布的消息，新华网，2007 年 5 月 15 日。http：//news.xinhuanet.com/societv/2007-05/15/content 6102648.htm，最后访问于 2011 年 6 月 25 日。

素质方面取得了巨大的成就。根据《中国实施千年发展目标进展情况报告(2010)》和《中国妇幼卫生事业发展报告(2011)》的统计，中国孕产妇死亡率1990年为96.3/10万，1995年为61.9/10万，2000年为53/10万，2004年为48.3/10万，2005年为47.7/10万，2010年为30.0/10万。20年间，孕产妇死亡率下降了66.3%。为了保障孕妇和婴儿的健康权，中国主要实施了“降低孕产妇死亡率和消除新生儿破伤风”、“世界银行贷款综合性妇幼卫生保健”和“对孕产妇死亡、儿童死亡和新生儿出生缺陷的三网监测”等项目，通过开辟孕产妇急救绿色通道、实行对贫困孕产妇救助等措施，提高了农村孕产妇住院分娩率，并改善了孕妇的生育安全状况。与此同时，中国政府还积极推动妇女的生殖保健服务的发展。近年来，孕产妇系统管理率、产前检查率、产后访视率、新法接生率都有较大提高。据卫生部统计，全国孕产妇系统管理率1996年为65.5%，1999年为75.3%，2005年为76.7%，2010年为84.0%。全国孕妇产前检查率2004年为87.8%，2010年为94.1%。全国孕妇住院分娩率1995年为58%，2000年为72.9%，2008年为94.5%，2010年为97.8%。全国孕妇住院分娩率15年增加了39.8%。全国产妇的产后访视率也是连年上升。其中，2008年产后访视率为72.9%，2009年为88.7%，2010年为90.8%。[①]

但是，目前妇女健康权的实现尚存在地区和城乡差别。孕产妇死亡率是测量妇女健康水平的性别敏感指标，它既能反映妇女在家庭及社会中的地位及其对她们享受和支配卫生保健资源的权利和能力的影响，又能反映一个地区的经济社会发展水平、卫生资源、保健服务状况。从卫生部统计结果看，孕产妇死亡率的地区分布极不均衡。2004年全国孕产妇死亡率为48.3/10万，而西藏、新疆、青海等边远少数民族地区仍超过100/10万，西藏甚至高达310.4/10万。同时，孕产妇死亡率的城乡差距也很大。根据《〈中国妇女发展纲要(2001—2010年)〉实施情况中期评估报告》及《中国妇幼卫生事业发展报告(2011)》的统计结果，2005年农村孕产妇死亡率是城市的2.1倍；边远地区孕产妇死亡率是沿海地区的4.1倍。2010年孕产妇死亡率为30.0/10万，其中城市29.7/10万，农村30.1/10万，差距仍然存在。此外，全国妇联关于《第二期中国妇女社会地位抽样调查主要数据报告》显示，2000年，35岁以下女性生第一个孩子时做过产前

---

① 全国妇联：《〈中国妇女发展纲要(1995—2000年)〉终期监测评估报告》，2003年2月28日；国务院妇女儿童工作委员会：《〈中国妇女发展纲要(2001—2010年)〉实施情况中期评估报告》、《中国妇幼卫生事业发展报告(2011)》；卫生部：《2008年我国卫生事业发展情况简报》、《2009年我国卫生事业发展情况简报》。

检查的比例，农村为75.9%，比35岁以上高28.8个百分点，但比城镇低18.9个百分点；35岁以下女性生第一个孩子的住院分娩率，农村为47.1%，比35岁以上高22.7个百分点，但比城镇低40.5个百分点。与城镇妇女相比，农村妇女享有健康服务仍有差距。35岁以下的农村孕产妇仍有24.1%从未做过产前检查，比同一年龄段的城镇女性高18.7%。农村妇女享受卫生保健的各项指标都明显低于城市妇女的情况以及地区之间的差别，表明全国妇女在享受医疗资源方面的不平衡。

针对这种情况，国家应该继续加大对农村和中西部地区、东部困难地区妇女医疗健康的关注，加大资金投入，并给予政策支持，保障农村妇女和贫困妇女能够平等地享有基本医疗卫生服务的同时，提高城乡基层医疗机构的医疗诊治水平，并加大妇幼保健机构及其能力建设，有效降低农村和贫困妇女罹患妇科疾病的比例和死亡率，从而提高她们的健康水平，实现医疗资源均等化。

由于妇女的生殖健康应该重视满足妇女在整个生命周期各阶段的健康服务需求，因此，除了生育服务之外，妇女的妇科疾病的预防和治疗以及性知识的教育宣传对于保障妇女的健康也是非常重要的。近年来，中国各级卫生部门把妇科病查治作为妇女保健的一项常规工作，以预防和筛查乳腺癌和子宫癌等妇科疾病。“两癌”是危及妇女生命和健康最严重的疾病。中国人口协会所发布的《中国乳腺疾病调查报告》显示：乳腺癌已成为对妇女健康威胁最大的疾病。在无症状的女性人群中，各种乳腺疾病患者竟达到52.4%，此发病率大大高于女性其他慢性常见病而占据首位。其中仅患乳腺增生的妇女就高达49.7%。宫颈癌也是最常见的恶性肿瘤疾病之一，全世界每年大约有20万妇女死于这种疾病。在全世界每年50万新发病例中，中国就占了1/4，新增发病数超过13万，占中国女性生殖系统恶性肿瘤发病率的73%—93%。针对这种情况，中国提出了“中国妇女健康行动”的倡议，并为预防乳腺癌和宫颈癌做出了实际行动。近十年来，在中国各级卫生部门的大力支持和组织下，全国每年有三分之一以上的65岁以下已婚妇女能够享受到妇科病检查。妇科疾病的筛查行动以及教育宣传和治疗使妇女罹患“两癌”的人数得到了显著的抑制。以宫颈癌为例，20世纪70年代初，我国妇女宫颈癌的死亡率为11.34/10万，2008年宫颈癌的死亡率已经降至2.87/10万。在过去30多年中，宫颈癌的死亡率下降了70%，在妇女恶性肿瘤的死亡率排序中，由过去的第2位降至第8位，宫颈癌防治取得了很大的成绩。[①]

---

① 孙玮、高翠巧：《我国妇女宫颈癌死亡率下降70%》，载《科学时报》，2009年3月10日。

妇科病普查率能反映妇女获得卫生保健和享有公共卫生资源的状况。从统计结果看，近十年来，妇科病普查查出妇科病患病率都在26%以上，而治疗率在90%以上，从而大大推动了妇女的生殖健康水平。①

除此之外，中国政府对于生殖健康知识的教育和宣传力度也在逐渐加强。有关卫生保健的宣传教育不仅在各类学校和社区大力开展，从而提高了妇女的性健康知识水平，增强了她们的自我保护能力，而且还采取多种途径宣传科学的保健方式，为老年妇女提供更多的健康咨询和服务的专科门诊，使老年妇女的生活质量有了较大提高。

近年来，中国妇女感染艾滋病的比例快速上升。其主要原因，除了妇女具有生理上的易感性之外，还与其社会脆弱性以及缺乏预防知识和教育有关。对此，中国政府高度重视艾滋病防治工作，成立国务院防治艾滋病工作委员会，加大资金投入，使艾滋病防治工作取得成效。具体的措施包括开展预防和免费阻断艾滋病母婴传播，并对感染艾滋病及艾滋病毒的孕妇及其婴儿给予免费的治疗和医疗保健服务。此外，各级政府的有关部门还认真组织开展了预防艾滋病的知识宣传和服务活动，并通过发放卫生用品，以降低妇女艾滋病感染率。与此同时，中国政府还支持非政府组织开展各种妇女健康项目，广泛开展国际合作。例如，全国妇联开展的“母亲健康快车”等项目，就是以加强艾滋病防治工作为中心，关怀妇女艾滋病感染者的项目。

（三）妇女的就医保健和资源获得状况

由于社会的、经济的以及家庭的原因，妇女在就医保健和资源获得方面仍然处于弱势地位。针对“最近3年是否有过身体有病拖着不去看的情况”的调查表明，有病拖着不去看的情况在城市男性中占17.1%，在城市女性中占21.3%；在农村男性中占12.4%，在农村女性中占19.8%。这一情况再次说明，妇女与男人相比，在获得医疗资源时处于劣势。这一问题导致了中国妇女的平均寿命尽管高于男性，但是妇女患慢性病和因病致残的比例却高于男性，并呈快速增长趋势。根据《2006年第二次全国残疾人抽样调查主要数据公报》，全国残疾人口中，男性为4 277万人，占51.55%，女性为4 019万人，占48.45%，性别比为106.42。但是，在老年残疾人中，男性占47.3%，女性占52.7%。老年妇女因病致残的问题直接反映了妇女就医率低的状况，这一问题的产生有着较为复杂的原因。第一，男人拥有更强的经济能力获得医疗救治和服务。从性别的角度来

① 姜秀花：《中国妇女的健康状况》，载《1995—2005年：中国性别平等与妇女发展报告》，社会科学文献出版社，2006年版，第92页。

看，由于经济收入等原因，女性比男性更容易陷入贫困。在中国城市，男性老年人中处于贫困状态的占6.3%，而女性老年人的比例则高达23.4%，几乎接近总贫困人口的四分之一。在农村，尽管男女贫困人口的比例差异没有城市那么大，但是，女性的比例是20.4%，仍然明显高于男性17.1%的比例，妇女特别是老年妇女的相对贫困处境，造成其就医率低于男子。第二，由于历史等原因，男女在受教育程度上和参加社会劳动的比例上较为悬殊，男性获得社会医疗保障的比例要远远高于女性。根据全国老龄工作委员会办公室《中国城乡老年人口状况追踪调查》的数据，从2000年到2006年，城市中的男性老年人享有医疗保障的比例从67.3%增加到了82.9%，女性从36.9%增加到了65.9%，农村中的男性老年人享有医疗保障的比例从10%增长到44.2%，女性从7.9%增长到45.2%。尽管最近几年，新型农村合作医疗保险、城镇居民医疗保险及城镇职工医疗保险制度的逐步实施，使男女老年人获得医疗资源的人口比例均有所提高，但无论是城市还是农村，女性老年人的医疗保障一直明显低于男性老年人。第三，家庭和社会地位的弱势。妇女由于从事没有报酬的家庭劳动而没有经济地位，因此在家庭中处于依附地位。这种情况导致老年妇女在家庭中的地位低于男性老年人，相比较男性老年人也更容易受到不公正对待，导致老年妇女获得就医和保健的机会较低。上述分析不仅揭示了老年妇女在就医和保健方面遇到的障碍，也反映了中青年妇女在获得医疗保健资源方面遇到的现实问题。

近几年，随着城镇职工医疗保险、城镇居民医疗保险以及新型农村合作医疗保险等社会医疗保障制度的实施，妇女就医保健和资源获得的状况得到了极大改善。根据卫生部的统计，截至2006年9月30日，全国参加新型农村合作医疗保险的人口4.06亿，占全国农业人口的45.77%，参合率为80.49%。城乡社会医疗保障制度的逐步实施对于提高妇女的就医率及健康水平具有非常重要的意义。此外，随着经济社会的发展和社会保障体系的逐步建立，生育保险的覆盖率由2005年的47%提高到2007年的60%。尽管妇女健康权的享有和实现随着社会医疗保障的普及而有所提高，但是目前较低的医疗保障水平以及妇女固有的较低的社会、经济和家庭地位还会阻碍其获得医疗保健资源。而且，在目前的城镇医疗保障制度当中仍然存在因未能对妇女特殊的生理情况作出适当的反应，而忽视妇女健康权的情况。例如，在城镇居民医疗保险中没有规定对生育项目的保险和补偿，使无法投保城镇职工医疗保险的孕产妇无法得到医疗保障；而在新型农村合作医疗保险中，将未婚流产等妇科疾病问题排除在医疗保障范围之外的做法，则增加了妇女的健康风险。因此，加强对社会医疗保障制度的完善，剔除法律制度中忽视女性健康权的规定，是妇女平等享有医疗资源、实现健康权的前提和基础。

在妇幼保健机构的建设方面，截至2001年，我国计划生育系统已经形成了覆盖全国的国家、省（自治区，直辖市）、地（市）、县（市）、乡（镇）五级服务网络。全国已建成了遍及城乡的3 000多个妇幼保健机构、17 000多个综合医院的计划生育科、270个地（市）级计划生育服务中心、33 300个计划生育服务站（所），县级建站率为80.5%，乡级建站率为87.6%。2000年全国已有800多个县（市）开展了优质服务试点工作。[①] 但是随着妇幼保健市场化趋势的发展，妇幼保健工作也受到了很大冲击。据《中国性别平等与妇女发展评估报告》的统计，全国妇幼保健机构在1955年有3 944家，1995年有3 179家，近年来持续减少，2003年为3 033家，2004年为2 998家。妇幼保健机构的缩减限制了妇幼保健服务的发展。近十年来，妇科病检查率基本都在38%—39%之间徘徊不前。此外，妇幼保健经费不足导致卫生保健服务覆盖不全、服务能力不足和效率低下，妨碍了妇幼保健事业的可持续发展。妇幼保健机构的萎缩和缓慢发展表明，尽管我国的医疗保障事业得到了发展，但是医疗卫生政策中对于妇女的生殖等健康问题却未能予以平等的发展和特殊保护，妇幼卫生状况的改善和事业发展在一定程度上滞后于国家的经济增长。对此，国家应该在妇幼保健事业上继续大力投入，并划拨充足的预算、人力和行政资源，确保保健预算总数中分配给妇女保健的份额与分配给男子保健的份额相仿的同时，充分考虑到妇女的不同保健需要，从而加强妇幼保健机构及其能力。

妇女健康权是一项基本的妇女人权。新中国成立后，中国妇女的健康权得到了极大重视。中国政府将保障妇女健康作为维护妇女人权的重要组成部分，制定了以《妇女权益保障法》、《母婴保健法》等为中心的维护妇女健康的法律体系，并在深化性别平等意识的基础上加大了对妇女医疗保障资源的投入，建立了基本覆盖全国的妇女保健服务网络，从而为保障妇女健康权益、改善妇女健康状况提供了制度、政策性保障和物质基础，在保障妇女健康权的各个方面取得了明显的成就。但是由于社会、政治、经济、文化和生理等各方面因素的影响，妇女健康权的享有和实现仍然无法达到男女平等。这种不平等包括妇女在获得和参与现有健康资源、机会、服务和决策过程上的不平等，以及卫生保健系统中性别偏见导致的不平等。为此，国家应依据《妇女权益保障法》等法律和妇女发展纲要对妇

① 全国妇联：《〈中国妇女发展纲要（1995—2000年）〉终期监测评估报告》，2003年2月28日。

女健康权进行全面的保障，从女性的视角对忽视女性健康的法律、法规进行修订的同时，坚决执行《母婴保健法》等相关法律法规，坚决取缔非法行医、非法接生，规范母婴保健服务，切实保护妇女健康，积极创造有利于妇女健康的生产和生活环境，并按照职业卫生的相关法律法规，围绕保障妇女生殖健康、预防和控制主要疾病，加强工作场所和公共场所的妇女健康保护和监护工作，确保妇女在特殊生理时期所处的生产生活环境的安全。国家在制定并实施妇女发展纲要中，应把妇女的健康问题纳入国家经济社会发展总体规划之中，通过向妇女赋权的方式来提高妇女健康权和健康水平。为此，国家应该建立政府统一领导、部门各司其责、切实形成合力的协调工作机制，共同推动保障妇女健康权益行动的实施和落实。

医疗损害赔偿纠纷案[①]

案情简介

2007年6月2日，泸县法院审结一起因泸县某妇幼保健院对患者进行结扎手术时操作存在过错导致原告林珍在术后两年再孕的医疗损害赔偿纠纷案。原告林珍诉称其于2003年5月18日在被告处分娩后行双侧输卵管结扎术。两年后，突感小腹巨痛，经泸县医院诊断为宫外孕，腹腔内出血，并进行切除右侧输卵管等治疗，住院治疗期间共产生医疗费2 141元，要求被告赔偿医疗费、精神抚慰金等共计13 531元。被告泸县某妇幼保健院辩称：以目前的医疗技术条件，行输卵管结扎手术后再孕是不能完全避免的，属于结扎手术并发症。林珍在结扎两年后怀孕，不能排除其进行了输卵管再通手术的可能，医方手术行为无过错，不应承担赔偿责任。

法院在查明事实的情况下判决如下：本案属因医疗行为引起的侵权诉讼，应由医疗机构承担无过错举证责任。而被告提供的病历资料无法证明其是按正规的输卵管结扎手术操作步骤对林珍施行手术，即无法证明林珍两年后再孕与其手术无因果关系，故应推定其手术操作存在一定过错，应承担民事责任。据此，依照《最高人民法院关于民事诉讼证据的若干规定》第4条1款（8）项、《民法通则》第119条、最高人民法院《关于审理人身损害赔偿案件适用法律若干问题的解释》第17条之规定，判决被告赔偿原告林珍医疗费、误工费等共计3 567元，但不支持精神损害赔偿。

① 闫妍：《结扎后再孕　健康权谁买单》，中国妇女网，2008年12月3日，人民网转载，http://acwf.people.com.cn/GB/8453178.html，最后访问于2011年6月25日。

评析：

本案是因医疗行为引起的特殊侵权诉讼，虽经泸州市医学会鉴定认为输卵管结扎术有一定的失败率，因此属计划生育并发症，不构成医疗事故，但《最高人民法院关于民事诉讼证据的若干规定》第4条1款（8）项规定，“因医疗行为引起的侵权诉讼，由医疗机构就医疗行为与损害结果之间不存在因果关系及不存在医疗过错承担举证责任”，可见本案被告只有举证证明其医疗行为与损害结果之间不存在因果关系及不存在医疗过错才能免责。但其提供的病历资料不能反映手术全过程，也无具体的手术操作步骤记录，因此无法证明林珍两年后再孕与其手术无因果关系，故应推定被告在手术操作过程中存在一定过错，应当承担民事责任。但是对于精神损害，由于法院认为林珍再孕后虽然切除了右侧输卵管，给其精神上造成了一定损害，但因其已生育子女，所以该精神损害未达到严重程度，因此，未判被告给付精神损害赔偿金。对此，法院的判决是值得商榷的。

第十章

妇女人权的保障机制

【导读】妇女人权的保障机制泛指国内、区域和国际层面负责确保妇女人权实现的各种机关、机构、组织、团体及其工作制度。在妇女人权保障方面，国内保障机制负有首要责任，以联合国系统下的人权保障机制为核心的国际保障机制则是不可或缺的重要补充。根据中国宪法、妇女权益保障法和其他相关法律法规的规定，中国建立了一套全面、系统且行之有效的妇女人权的立法、行政、司法和社会保障机制，在促进和保障中国妇女权利的尊重和实现方面发挥了重要作用。

第一节
妇女人权的国内保障机制

一、妇女人权国内保障机制的概念和意义

（一）妇女人权国内保障机制的概念

妇女人权的国内保障机制泛指各国负责确保妇女人权实现的各种机关、机构、组织、团体及其工作制度。就某一特定国家而言，妇女人权国内保障机制下的各个机关、机构、组织和团体均以本国法律或政策文件为直接的建立和活动根据，均拥有在本国领土和其他管辖范围内以适当方式确保妇女人权实现的任务、职责或权限，彼此之间均有某种工作上的联系。

根据相关国际国内法律文件和政策文件的规定，各国政府对于妇女人权的尊重和保障负有首要义务和责任，应当采取一切必要而适当的措施，消除基于性别的各种形式的歧视，确保妇女与男子平等享有各项人权。实践中，各国中央和地方立法、行政、司法和其他国家机关都在不同程度上负有保障妇女人权的职责和权限。此外，几乎所有国家都在中央或/和地方建立了专门负责提高妇女地位、促进男女平等、消除性别歧视和保障妇女人权的机构，许多国家在中央或/和地方有关部门内部或有关部门之间设立了妇女事务或两性平等问题协调中心、工作组或委员会，一些国家还设立了促进两性平等和增强妇女权能的监察员或咨询机构。这些机关和机构（尤其是中央国家机关和机构）在妇女人权保障方面具有主导或领导作用，是妇女人权国内保障机制的核心和主体部分。

在政府之外，其他国内社会成员同样负有尊重妇女人权的义务，也有促进妇女人权实现的权利和责任。实践中，包括妇女组织和女权团体在内的非政府组织、学术和研究机构、专业协会、工会、合作社、地方社区团体、民间传播媒介、宗教团体、青年组织、文化团体、金融机构、非赢利组织以及其他社会组织、机构和团体日益广泛而积极地参与和支持本国国家机关保障妇女人权的计划和行动，接受本国国家机关的协调、指导或领导，从而构成妇女人权国内保障机制的重要组成部分。

（二）妇女人权国内保障机制的意义

妇女人权的国内保障机制对于一国范围内的妇女人权的普遍实现具有至关重

要的意义，其地位和作用至少可以从以下两个方面来认识。

其一，妇女人权的国内保障机制是妇女人权的必要保障机制。妇女人权的普遍和充分的实现需要具备多种条件。在一国范围内，关于男女地位和角色的定型观念和态度、体现男性支配地位的家庭和社会制度、含有性别歧视因素的法律和政策、对妇女身心有害的文化传统和风俗习惯、家庭内外基于性别差异的劳动分工、较低的社会发展水平、极度贫困、环境污染、战争和武装冲突、民族和种族矛盾、犯罪、暴力、自然灾害以及其他多种人为的或自然的因素都可能妨碍妇女人权的实现。基于历史和现实的原因，妇女人权经常受到来自政府和其他社会成员的各种形式的侵犯。不论作为个体还是群体，妇女在家庭和社会公共生活领域长期处于不利地位，其争取自身权利实现的努力和能力往往受到各种因素的限制，因此需要掌握公共权力和社会资源的国家机关为其提供政策、法律、资源和其他方面的支持，以预防和制止针对其人权的各种侵犯行为，在其人权受到侵害时为其提供有效救济，并为其人权的普遍、充分和有效的实现提供其他各种必要条件。此外，由于妇女人权的实现涉及社会各个生活领域和各级各类国家机关的职责，鉴于妇女人权在国家机关的工作中长期未能取得主流地位，因此特别需要建立具有明确任务和职责、必要权力和权威以及充足资源和能力的专门保障妇女人权的国家机构，以保证国家政策、法律、规划和方案的制定和执行能够全面、充分地体现妇女人权的要求，并鼓励、协调、指导或领导各有关国家机关和其他社会成员积极广泛地参与和支持保障妇女人权的行动。

其二，妇女人权的国内保障机制是妇女人权的首要保障机制。在一国范围内，妇女人权的普遍而充分的实现所需具备的各种条件从根本上要由本国政府和其他国内社会成员来提供和创造。首先，有关国家机关需要采取必要而适当的立法措施，确认妇女的各项人权，规定国内社会成员尊重和保障妇女人权的义务和责任，禁止对妇女人权的各种形式的侵犯，规定对侵犯妇女人权的行为的惩治措施和对其权利受到侵犯的妇女的救济途径，修改或废除有损妇女人权的各种制度、规范、惯例和习俗；其次，有关国家机关需要严格遵守、执行或适用本国确认和保护妇女人权的各项法律，充分尊重妇女的各项人权，有效预防、制止和惩治侵犯妇女人权的行为，并对其权利受到侵犯的妇女提供有效救济；再次，有关国家机关需要认真制定和执行有助于妇女人权实现的政策、方案和计划，采取促进妇女人权实现的特别措施，动员和利用其他国内社会成员和国际社会的力量，努力实现社会的全面进步和发展，逐步减少和消除妨碍妇女人权实现的各种因素。由于妇女人权的实现主要受国内因素的影响，对妇女人权的侵犯经常来自于国内成员，有关国内机制在妇女人权的保障方面因此可以直接发挥更加权威和更为有效的作用。相比之下，各种普遍性的和区域性的妇女人权保障机制往往只能间接地起到次要的和补充的作用。

二、中国的妇女人权保障机制

中国现行《宪法》明确规定，国家尊重和保障人权（第33条第3款），保护妇女的权利和利益（第48条第2款）。在此基础上，《妇女权益保障法》进一步明确规定，国家实行男女平等的基本国策，采取必要措施，逐步完善保障妇女权益的各项制度，消除对妇女一切形式的歧视，保护妇女依法享有的特殊权益，禁止歧视、虐待、遗弃和残害妇女（第2条第2—4款），为妇女依法行使权利提供必要的条件（第4条第2款）。与此同时，该法明确规定，保障妇女的合法权益是全社会的共同责任，国家机关、社会团体、企业事业单位、城乡基层群众性自治组织都应当依照本法和有关法律的规定，保障妇女的权益（第4条第1款）。除此之外，中国现行有效的大量法律文件和政策文件对有关机关、机构、组织和团体保障妇女权益的职责、权限和措施都有不同程度的规定。根据宪法和法律的规定，通过政府与非政府组织等社会力量多年来的密切合作，中国已逐步形成了以积极的政府行为和人大、政协的广泛参与为主，以非政府组织的协作、配合为辅，全社会共同关注和推动妇女事业发展的工作格局，构建了从中央到地方促进妇女地位提高的工作体系，建立了一套全面、系统且行之有效的妇女人权的立法、行政、司法和社会保障机制。

（一）妇女人权的立法保障机制

根据1982年《宪法》的规定，中国实行统一而又分层次的立法体制。在这一体制之下，中国各级国家权力机关和行政机关分别享有不同程度和不同范围的立法权。其中，全国人民代表大会（简称全国人大）作为最高国家权力机关，有权修改宪法，制定和修改刑事、民事、国家机构的和其他的基本法律；全国人民代表大会常务委员会（简称全国人大常委会）作为全国人大的常设机关，有权解释宪法和法律，制定和修改除应当由全国人大制定的法律以外的其他法律，在全国人大闭会期间对其制定的法律进行不违背该法律基本原则的部分补充和修改，撤销国务院制定的同宪法、法律相抵触的行政法规、决定和命令，撤销省、自治区、直辖市国家权力机关制定的同宪法、法律和行政法规相抵触的地方性法规和决议，决定同外国缔结的条约和重要协定的批准和废除；国务院作为最高国家权力机关的执行机关和最高国家行政机关，有权根据宪法和法律规定行政措施，制定行政法规，发布决定和命令，改变或者撤销各部、各委员会发布的不适当的命令、指示和规章，改变或者撤销地方各级国家行政机关不适当的决定和命令，同外国缔结条约和协定；国务院各部、各委员会根据法律和国务院的行政法规、决定和命令，在本部门的权限内，发布命令、指示和规章；省、直辖市的人民代表大会及其常务委员会，在不同宪法、法律、行政法规相抵触的前提下，可以制定地方性法规；民族自治地方的人民代表大会有权依照当地民族的政治、经济和文化的特点，制定自治条例和单行条例。在宪法上述规定的基础上，2000 年《中华人民共和国立法法》(简称《立法法》) 进一步规定，省、自治区的人民政府所在地的市、经济特区所在地的市和经国务院批准的较大的市的人民代表大会及其常务委员会，可以在不同宪法、法律、行政法规和本省、自治区的地方性法规相抵触的前提下制定地方性法规；中国人民银行、审计署和具有行政管理职能的直属机构，可以根据法律和国务院的行政法规、决定和命令，在本部门的权限范围内制定规章；省、自治区、直辖市和较大的市的人民政府，可以根据法律、行政法规和本省、自治区、直辖市的地方性法规制定规章。该法还对各级权力机关和行政机关的立法权限、程序以及有关法律文件的效力和适用等问题作了比较系统的规定。

中国国家机关的立法权的行使情况会直接影响和决定妇女权益的确认和保障程度。实践中，中国各级国家权力机关和有关行政机关根据《宪法》和《立法法》的规定，将维护妇女权益和促进性别平等作为一项重要任务，不断加大维护妇女权益法律法规的制定、修订和实施力度，相继制定和颁布了大量直接涉及或专门规定妇女权益保障的法律、法规、规章、条例、决定和办法，形成了以《宪法》为基础，以《妇女权益保障法》为主体，包括国家各种单行法律法规、地方性法规和政府各部门行政规章在内的一整套保护妇女权益和促进性别平等的法律体系。此外，全国人大常委会先后批准了 20 余项与妇女人权有关的国际公约，使中国承担了广泛的尊重和保障妇女人权的国际法律义务。[①]

(二) 妇女人权的行政保障机制

根据中国现行宪法的规定，国务院作为中国最高国家权力机关的执行机关和最高国家行政机关，除具有部分立法权限外，还有权统一领导各部和各委员会的工作、不属于各部和各委员会的全国性的行政工作以及全国地方各级国家行政机关的工作，编制和执行国民经济和社会发展计划及国家预算，领导和管理经济、

① 详见本书第一章第二节对中国促进和保障妇女权益的法律文件以及中国批准的与妇女人权有关的国际公约所作的说明。

城乡建设、教育、科学、文化、卫生、体育、计划生育、民政、公安、司法行政、监察等工作和民族事务；地方各级人民政府作为地方各级国家权力机关的执行机关和地方各级国家行政机关，在国务院的统一领导下管理本行政区域内的行政工作；民族自治地方的自治机关在国家计划的指导下，自主安排和管理地方性经济建设事业，自主管理本地方的教育、科学、文化、卫生、体育事业。

中国各级行政机关具有的广泛而重要的权限与妇女权益的保障具有直接和密切的联系。有鉴于此，与妇女权益有关的许多法律法规都在不同程度上规定了各级行政机关保障包括妇女在内的公民的合法权益的职责。其中，《妇女权益保障法》明确要求各级人民政府重视和加强妇女权益的保障工作，并系统规定了国家各级行政机关保障妇女权益的职责和权限。按照该法的规定，国务院负责制定中国妇女发展纲要，并将其纳入国民经济和社会发展规划；县级以上地方各级人民政府根据中国妇女发展纲要，制定本行政区域的妇女发展规划，并将其纳入国民经济和社会发展计划；县级以上人民政府负责妇女儿童工作的机构，负责组织、协调、指导、督促有关部门做好妇女权益的保障工作；县级以上人民政府有关部门在各自的职责范围内做好妇女权益的保障工作。此外，该法还对各级人民政府及公安、民政、劳动和社会保障、卫生、司法行政和其他有关部门保障妇女权益的具体措施进行了规定。

《妇女权益保障法》规定的各级政府及其有关部门保障妇女权益的职责在实践中得到了切实履行。20 世纪 90 年代以来，中央政府先后制定并实施了 3 部全国性的妇女发展纲要、1 部含有妇女权利保障内容的国家人权行动计划以及若干部含有妇女发展目标和措施的经济社会发展总体规划，国务院有关部门和地方各级政府分别制定并实施了本部门的妇女发展纲要实施方案和本地区的妇女发展规划，国务院有关部门还制定并实施了多项与保障妇女权益有关的专项规划。① 在制定和实施有关纲要和规划的过程中，各级政府及有关部门紧密协作，不断加大经费投入，优化资源配置，健全实施纲要监测评估机构、纲要监测统计指标体系和评估方案，完善性别统计制度，加强与有关国际组织、外国政府和国内外非政府组织的合作，极大地促进了妇女地位的提高、妇女事业的发展和妇女权益的保障。

特别值得一提的是，为了协调和推动政府有关部门执行保障妇女权益的各项法律法规和政策措施，促进妇女事业的发展，中国中央政府和县级以上各级地方

① 详见本书第一章第二节对中国妇女发展纲要和其他与妇女人权有关的政策性文件所作的说明。

政府分别成立了负责协调妇女工作的专门机构。在中央一级，国务院于1990年2月22日成立了妇女儿童工作协调委员会（1993年8月4日更名为国务院妇女儿童工作委员会，简称国务院妇儿工委）。国务院妇儿工委由国务院副总理或国务委员担任主任，现有27个国家部委和6个社会团体共33个成员单位①，其与妇女有关的基本职能是协调和推动政府有关部门做好维护妇女权益工作，制定和实施妇女发展纲要，为开展妇女工作和发展妇女事业提供必要的人力、财力和物力，指导、督促和检查各省、自治区、直辖市人民政府妇女儿童工作委员会的工作。在地方一级，中国内地31个省（自治区、直辖市）、385个地（市、州、盟）、2 000多个县（市、区、旗）人民政府均成立了由同级政府负责人担任领导、政府有关部门和人民团体共同组成的妇女儿童工作委员会，形成了贯通各级政府组织、渗透于各政府部门之中、纵横交错的妇女工作网络。各级妇儿工委成立以来，积极协调、推动、指导、协助和监督有关保障妇女权益的政策文件和法律文件的制定和实施，在促进妇女权益的尊重、保障和实现方面发挥了重要作用。

（三）妇女人权的司法保障机制

中国的司法机关包括人民法院和人民检察院。公安机关、国家安全机关和司法行政机关虽然属于行政机关，但也承担着部分司法职能。

根据中国现行宪法的规定，最高人民法院、地方各级人民法院和军事法院等专门人民法院是国家审判机关，最高人民检察院、地方各级人民检察院和军事检察院等专门人民检察院是国家的法律监督机关。各级法院和检察院依照法律规定分别独立行使审判权和检察权，不受行政机关、社会团体和个人的干涉。根据《中华人民共和国人民法院组织法》（简称《人民法院组织法》）、《中华人民共和国人民检察院组织法》（简称《人民检察院组织法》）、《民事诉讼法》、《刑事诉讼法》和《中华人民共和国行政诉讼法》（简称《行政诉讼法》）的规定，法院通过行使审判权，检察院通过行使检察权，公安机关通过行使对刑事案件的侦查、拘留、执行逮捕和预审权，保护公民的财产权利、人身权利、民主权利和其他权利。另据《中华人民共和国人民警察法》（简称《人民警察法》）的规定，公安机关、国家安全机关、监狱和劳动教养管理机关的人民警察通过预防、制止和侦查

① 这33个成员单位分别是中宣部、外交部、国家发改委、教育部、科技部、国家民委、公安部、民政部、司法部、财政部、人力资源和社会保障部、环境保护部、住房和城乡建设部、水利部、农业部、商务部、文化部、卫生部、人口计生委、工商总局、质检总局、广电总局、新闻出版总署、体育总局、统计局、林业局、法制办、全国总工会、共青团中央、全国妇联、中国残联、中国科协、中国关工委。

违法犯罪活动，保护公民的人身安全、人身自由、合法财产和其他合法权益。

中国的司法机关和部分行政机关具有的司法职能对于制止和惩治侵犯妇女权益的行为具有十分重要的作用。根据《妇女权益保障法》的规定，妇女的合法权益受到侵害的，有权向人民法院起诉；对有经济困难需要法律援助或者司法救助的妇女，当地法律援助机构或者人民法院应当给予帮助，依法为其提供法律援助或者司法救助；对于受害妇女针对违反本法规定侵害其在农村集体经济组织中的各项权益提起的诉讼，人民法院应当依法受理；对于违反本法规定侵害妇女合法权益、造成财产损失或者其他损害且构成犯罪的，应当依法追究行为人的刑事责任。除此之外，与妇女权益有关的许多法律法规也分别对司法机关保障受害公民合法权益的职责作出了规定。

实践中，各级司法机关按照法律程序审理和判决民事、刑事和行政等各类案件，打击和制裁各种侵犯妇女权益的犯罪行为。为了切实履行保障妇女权益的职能，许多法院设立了专门审理涉及妇女权益保护的民事案件的妇女维权合议庭或妇女维权专门法庭，一些检察机关设立了妇女维权岗，司法部和地方各级司法部门建立了妇女法律援助机构，形成了全国性的妇女法律援助工作网络。

（四）妇女人权的社会保障机制

在各级各类国家机关之外，中国的各种社会团体、企业事业单位和城乡基层群众性自治组织，尤其是各级妇女组织，同样是保障妇女权益的重要力量。《妇女权益保障法》在明确肯定这些团体、单位和组织保障妇女权益的职责的同时，还对其保障妇女权益的权利、义务和责任作了若干具体规定。根据该法的规定，全国和地方各级妇女联合会（简称妇联）作为代表各族各界妇女利益和维护妇女权益的组织，有权参与法律、法规、规章和公共政策的制定，对涉及妇女权益的重大问题发表意见，向各级国家机关提出妇女权益保障方面的意见和建议，代表妇女积极参与国家和社会事务的民主决策、民主管理和民主监督，可以向国家机关、社会团体、企业事业单位推荐女干部，并应当协助和配合各级人民政府和有关部门做好被拐卖和绑架的妇女的解救和善后工作。此外，工会和共青团应当在各自的工作范围内做好维护妇女权益的工作；城乡基层群众性自治组织和社会团体应当在各自的职责范围内预防和制止家庭暴力，依法为受害妇女提供救助；妇女组织对于进行诉讼需要帮助的受害妇女应当给予支持；妇联或者相关妇女组织可以通过大众传播媒介揭露、批评侵害特定妇女群体利益的行为，并有权要求有关部门依法查处。与妇女权益有关的其他一些法律法规，对社会团体、企业事业单位和城乡基层群众性自治组织维护妇女权益的职责也有不同程度的肯定。

除了《妇女权益保障法》明确提及的妇联、工会和共青团等社会组织和团体外，负有妇女权益保障职责的社会力量还包括（但不限于）八个民主党派设立的妇女工作委员会、全国政协和部分省市自治区政协设立的妇女青年委员会、各级工会设立的女职工委员会、各种行业性的妇女协会和其他妇女组织①、各类宣传媒介（包括妇女群众组织创办的各种妇女报纸刊物）、教育研究机构（包括各级妇女问题研究机构）、公私企业，以及在扶贫、卫生、教育、环保、维权和其他相关领域开展活动的非政府组织②。在所有这些社会力量中，各级妇联的地位尤为重要。其中，中华全国妇女联合会（简称全国妇联）作为中国最大的维护妇女权益、促进妇女发展的妇女组织，拥有众多的成员、广泛的职能、庞大的工作队伍和健全的工作网络，具有广泛的代表性、群众性和社会性。在中国政府的鼓励、支持、协调、指导和领导下，各种社会力量认真履行职责，积极参与关涉妇女权益的法律文件和政策文件的制定与执行，通过开设妇女维权热线、法律服务热线和反家庭暴力热线，成立法律咨询中心，设立妇女救助站（点）和法律援助工作站，健全信访网络，应邀担任人民陪审员和劳动保障法律监督员等多种形式维护妇女权益，为受害妇女提供帮助，努力促进妇女各项权利的尊重、保护和实现。特别值得一提的是，为强化维权协调职能，中国政府于 2001 年 11 月建立了由中央政法委牵头，由国务院有关部委和社会团体组成的全国维护妇女儿童权益协调组（现名为全国维护妇女儿童权益暨平安家庭创建协调组）。③ 该协调组以及国务院妇儿工委的各成员单位积极建立维权服务机构④，不断健全多部门协调联动的维权干预机制，拓宽维权渠道，搭建服务妇女的维权平台，优化妇女依法维权的社会环境，极大地促进了妇女权益保障工作的进展。

---

① 《2005 年妇联年度统计汇总表》和《2008 年妇联年度统计汇总表》提供的数据显示，2005 年，中国各级各类妇女组织为 9 031 个，其中高等院校妇女组织 730 个，民政部注册登记的妇女社团 2 682 个；2008 年，高等院校妇女组织数量增至 844 个，民政部注册登记的妇女社团增至 2 892 个。

② 截至 2009 年年底，中国依法登记在册的非政府组织约为 43.1 万个。

③ 协调组的成员单位包括中央政法委、中宣部、最高人民法院、最高人民检察院、司法部、国务院法制办公室、财政部、公安部、民政部、劳动和社会保障部、农业部、文化部、卫生部、人口计生委、工商总局、广电总局、国家信访局、全国妇联、中华全国总工会。

④ 截至 2009 年，29 个省、自治区、直辖市建立了妇女儿童维权机构，全国建立各级维权协调机构近 2 600 个。

第二节
妇女人权的国际保障机制

一、妇女人权国际保障机制的概念和意义

(一) 妇女人权国际保障机制的概念

妇女人权的国际保障机制泛指负责确保妇女人权实现的普遍性和区域性的国际组织、机构及其工作制度。与相关国内保障机制相比，妇女人权国际保障机制下的各个组织和机构同样拥有以适当方式确保妇女人权实现的任务、职责或权限，同一组织系统内的相关机构彼此之间一般也具有某种工作上的联系，但这些组织和机构均以相关国际条约或决议为其建立和活动的根据，其活动范围也都不限于某一国家，甚至也不限于某一区域。

根据相关国际文件的规定，国际社会负有促进和保护包括妇女人权在内的所有人权的使命和职责。实践中，许多普遍性的和区域性的政府间国际组织在其组织文件中把促进人权的尊重和实现确立为本组织的宗旨或原则，有时还会规定本组织有关机关在人权方面的职责和权限，以及会员国在人权方面的义务；包括联合国、国际劳工组织和联合国教科文组织在内的一些国际组织根据其组织文件或者有关机关的决议或决定，建立了专门负责促进和保障人权的机构，包括专门负责提高妇女地位和增进妇女人权的机构，以及相应的工作制度；大量专门规定或涉及人权问题的普遍性和区域性的国际公约，尤其是专门规定妇女人权问题的公约，规定了监督缔约国履行公约义务的国际机构及其工作制度。各种具有人权职能的国际机关和机构在建立根据、成员资格、职权性质、职能范围、活动领域和工作方式等方面不尽相同，但都具有一定的促进和保障妇女人权的尊重和实现的任务、职责和权限，是妇女人权国际保障机制的主体部分。

在政府间国际组织、国际机关和机构之外，大量国际性的非政府组织均在不同程度上具有提高妇女地位、消除性别歧视、促进男女平等和维护妇女人权的职能，并通过多种方式在国家、区域和全球范围内积极、广泛地开展工作。许多非政府组织与普遍性或区域性的政府间国际组织、国际机关和机构密切合作，在妇女人权的国际保障机制之下发挥日益重要的作用。

(二) 妇女人权国际保障机制的意义

如前所述，妇女人权的首要保障机制是各国的国内保障机制。相比之下，国

际保障机制只能发挥次要的和补充的作用。尽管如此，各种国际保障机制在妇女人权的普遍尊重和实现方面的作用依然不可或缺，且不容忽视。这主要是因为，在任何一个国家，妇女人权的实现程度并不仅仅取决于该国本身具有的历史的和现实的条件，而是越来越受到来自本国之外的各种自然的和人为的因素的影响，不能指望某一个国家单凭一己之力便可彻底消除实现妇女人权所面临的各种障碍。实践表明，一国范围内的妇女人权之所以不能得到普遍和充分的实现，一方面是由于该国在客观上缺乏必要的资源，另一方面则是由于该国在主观上没有足够的意愿。基于这两个方面的原因，有关国际组织、机关和机构需要发挥其咨询、援助和监督功能，帮助有关国家获得必要的资源，或者促使该国形成足够的意愿。在一国政府违反其承担的国际法律义务或政治承诺，无视、默许、纵容、鼓励乃至实施侵犯妇女人权的行为的情况下，有关国际组织、机关和机构更需要发挥其预防、矫正和补救功能，防止和制止对妇女人权的侵犯，并促使有关国家为权利受到侵害的妇女提供有效救济。

二、联合国的妇女人权保障机制

联合国是当今世界上最大的政府间国际组织，根据《联合国宪章》和联合国核心人权公约及其议定书建立的人权保障机制是国际人权保障机制的核心部分，在妇女人权保障方面具有至关重要的地位和作用。中国作为联合国的创始会员国，自1971年恢复在联合国的合法地位以来，日益积极地参与联合国人权保障机制的活动和改革，不断加强与有关机关和机构的合作，与之建立了较为密切的联系。

（一）根据《联合国宪章》建立的妇女人权保障机制

《联合国宪章》明确规定，联合国的宗旨之一是在男女平等的基础上增进并激励对于全体人类的人权和基本自由的尊重和遵守，联合国大会和经社理事会分别拥有助成全体人类人权和基本自由的实现以及促进其尊重和遵守的重要职能。实践中，联合国所有主要机关都在促进联合国人权宗旨的实现方面发挥了不同程度的作用，联合国大会、经社理事会、安理会和秘书处等主要机关还分别设立了专门负责促进和保障人权的常设性或临时性的机构或实体，包括若干专门负责提高妇女地位、促进男女平等、消除性别歧视和实现妇女人权的机构或实体。1993年第二次世界人权大会召开之后，按照《维也纳宣言和行动纲领》以及其他有关妇女人权的国际文件的要求，联合国逐渐将妇女充分和平等地享受所有人权列为优先事项，不断充实有关机关、机构和实体的保障妇女人权的职能，加强相互之间的合作和协调，努力进行机构改革，提高工作成效，形成了一套以联合国主要机关为主导、以专门负责妇女事务的机构和实体为核心、由具有增进妇女人权职能的其他机构和实体广泛参与的妇女人权保障机制。

1. 联合国大会及其辅助机构促进和保障妇女人权的职能

联合国大会是《联合国宪章》明确规定的促进人权的主要机关之一。根据《联合国宪章》的规定，大会有权为促进全体人类人权及基本自由的实现而发动研究并提出建议，并有权设立行使职务所必要的辅助机关。实践中，大会经常通过关于消除贩运妇女和女童、影响妇女和女童健康的传统做法或习俗、为维护名誉而危害妇女的犯罪、侵害妇女的家庭暴力以及其他一切形式的暴力侵害妇女行为的决议。大会设立的人权事务高级专员办事处（简称人权高专办，Office of High Commissioner for Human Rights，OHCHR）、人权理事会（Human Rights Council，HRC）以及许多旨在促进人权的方案、基金、研究机构、培训机构和其他实体都在不同程度上发挥了增进妇女人权的作用。其中，2006 年设立的人权理事会不仅保留了原人权委员会的部分职权及其绝大部分特别机制（详见下文），建立了审查各国对其人权义务和承诺履行情况的定期普遍审查机制（Universal Periodic Review，UPR），还于 2010 年 12 月设立了法律和实践中对妇女的歧视问题工作组（简称妇女歧视问题工作组，Working Group on the Issue of Discrimination against Women in Law and in Practice），专门负责帮助各国和其他行动者消除含有歧视妇女的规定或者其执行或适用具有歧视妇女的后果的法律。

第四次世界妇女大会召开以后，联合国大会成为该次世界妇女大会后续工作事项的主要政策制定和评估机构，在审查、评估《行动纲领》的有效执行方面发挥了重要作用。为了加快实现两性平等和增强妇女权能方面的进展，大会于 2010 年 7 月 2 日决定将联合国妇女发展基金（简称妇发基金，United Nations Development Fund for Women，UNIFEM）、提高妇女地位司（Division for the Advancement of Women，DAW）、性别问题和提高妇女地位特别顾问办公室（简称性别问题特别办公室，Office of the Special Adviser on Gender Issues and the Advancement of Women，OSAGI）和提高妇女地位国际研究训练所（简称妇女地位研训所，International Research and Training Institute for the Advancement of Women，INSTRAW）这四个专门负责促进两性平等和增强妇女权能的联合国机构的职能和资源合并，成立一个独立的联合国两性平等和增强妇女权能实体（简称联合国妇女署，The United Nations Entity for Gender Equality and the Empowerment of Women，UN Women），同时决定建立一个执行局，作为该实体的理事机构，为业务活动提供政府间支助和监督。该实体以针对妇女的暴力、和平与安全、领导与参与、增强经济权能、国家规划和预算编制、人权、千年发展目标为主要关注领域，其主要任务是为妇女地位委员会等政府间机构开展制定政策、全球标准和规范的工作提供支持，为会员国执行这些标准提供帮助，向提出请求的国家提供适当的技术和财政支持，与市民社会结成有效的伙伴关系，促使联合国系统履行自己所作的两性平等的承诺，包括对联合国系统内的工作进展情况进行定期监督。该实体把实现妇女人权作为其所有专题领域内的工作的核心，主要通过支持政府和市民社会等国内行动者执行《消除对妇女歧视公约》来促进妇女人权的实现，尤其注重促使国家宪法、法律和政策等国内人权框架符合该公约的要求，支持现有人权框架的执行以确保其作用的发挥和妇女权利的实现，特别关注贫困妇女、土著妇女等处于不利和边缘地位的群体，以使国内框架更加全面地反映妇女权利的所有关注领域。

2. 联合国经社理事会及其辅助机构促进和保障妇女人权的职能

联合国经济及社会理事会（简称经社理事会）是《联合国宪章》明确规定的负责增进人权的另一主要机关。根据《联合国宪章》的规定，经社理事会有权为增进全体人类人权和基本自由的尊重和维护而提出建议，设立以提倡人权为目的的委员会，对与人权有关的经济、社会、教育、文化、卫生和其他有关事项进行研究、作出报告和提出建议，并在这些问题上与联合国其他机关、专门性国际组织和非政府组织建立联系。实践中，经社理事会与联合国大会一样，经常通过关于消除针对妇女的一切暴力行为的决议。该理事会先后设立了若干与人权有关的职司委员会，在不同领域并以不同方式开展促进人权的工作。1978—1985 年，经社理事会还曾一度履行过审议《经社文权利公约》缔约国提交的履约报告的职能。第四次世界妇女大会召开以后，经社理事会与联合国大会一起承担了监督联合国系统执行《行动纲领》的职责，并与妇女地位委员会、人权委员会、社会发展委员会、可持续发展委员会、预防犯罪和刑事司法委员会、人口与发展委员会和其他职司委员会相继将性别视角和两性平等观点纳入其工作的主流。

在经社理事会设立的各职司委员会中，1946 年成立的妇女地位委员会（Commission on Status of Women，CSW）和人权委员会（Commission on Human Rights，CHR）在促进和保障妇女人权方面发挥着最为重要的作用。其中，妇女地位委员会作为专门负责提高妇女地位和促进男女权利平等的辅助机构，最初的职能是就促进妇女的公民、政治、经济、社会、教育领域内的权利问题向经社理事会提出建议和报告，并就需要立即关注的紧急的妇女权利问题向该理事会提出建议。20 世纪 80 年代末以来，该委员会的职能范围不断扩大，包括了促进平等、发展与和平等目标的实现，监督促进妇女进步的措施的执行，审议和评价国内、次区域、区域和全球范围内的进展情况，开展第四次世界妇女大会的后续行动并定期审议《北京宣言》和《行动纲领》关注的重要领域，促进联合国行动中的社会性别视角的主流化，鉴别影响男女平等的新的问题、趋势和解决问题的方法。实践中，妇女地位委员会通过监督有关政策和计划的执行，在提高国际社会对妇女权利的承认以及促进妇女权利和男女平等的实现方面发挥了十分重要的作用。

与妇女地位委员会相比，人权委员会拥有更为广泛的促进人权的职能，包括拟定人权标准，提供咨询服务，以及对世界各国发生的持续性或系统性的严重侵犯人权的一般情势进行审议和研究。为便于自身职能的履行，人权委员会曾在 1947 年设立了防止歧视与保护少数者小组委员会（1999 年更名为促进和保护人权小组委员会，2007 年被人权理事会咨询委员会取代），作为自己的主要附属机构。该小组委员会于 1995 年任命了一位关于在武装冲突期间的系统强奸、性奴役和类似奴役的行为问题的特别报告员。此外，20 世纪 60 年代末以来，人权委员会先后建立了一系列国别机制（country-specific mechanisms），由委员会任命的国别工作组（working groups）、独立专家（independent experts）或特别报告员（special rapporteurs）对某一特定国家的人权情势进行调查，或者开展技术合作或提供咨询服务。与此同时，委员会还先后建立了一系列主题机制（thematic mechanisms），由委员会任命的主题工作组、特别报告员、特别代表或其他专家负责处理世界各国存在的某一特别严重的具体人权问题，包括在紧急情况下对个案的解决进行干预，以及查明世界范围内某一具体人权问题的严重程度和根本原因，并就防止或减轻人权侵犯程度的途径和方法提出建议。人权委员会及其附属机构和各种特别程序的职能均与妇女权利有一定联系。其中，1994 年首次任命的暴力侵害妇女行为及其因果问题特别报告员主要负责调查妇女容易遭受暴力的经济、社会和文化根源以及妇女在家庭、社区和公共生活中遭受暴力的经济和社会影响，并向人权委员会提交年度报告；2004 年设立的贩运人口特别是妇女和儿童问题特别报告员一职则主要负责加强对贩运妇女行为的预防以及对受害妇女权利的维护和保护。尽管人权委员会已于 2006 年 3 月决定停止工作，但其部分职能以及绝大部分国别机制和主题机制都转移给了人权理事会。

3. 联合国安理会及其辅助机构促进和保障妇女人权的职能

根据《联合国宪章》第七章的规定，联合国安全理事会（简称安理会）负有维持国际和平与安全的首要职责，这一职责与受战争和武装冲突消极影响的妇女（特别是难民妇女和流离失所的妇女）的人权保障具有直接而紧密的联系。实践中，安理会多次通过决议，严厉谴责武装冲突中针对妇女的性暴力和其他形式的各种暴力，呼吁武装冲突的所有各方充分尊重其根据日内瓦四公约及其附加议定书、《关于难民地位的公约》及其议定书、《消除对妇女歧视公约》及其任择议定书以及其他国际法规则所承担的保护妇女权利的义务，要求其采取特别措施保护妇女免受基于性别的暴力和其他各种形式的暴力的侵犯。

20 世纪 90 年代以来，安理会先后决定设立了三个临时性的国际刑事法庭，即 1993 年决定设立的起诉应对 1991 年以来在前南斯拉夫境内所犯严重违反国际人道主义法行为负责者的国际法庭（简称前南斯拉夫问题国际法庭、前南国际刑庭或前南刑庭，ICTY）、1994 年决定设立的起诉应对 1994 年 1 月 1 日至 12 月 31 日期间在卢旺达境内的种族灭绝和其他严重违反国际人道主义法行为负责者和应对这一期间邻国境内种族灭绝和其他这类违法行为负责的卢旺达公民的国际刑事法庭（简称卢旺达问题国际刑事法庭、卢旺达国际刑庭或卢旺达刑庭，ICTR）和 2000 年决定设立的塞拉利昂问题特别法庭（简称塞拉利昂特别法庭，SCSL）。其中，前南斯拉夫问题国际法庭规约第 5 条把武装冲突期间对平民实施的强奸行为明确规定为危害人类罪的一个构成要件；卢旺达问题国际刑事法庭规约第 4 条进一步把强奸和强迫卖淫明确规定为严重违反日内瓦四公约的共同第 3 条及其第二附加议定书的行为；塞拉利昂特别法庭规约不仅在第 2 条把危害人类罪的构成要件扩展到针对平民进行的广泛的或系统性的强奸、性奴役、强迫卖淫、强迫怀孕和任何其他形式的性暴力，而且还在第 5 条规定法庭对违反塞拉利昂 1926 年《防止虐待儿童法》规定的虐待女童的罪行具有管辖权。实践中，前两个特别法庭都已在其判决中认定强奸为一种灭绝种族手段、一种酷刑形式和一种危害人类罪，将强奸行为人定罪；后一个特别法庭也于 2004 年 5 月首次将强迫婚姻当做可能构成危害人类罪的不人道行为予以起诉。

21 世纪开始，安理会在促进和保障妇女权利方面的职能和作用再次取得了突破性的进展。2000 年 10 月 31 日，安理会通过了关于妇女与和平与安全问题的第 1325（2000）号决议，表示愿意在自身采取的维和行动、非武力的执行行动和特派团工作中纳入性别视角，敦促联合国会员国加强妇女在预防、应对和解决冲突以及和平进程中的作用，呼吁所有有关行动者在和平协定的谈判和执行方面采取性别视角，包括采取确保尊重和保护妇女人权的措施，要求武装冲突各方采取特别措施保护妇女在武装冲突的情形下免遭各种形式的暴力。该决议为其他政府间机构、联合国实体和非政府组织提供了一个重要的关于在和平与安全领域内性别观点主流化的行动框架，并与安理会随后通过的关于妇女、和平与安全的第1820（2008）号、第1888（2009）号、第1889（2009）号和第1960（2010）号决议一起构成了为改善受冲突影响国家妇女状况的关键框架。

4. 联合国秘书处促进和保障妇女人权的职能

根据《联合国宪章》第98条的规定，联合国秘书处负责执行联合国大会、经社理事会和安理会所托付的职务。实践中，秘书处在人权的促进和保护方面主要发挥协调和服务的作用，其维持和平行动部、人道主义事务协调厅、经济和社会事务部（特别是提高妇女地位司）、人权高专办（特别是妇女人权和两性平等股：The Women's Human Rights and Gender Unit，WRGU）、性别问题特别办公室、冲突中的性暴力问题特别代表以及其他许多机构都拥有增进妇女人权的职能。其中，性别问题特别办公室不仅负责促进和加强对《联合国千年宣言》、《北京宣言》、《行动纲领》和《联合国大会"北京+5"特别会议成果文件》的有效执行，而且还负责促进、支持和监督联合国所有实体将性别视角纳入其工作方案。此外，为了防止和消除世界各地针对妇女和女童的暴力行为，潘基文秘书长于2008年发起了根除对妇女的暴力的行动（Unite to End Violence against Women)，呼吁各国政府、市民社会、妇女组织、青年、私营部门、媒体和整个联合国系统一起努力，以应对全球普遍存在的针对妇女和女童的暴力现象。

（二）根据联合国核心人权公约和有关议定书建立的妇女人权保障机制

联合国核心人权公约（United Nations Core Human Rights Conventions）是指联合国主持缔结和通过的主要国际人权公约，目前包括《消除种族歧视公约》、《公民和政治权利公约》、《经社文权利公约》、《消除对妇女歧视公约》、《禁止酷刑公约》、《儿童权利公约》、《移徙工人权利公约》、《残疾人权利公约》和《免遭强迫失踪公约》。在这九项公约当中，《经社文权利公约》之外的八项公约都明确规定了监督缔约国履行公约义务的机构，即消除种族歧视委员会、人权事务委员会、消除对妇女歧视委员会、禁止酷刑委员会、儿童权利委员会、移徙工人权利委员会、残疾人权利委员会和强迫失踪问题委员会。《经社文权利公约》本身尽管没有关于监督机构的规定，但经社理事会于1985年决定设立的经社文权利委员会实际上发挥了该公约监督机构的作用。除了上述核心人权公约之外，1966年《公民权利和政治权利国际公约任择议定书》（第一任择议定书）、1998年《消除对妇女一切形式歧视公约任择议定书》、2006年《残疾人权利公约任择议定书》和2008年《经济、社会和文化权利国际公约任择议定书》也分别对有关监督机构的职权和工作制度作了专门规定，2002 年《禁止酷刑和其他残忍、不人道或有辱人格的待遇或处罚公约任择议定书》还专门规定了有权对缔约国拘留地点进行查访的禁止酷刑委员会防范酷刑和其他残忍、不人道或有辱人格待遇或处罚小组委员会（简称防范小组委员会）。根据这些公约和议定书的规定，各监督机构分别享有审议缔约国履约报告、处理国家之间的控诉、审议个人对国家的指控、调查侵犯公约确认的权利的情况和其他职权。实践中，这些监督机构先后发表了许多专门关于男女平等原则或涉及妇女具体权利的一般性意见或建议（general comments or recommendations）[①]，审议了缔约国提交的大量含有男女平等原则和妇女权利保障内容的履约报告，并就这些报告发表了结论性意见（concluding observations or comments），还审理了大量涉及违反男女平等原则和侵犯妇女权利的个人来文，从而在促进男女平等、保障妇女权利方面发挥了十分重要的作用。

在联合国核心人权公约的所有监督机构中，消除对妇女歧视委员会在保障妇女人权方面的职能最为广泛，其作用也最为重要。根据《消除种族歧视公约》第 18 条和第 21 条的规定，该委员会有权审议公约缔约国提交的履约报告，并有权提出意见和一般性建议。另据《消除对妇女一切形式歧视公约任择议定书》的规定，该委员会还有权受理并审议公约缔约国管辖下的个人提出的其根据公约享有的权利受到缔约国侵犯的指控。此外，委员会在收到可靠资料表明缔约国严重地或系统地侵犯公约所规定的权利时，应邀请该缔约国合作审查这些资料，并为此目的就有关资料提出意见，必要时还可指派一位或多位委员进行调查，并将调查结果连同任何评论和建议一起转送该缔约国。实践中，委员会的上述职能得到了不同程度的履行。自 1982 年召开第一次会议开始，截至 2007 年，委员会共审议了由 154 个缔约国提交的 401 份履约报告，还对严重或系统侵犯妇女权利的情势展开了 1 次调查。从 2000 年 12 月到 2009 年 9 月，委员会共登记了 22 项个人来文，并就其中若干项来文作出了实质性的决定。截至 2010 年，委员会共发表了 28 项一般性建议，对《消除对妇女歧视公约》缔约国的实质性义务和报告义务、相关妇女权利的内容、消除性别歧视和促进男女平等的措施以及公约的保留和修正等问题进行了阐述。

---

① 专门说明男女平等原则的一般性意见或建议包括但不限于：经社文权利委员会发表的《男女在享受一切经济、社会及文化权利方面的平等权利的第 16 号一般性意见》（2005 年）、人权事务委员会发表的《男女平等享有所有公民和政治权利的第 4 号一般性意见》（1981 年）和《男女权利平等的第 28 号一般性意见》（2000 年）、消除种族歧视委员会发表的《种族歧视与性别有关的方面的第 25 号一般性建议》（2000 年），以及消除对妇女歧视委员会发表的《关于缔约国在〈消除对妇女一切形式歧视公约〉第二条之下的核心义务的第 28 号一般性建议》。

参考文献

[1] 刘宁元. 中国女性史类编. 北京：北京师范大学出版社，1999.

[2] 孙新，王涛. 三八国际劳动妇女节百年录. 青岛：青岛出版社，2010.

[3] 董云虎，张世平. 中国的妇女人权. 成都：四川人民出版社，1995.

[4] 张晓玲. 妇女与人权. 北京：新华出版社，1998.

[5] 薛宁兰. 社会性别与妇女权利. 北京：社会科学文献出版社，2008.

[6] 王金玲. 中国妇女发展报告（蓝皮书）. 北京：社会科学文献出版社，2006.

[7] 谭琳. 1995—2005 年：中国性别平等与妇女发展报告（绿皮书）. 北京：社会科学文献出版社，2006.

[8] 李傲，罗英. 中国性别平等状况调查报告. 北京：中国社会科学出版社，2008.

[9] [美] 谢丽斯·克拉马雷，[澳] 戴尔·斯彭德. 国际妇女百科全书（精选本·上下卷）. 国际妇女百科全书课题组译. 北京：高等教育出版社，2007.

[10] 国务院. 中国妇女发展纲要（2011—2020 年）. 2011.

[11] 国务院新闻办公室. 中国妇女的状况. 1994.

[12] 国务院新闻办公室. 中国性别平等与妇女发展的状况. 2005.

[13] 国务院妇女儿童工作委员会.《中国妇女发展纲要（2001—2010 年）》实施情况中期评估报告. 2007.

[14] 中华人民共和国关于《经济、社会和文化权利国际公约》执行情况的第二次报告：共同核心文件. 2010.

[15] 中华人民共和国关于《消除对妇女一切形式歧视公约》执行情况第五次和第六次合并报告. 2003.

[16] 中华人民共和国一九九五年第四次世界妇女大会《北京宣言》《行动纲领》执行成果报告. 2000.

[17] 中华全国妇女联合会，中国妇女研究会. “北京＋15”中国非政府妇女组织报告（影子报告）. 2009.

[18] 联合国秘书长. 审查《北京行动纲要》和题为“2000 年妇女：二十一世纪两性平等、发展与和平”的大会特别会议成果文件的执行情况. 2004.

[19] 联合国人权事务高级专员办事处. 核心国际人权条约. 2006.

[20] 联合国人权事务高级专员，人权事务中心. 国际人权文书：各人权条约机构通过的一般性意见和一般性建议汇编. 2008.

后 记

本书系中国人权研究会组织编写的《人权知识读本丛书》中的一部读本。中国政法大学人权研究院班文战教授和中国政法大学民商经济法学院夏吟兰教授共同担任本书主编，负责拟订写作提纲，制定写作规范，提出修改意见和进行全书统稿。

本书其他作者依其姓名的拼音顺序分列如下：

罗清：中国政法大学法学院人权法学专业博士研究生

孙萌：中国政法大学人权研究院副教授

徐爽：中国政法大学人权研究院副教授

张晓玲：中共中央党校人权研究中心主任、政法部教授

本书各章写作分工如下：

第一章、第十章　班文战

第二章　张晓玲

第三章　徐　爽

第四章、第五章　罗　清

第六章、第九章　孙　萌

第七章、第八章　夏吟兰

本书的写作得到了国务院新闻办公室、中国人权研究会、全国妇联和湖南大学出版社等单位以及许多专家、学者的大力支持。《人权知识读本丛书》的总主编李步云先生和董云虎先生先后多次就包括本书在内的丛书编写工作提出了全面而重要的指导意见；丛书编委会副主任陈振功先生、编委会委员左锋先生、湖南大学出版社编辑邹彬先生、丛书其他读本的主编和部分作者以及参加丛书编写工作座谈会的实际工作部门的代表对包括本书在内的丛书编写工作提出了有益的建议；中国社会科学院法学研究所薛宁兰研究员对本书初稿进行了全面、认真、细致的审阅，并提出了具体而中肯的修改意见；中华女子学院李明舜教授对本书修

改稿进行了二审，并提出了修改建议；本书责任编辑向绪初先生对本书终稿的形成和本书的编排印制多有襄助。在此谨向为本书写作提供支持和帮助的所有单位和个人致以诚挚的谢忱！

本书从拟订提纲到最终定稿历时几近两载，其间各章书稿虽曾数次修改，但不足之处依然在所难免，敬请读者不吝指正为荷！

班文战　夏吟兰

2012 年 4 月 13 日